学以致用

人力资源管理专业课程建设创新研究

上海师范大学法政学院人力资源管理系 编

上海三联书店

本书编辑出版工作获得上海师范大学 2015 年综合改革项目［专业建设，A-6001-15-001002(3)］资助。

序　言

为社会培养高素质的人才,是大学一切工作的出发点和落脚点。这是大学的根本任务,是大学的首要职责。提高人才培养质量,必须尊重教育规律、教学规律和人才培养规律,必须对人才培养模式进行改革和完善,对教学内容和教学方法进行创新和提升。

高质量人才的培养,不仅需要有与时俱进的先进理念,也需要有把理念转化为具体落实措施的操作路径和实践过程。这些路径和过程就包括明确的专业培养的目标定位、高水平的专业课程建设、课程结构体系的合理教学计划、高质量的课堂教学、学生专业技能的实践训练、教师的敬业精神的培养等。在人才培养过程中,法政学院人力资源管理系的老师们在上述方面进行了有益的探索。

人力资源管理专业旨在培养德、智、体、美全面发展,适应社会主义市场经济需要,系统学习和掌握现代人力资源管理的基本理论、方法与技术,能在各类企事业单位、各级政府部门和其他组织中从事人力资源开发与管理工作的应用型高级专门人才。因而,学生的人际沟通能力、组织领导能力、专业技术能力以及分析问题、解决问题的能力,应成为基本的专业素质要求。

人力资源管理系的老师们在长期的教学实践中，适应社会发展对人才素质的需要，围绕培养什么样的高素质人才，如何培养高素质人才这一主题，在学生的知识结构、专业技能等培养目标确立方面，在课程结构、课程内容、教学手段等培养途径方面，在实验教学、专业实践实习、实习基地建设等学生技能培养方面，专业师资队伍的结构优化等方面，进行了深入系统的探讨和思考。这本论文集就是老师们理论思考和教学实践经验总结的成果结晶。

　　经过不断积累，近年来，人力资源管理专业在办学中形成了自己的特色，向社会输送了大批高素质人才，在法政学院各专业中，学生就业率、考研率一直名列前茅，毕业生受到用人单位的好评。成绩的取得，是人力资源管理系的全体老师努力进取，遵循教育规律和教学规律，不断提高人才培养质量的结果。

　　希望人力资源管理系的老师们再接再厉，勇于探索，开拓创新，使教学科研、师资队伍建设、人才培养等各方面的工作，在现有的基础上再上一个台阶，把人力资源管理专业办成法政学院乃至上海师范大学的特色专业。

　　祝法政学院人力资源管理专业越办越好！

蒋传光
上海师范大学法政学院院长
2015 年 11 月 16 日

编 委 会

吴文艳　汪玉弟　李成彦　许丽娟

目　录

第一部分
夯实内涵、提升能力：专业及课程建设理论研究

提高"现代人力资源管理"课堂教学效果的几点浅见
　　——基于建构主义的观点……………………李成彦　3
人力资源管理专业的人才培养机制研究…………汪玉弟　15
培养人力资源管理专业大学生的职业岗位胜任力
　　研究………………………………荣鹏飞　倪　宁　27
大学教授精神培育：职业心理素质及其培训策略…吴文艳　43
大学文化建设视角下大学教授流失的缓解策略探析
　　………………………………………………王晓灵　59
大学生学习倦怠问题探析……………………………陈　燕　69
关于专业培养层次及教学方法创新的思考…………张伟强　89
互联网时代与职业生涯规划…………………………马国辉　99
组织行为学课程教学中案例教学法的应用…………唐人洁　115
劳动关系与劳动法课程教学改革探讨………………李秋香　127
什么样的创业课程能有效提升学生的创业意向……倪　宁　139

多元化方式多样化手段提高教学质量
——基于民法课程教学的实践与思考……………环建芬 153
浅谈 HR 统计与信息处理教学设计与实现……………苏 萍 173
统计学在人力资源管理中的作用和使用
——以二手数据为例……………………………肖 薇 185

第二部分
应用导向、职业发展：专业实习实践教学研究

基于实验教学模式的应用文科创新型人才培养探讨
………………………………………………………李旭旦 201
人力资源管理专业实验课程模块化教学体系的设想
………………………………………………………张 清 215
浅析视频案例在教学中的应用……………………冯立平 225
"择业文献阅读"课程中的实践教学探索…………刘晓春 233
提升高等学校自主招生成效 构建高中学生能力
素养模型………………………………………相正求 245
杜威经验论视角下的多层次实践教学模式探析
——以组织与工作设计课程为例………………张燕娣 261
先赋因素对大学生就业与职业生涯规划的影响
——基于初职获得的分析…………………………万玲华 275
情景教学法在模拟面试实验中的应用研究………吴文艳 291
基于基层管理者胜任力的培训课程设计
——以养老机构为例……………………陈俊祎 顾丽亚 307

后 记……………………………………………………………327

第一部分

夯实内涵、提升能力：专业及课程建设理论研究

提高"现代人力资源管理"课堂教学效果的几点浅见
——基于建构主义的观点

李成彦

摘　要：现代人力资源管理是一门实践性很强的学科，具有一定的时间性和情境性。建构主义的教学观是人力资源管理教学的理论依据。基于建构主义学习理论，提升人力资源管理教学效果可从以下几个方面进行尝试：提倡参与式学习，采取恰当的案例教学；尝试翻转课堂。而教师良好的教态和自身修养也是提高课堂教学效果的重要因素。

关键词：人力资源管理　教学效果　建构主义　翻转课堂　参与式

Some suggestions to improve the teaching effectiveness on the subject modern HRM
——Based on the Constructivism theory

Abstract：Modern HRM is a very practical subject, it has definite timeliness and situationality. Constructivism teaching concept is theoretical basis of HRM teaching. Based on the Constructivism study theory, if want to improve the teaching effect of HRM, may try on to such as do: Advocating participatory learning;

Taking appropriate case teaching; Trying on flipped classroom. Good teaching manners and self-cultivation of teacher is important factor that improve the teaching effect.

Keywords: human resource management; teaching effect; constructivism; flipped classroom; participatory

自 2000 年之后,在我国管理科学化、向管理要效率的背景下,对《管理学》的重视程度越来越强,从事管理实践的管理者对管理学抱着很高的期望,希望管理学能帮他们解决管理实践的问题,告诉他们到底该怎么做。可是,现代管理活动具有高度复杂性和不确定性,管理理论往往不能一对一地对管理实践提供有效的价值规范,也因此,管理学的教学效果问题成为人们经常讨论的话题之一。

一 近年来提高管理学教学效果的尝试

在 21 世纪之前,在过去相当长的时间里,管理理论与管理实践相脱离的现象比较严重,管理学的教学方法和教学内容均无法适应企业管理的需要。为了提高管理学的教学效果,使学生真正地学以致用,近年来从事管理学教学的教师们进行了有益的探索,在教学上进行了一定的改革(蔡根女,2001),具体的做法有:

1. 扩充教学内容,以拓展学生的知识面。进入 21 世纪以后,企业战略的重点已从金融资本转向人力资本,企业管理的重点随之转向人本管理。基于这种变化,一些教师在管理学的教学中增加了"人力资本管理"的内容,增加了人力资源的预测、优化、配置等内容,重视对团队的激励。同时,为了适应知识经济的发展背景,在管理职能的知识模块增加了创新职能,并且对管理的其他几个传统职能,如计划、决策、组织、领导和控制等的教学内容进行更新,突出现代管理的理念和实践。

2. 重视案例教学,培养学生解决问题的能力。近年来,管理学的教学重视教学方法的改革,已经改变了传统的"填鸭式"教学方法,重视教学的启发性。在课堂教学中,不再单纯地以教师讲为主,而是增加师生互动和学生讨论环节。为了学生更充分地领会教学内容,注重和企业管理实践相结合,引进案例教学。选取优秀的典型案例引入管理问题,让学生对案例进行充分的讨论,寻找问题出现的原因、可能产生的结果等。在此过程中,学生可以较好地运用所学的知识,并且加深理解。就目前而言,案例教学已经成为管理学教学的主要手段和方法。

经过十几年来的尝试和改变,管理学的教学效果有了很大改善,对管理学科的发展起到了一定的推动作用。但是,管理学理论与实践的脱节问题仍然没能很好地解决,管理学教学效果不尽理想的问题仍然有待探讨。

二 人力资源管理的学科特点

人力资源管理作为管理学的一个学科分支,具有管理学学科的特点,同时也具有其自身的特殊性。人力资源管理学科与其他学科相比有着明显的差异性。

1. 具有较强的实践性和时间性

和管理学相比,人力资源管理具有更强的实践性。李成彦(2011)认为,现代人力资源管理具有确保、开发、报偿和整合的职能。人力资源管理的基本出发点是确保组织目标的实现,确保人——岗匹配。这是人力资源管理的先行职能。这一职能包括人力资源规划、职务分析、招募、选拔和录用。人力资源部门首先根据组织的战略目标进行人力的供给与需求预测,制定人力资源规划,进行职务分析,然后进行招聘与配置,在合适的时间把合适的人放在合适的位置上。同时,人力资源管理具有开发的职能,即通过培训和职业生涯规划等手段激发员工的潜能,使员工的知识、技能不断更新,态度、价值观得以改变,以有效使用员工并提高组织绩效的过程。这是人力资源管理的重要职能。同时,人力资源管理要为员工对组织所作出的贡献给予报酬,以充分发挥员工的潜能,最大限度地实现个人价值与提高组织绩效。报偿这一职能具有激励的作用,其主要内容有:激励员工的积极性、绩效考核、薪酬管理等。整合主要包括协调员工之间、员工与组织之间的人际关系,建立和谐的人际环境和良好的工作氛围,使员工之间和睦相处、协调共事,确保组织沟通流畅,取得良好的组织绩效,是人力资源管理的协调职能。此外,对员工实施合理、公平的动态管理过程也是人力资源管理的职能。主要包括对员工进行合理的绩效考评与素质考评,以及根据绩效考评对员工实行晋升、调动、奖惩等措施。

人力资源的形成、开发和利用都受时间的影响。从个体发展的角度来看,人有幼年期、青壮年期、老年期,各个时期人力资源的可利用程度不同。对人力资源的使用也要经历适应期、成长期和成熟期几个阶段,在不同时期,人力资源的价值和贡献度都是不一样的。这需要注重对人力资源的开发和管理。

2. 具有一定的情境性

赵玉田、田瑞玲(2001)认为,人力资源管理课是一门利用人力资源实现组织目标的学科,教与学的过程中更多的是联系并处理人与人、人与组织、人与资源的关系，具有极强的情景性。教师应努力营造一种良好、和谐的氛围与情景，与学生建立起融洽的朋友关系，理解和尊重学生，启迪他们积极思维的潜能，帮助他们把握问题的核心，使学生的积极性和创造性得以发挥。同时，可以创设较为真实的、模拟人力资源管理实际场景的情景，如人力资源管理实验室、人才测评实验室等，让学生在创设的情景中感受人力资源管理实践的真实性，更好地领会教学内容。当然，也可以扩大教学环境，在课堂教学之余，让学生参与企业人力资源管理实践，观察并切身感受人力资源管理实践。

三　建构主义学习理论教学观

建构主义学习理论起源于 20 世纪 80 年代，其理论源于皮亚杰的个人建构论和维果茨基的社会建构论。经过 30 年的发展，建构理论已成为西方国家教学学科各领域研究和应用的热点，也是我国近年来基础教育改革的理论依据之一。建构主义其实质是一种认知理论。

1. **建构主义学习理论的基本学习观**

建构主义认为(薛国凤，王亚晖，2003)，知识不是通过教师传授获得的，而是学习者在一定的情境下，借助其他人的帮助，利用必要的学习资料，通过意义建构的方式而获得的。由于学习是在一定的情境下，借助他人的帮助即通过人际间的协作活动而实现的意义建构过程，因此，建构主义学习理论认为"情境"、"协作"、"会话"、"意义建构"是学习环境中的四大要素。意义建构是整个学习过程的最终目标。任乐、席龙胜(2010)在学习过程中帮助学生建构意义，就是要帮助学生对当前学习内容所要反映事物的性质、规律以及该事物与其他事物之间的内在联系达到较深的理解。

建构主义学习理论提供了全新的教学观,这种教学观突出表现在对教师在教学中的角色定位和所发挥作用的重新界定上。在教学活动中,学生应当是认知行为的主体,而教师是行为的主导。传授怎样的知识和传授多少,不仅要适应学生生理和心理特点,而且在要适应他们的认知结构;教学过程不应是从书本上力图准确无误地搬运知识的过程,教师应是知识建构活动的设计者、组织者、参与者、指导者和评估者。

2. 建构主义学习理论对教学设计的启示

建构主义学习理论的出现及发展对教学设计提出了全新的要求,它要求教学设计不仅要考虑教学目标,还要考虑有利于学生建构意义的情境创设问题,并把情境创设看作是教学设计的最重要内容之一。李宗卉(2007)综合各位学者的观点,归纳了基于建构主义的教学设计原则。

(1) 以问题为核心驱动学习。建构主义理论强调教学应该通过设计一项重大任务或问题以支撑学习者积极的学习活动,帮助学习者成为学习活动的主体。教师需能设计真实的、具有挑战性的、开放的学习环境与问题环境,诱发、驱动并支撑学习者的探索。问题驱动要求改变传统的师生角色和教学观念,学生的学习不只是为了单纯地获得知识,而是在团队中,大家讨论问题并相互影响,最终解决问题并获得自身的成长。

(2) 强调以学生为中心。建构主义学习理论强调学生的主体作用,其他因素,包括教师只是作为一种广义的学习环境支持学生的自主学习,诱发学生提出问题,并利用它们刺激学习活动。在教学过程中,教师必须明确自己的角色,引导、促进学生尽快进入自主学习的状态,控制学生的学习进程,并做一个称职的咨询者,为学生答疑解惑。

（3）学习问题必须在真实的情景中展开。建构主义的学习观强调学习情境的真实性。知识不能由教师简单地传授,而是应在一定的情境及社会文化背景下,借助教师和同学的帮助,利用必要的学习资料,通过人际间的协作活动,依据已有的知识和经验,主动地加以意义建构。因此,在教学实践中,教师应注意创设真实的教学情境,使学生的学习环境与现实情境相类似。

四 基于建构主义理论提高人力资源管理课堂教学效果的几点建议

从人力资源管理学科的特点来看,建构主义教学观在人力资源管理教学中应用具有重要的现实意义和极强的操作性。事实上,近年来我国一些学者尝试以建构主义学习理论为指导,对管理学的教学进行改革,以期提高管理效果。笔者根据自己多年在人力资源管理教学中积累的经验,对建构主义教学观对人力资源管理教学效果的积极影响谈几点看法。

1. 提倡参与式学习

参与式学习是指在教学中充分发挥学生的主体作用,让学生主动参与到知识学习及问题解决中来,使学生在领悟知识、解决问题的过程中得到获取知识的乐趣和成就感,从而全面激发学生对管理学及其他学科专业学习的兴趣与热情。

黄江泉,曾月征(2012)认为,在参与性教学中教师必须彻底转变传统的教学观念,教学活动的重心应由关注"教"转向关注"学",由关注"学会"转向"会学",学生由消极被动的倾听者、接收者转向积极主动的思考者、探索者,教师由单一的知识传授者转向学习引导者、管理者,所以要研究如何为学生创造一个良好的环境,让他们从自我的角度来感知世界,达到自我发现问题、解决问题的最高境界。

参与性教学不是完全放手让学生自己学,教师只充当一个看客,而是教师辅助、督促学生学。实现真正的参与性教学,教师不但不能不管,而是"管"得更多。这种"管"不是指手画脚,而是针对教学内容和知识点提出关键、切中要害的问题让学生思考,并引导学生找到解决问题的方法。参与性教学不是把教师从课堂教学中从解脱出来,而是要求教师更深地"卷入"到课堂中,充分备课,并更多地采用启发式的教学方法。

2. 把案例教学落到实处

案例教学自20世纪哈佛商学院倡导使用以来,一直是管理学常用的教学方法之一。所谓案例教学法就是把企业管理的案例呈现给学生,请学生假设可能的管理情景,进入管理角色,以当事人的身份探寻企业成败得失的经验和教训。一般认为,通过案例教学法能提高学生发现问题、分析问题及解决问题的能力,并且能使学生更好地领会所学知识,充分实现理论与实践相结合。

案例是案例教学法的关键,如果案例选取不当,就会影响案例教学的整体效果。一般情况下,教授管理学的教师愿意选取知名企业作为教学的案例,一般是案例书上直接搬过来的。这些案例具有一定的代表性和典型性,通过学习这些案例可以使学生对一些典型的管理现象具有直观的认识和判断,但是对提高学生解决问题的能力往往帮助不大。现实生活中,知名大企业并不多,况且有很多学者研究知名企业,知名企业因其超大的规模及在行业中的地位,其内部发生的管理现象和管理问题并不具有普适价值。学生应该更多地了解身边中小企业出现的管理现象发生、发展的原因及规律。因此,笔者认为,在案例教学中不应一味选取案例书上的现成案例,而应适当地挖掘现实生活中一些中小企业的实实在在的案例。

当然,教师对案例讨论过程的适当把控也是案例教学的关键。程婧(2010)认为,在案例教学中,如果教师准备得不够充分、具体,就会造成学生的困扰,理不清主次和系统表述的核心内容所在。所以注重教师和学生共同参与案例的观念应贯穿于案例教学的整个过程。

3. 尝试翻转课堂

翻转课堂(Flipping Classroom)由美国科罗拉多州的两位高中教师于2007年创立,2011年以后发展迅速,目前已在全球大面积推广。翻转课堂就是把课堂上要讲的教学内容制成视频上传到网上,让学生事先在家通过网络看视频、听讲解,而课堂上的时间教师则为完成作业或实验过程中有困难的学生提供帮助。这样,就使"课堂上听教师讲解,课后回家做作业"的传统教学模式发生了"颠倒"或"翻转",因此成为翻转课堂。翻转课堂的出现对教学方法改革提出了全新的课题。人们普遍认为翻转课堂不仅是能增加学生与教师之间的互动以及学生个性化学习时间的一种手段,它更是一种全新的"混合式学习方式"(何克抗,2014)。

翻转课堂把知识的传授放在教室外,给予学生更多的自由,把知识传授的过程放在教室外,让学生选择最适合自己的方式,更符合人类的认知规律。翻转课堂完全改变了传统的师生关系模式,不再是一个教、一个学。无论是学生在家看教学视频,还是课堂上师生面对面地互动交流,都是围绕"以学生为中心展开的",学生可以掌控自己学习的进度,并提出自己的问题、想法与教师或同伴交流。翻转课堂充分发挥了学生的主体作用,这是建构主义教学观的本质所在。

翻转课堂是课堂教学的重大变革,但到目前为止,在我国尚没有大面积普及。笔者认为,基于建构主义的教学观,在人力资源管理的教学中,可以尝试翻转课堂。翻转课堂对网络化的教学环境要求比较高,而开设人力资源管理课程的高校,在网络教学环境方面不存在问题。但是,翻转课堂对教师是一个非常大的挑战,除了转变传统的师生理念及师生关系之外,还需要教师能制作高质量的教学视频。对于从事管理学教学的教师来说,制作教学视频的能力往往是欠缺的,如果各个高校能成立一个专门的部门,对教师制作教学视频提供技术支持,实行翻转课堂的尝试是可行的。

除了上面谈到的几点建议,笔者认为,教师良好的教态和自身修养也是提高课堂教学效果的重要因素。尊重学生是取得良好教学效果的关键,而尊重学生的关键是站在学生的角度思考问题。认真备课,向学生传授精湛的专业知识是尊重学生的前提,而良好的教态则是尊重学生的必要条件。教师在课堂上的谈吐举止,无不渗透着对学生的尊重,亲切平和的话语、对学生鼓励的目光以及整洁得体的衣着都是对学生最好的尊重。帮助学生成长是教师的使命和职责。在现在的多元文化背景和激烈的竞争环境下教师教书育人的使命尤为重要。教师在传授知识的同时,将自身对生活积极乐观的态度和理念渗透给学生,使学生受到潜移默化的影响,从而培养学生健康的心理素质和良好的生活态度,使他们真正得到成长,以成熟的心智更好地参与到学习当中,从而取得更好的教学效果。

参考文献

1. 蔡根女. 关于《管理学》教学改革与创新的思考[J]. 华中农业大学学报(社会科学版),2001,40(2),85—88.

2. 程婧.案例教学法在管理学教学中的应用[J].黑龙江教育学院学报,2010, 29(6),52—54.
3. 何克抗.从"翻转课堂"的本质看"翻转课堂"在我国未来的发展[J].电化教育研究,2014,255(7),5—16.
4. 黄江泉,曾月征."参与式教学法"在管理学教学中的应用探析[J].中国轻工教育,2012,5,71—73.
5. 李成彦主编.人力资源管理[M].北京大学出版社,2011,5.
6. 李宗卉.建构主义理论在管理学教学中的应用[J].南京审计学院学报, 2007,11,4(4),95—97.
7. 任乐、席龙胜.基于建构主义学习理论的人力资源管理课程情境教学[J]. 中国电子教育,2010,166(5),38—40.
8. 薛国凤,王亚晖.当代西方建构主义教学理论评析[J].高等教育研究, 2003,1.
9. 赵玉田,田瑞玲.对人力资源管理课程教学的几点思考[J].兰州商学院学报,2001,13(2),161—164.

人力资源管理专业的人才培养机制研究

汪玉弟

摘 要：未来一段时间的中国经济，将处于"三期叠加"的特定阶段，迫切要求在经济社会的发展过程中，着力培养中、高层次人才，以满足的市场需求。事实上，跨国企业间高端人才的竞争已非常激烈，各行业、区域间的人才战役也是此起彼伏。人力资源管理专业的人才培养机制，就是培养更多基于市场经济需求的、能够适应未来职场发展的人力资源，以更有效地增强人才市场资源配置的效率，达到人力资源价值的最优化，并使人力资本开发与社会经济和谐共同发展。

关键词：人力资本 路径 机制

Study of talent cultivation mechanism of HRM

Abstract：Our future economic environment will be epitomized by three major trends. We have to commit to develop the high-level talents to meet the needs of the market growth in the developing social economic environment. In fact, the high-level talents competition at the multinational enterprises is very fierce. Battle of talen acquisition are campaigned in various industries segments. As the talent cultivation mechanism of HRM, it aims to form HR capital to fit the future of career development and the market demand, and improve the efficiency of talent resources allocation. HR capital and economic growth have to be aligned in order to optimise and make full use of the HR resouces.

Keywords: human capital; path; mechanism

一

中国经济二十多年的发展不能不说是世界经济发展史上的一个奇迹,它对于世界经济的贡献有目共睹。进入 21 世纪之后的第二个十年,中国经济的高速发展面对越来越广泛的市场化、国际化,面对国家第十三·五规划的经济结构调整要求,经济发展的速度渐渐放慢了。当前中国经济正处于所谓的"三期叠加"的特定阶段,经济增长新动力不足与旧动力减弱的结构性矛盾突出,潜在风险因素凸显。与此同时一个更为迫切的问题呈现在人们眼前——人才问题的短板与经济社会的发展之间的矛盾问题。社会对于人才的需求尤其是高端的人力资本的需求急迫,急切需要能为经济社会带来创新变化的核心人才。尽管我国的人力资源总量看起来不少,但高层次人才数量相对于总人口存在明显不足,人力资源总体质量偏低,高素质的人力资本供不应求,沿海城市与内陆城市之间的人才分布也严重失衡,人力资源配置完全达不到市场化的有效配置。

可见,经济社会的发展对于人才的要求越来越高,人才培养跟不上经济社会的发展已成为和谐社会的一大瓶颈。如何有效地解决人才培养问题,尽快建立更好地适应市场经济发展的多层次人才需求,这对于目前高等院校的人才培养提出了更多的要求和更高的期望。21世纪的企业竞争无疑是企业人力资源的竞争,优秀人才是企业的宝贵财富。培养一批符合社会、企业发展要求,具有良好专业素养与职场发展能力,能够担当起各类组织使命的优秀人才,是当前高校专业培养的目标。

目前人力资源管理专业人才已被列为我国12类紧缺人才之一,也是国家重点发展专业之一。据权威机构调查显示,国内现在需要中、高级人力资源专业人才的量为600多万,这对人力资源管理专业发展来说具有较好的发展前景。本文着重研究了人力资源管理专业的人才培养模式。

二

(一) 人力资源管理专业人才的素质标准和能力升级

自彼得·德鲁克在1954年《管理的实践》中首次提出"人力资源"一词以来,面对着不断变化的全球化经济环境,人力资源管理越来越具有不可替代的战略意义。同时对人力资本的投资,即通过对人投资而形成的存在于人体中并能带来未来收益的,以知识、技能及健康因素等体现的价值的人力资本便构成了人力资本理论的核心内容。

为培养人力资源管理的专业人才,首先需要的是此专业人才的素质标准与要求,包括以下五个方面:

1. 身体素质:即指一个人的生理状况,主要指一个人的体质、体力、体能等方面,是一个人最基本的素质。一般来说,一个人要从事高质量的经济建设和社会劳动,必须拥有健康的身体,没有健康的体魄就很难有成功的事业。

2. 心理素质:它有两层意义,一层是指心理特征,如在感知、记忆、思维、想象、情感和意志等几方面的心理素养,主要表现在心理敏感性、心理承受力、心理决断力等;另一层是指人的个性心理,一般包括气质、性格、能力、兴趣、信念、理想、世界观等,它直接影响一个人从事的职业类型和职业兴趣,甚至影响到一个人对社会贡献的大小。

3. 知识素质:即指个人在成长和学习生涯中所掌握的基础理论知识和专业技能知识,两者相辅相成,缺一不可。

4. 道德素质:即指一个人的思想品德和道德情操,它在人力资源的质量评估中极为重要。

5. 能力素质:即指一个人完成某种任务所应该具备的基本技能,与人的经历、经验密切相关。一般来说,影响一个人职业生涯和创造财富能力的因素主要有人际沟通能力、影响力、综合分析能力、理解能力、判断能力、组织协调能力、感知能力、决策能力、应变能力等。

其次是人力资源管理专业培养,希望通过四年的精心打磨,完成从人力资源到人力资本的综合能力的升级,具体目标为如下几类的人力资本:

1. 一般能力型人力资本。指参与市场经济活动的个体所必须具备的观察力、记忆力、注意力、想象力、思考力、计算力以及学习能力等,它以智力人力资本为代表。

2. 技能型人力资本。指具有某项特殊技能,能够完成特定意义工作的人力资本。其社会角色是具有专业的熟练的从业人员。他们拥有的不只是技术,而且是在此基础上形成的技能。这种人力资本提供特殊的服务和更高的经济价值。技能型人力资本一般是在工作实践中逐步积累形成的。

3. 管理能力型人力资本。因为管理是利用组织赋予的资源和行政权威来完成特定的工作职能的社会活动,经营是面向市场所进行的决策以实现组织战略目标的经济活动,所以管理能力区别于经营能力,管理能力可以被看作是求解"生产函数"的能力,是对在给定资源条件的约束下,为实现组织目的而进行计划、组织、控制、协调、指挥的能力。管理能力型人力资本对应的社会分工角色是各级各类管理人员、企业的一般经理人员等。

(二) 人力资源管理专业人才培养的平台打造

在四年之内完成专业到职业能力的转型其实难度不少,因此人力资源管理人才培养的路径之二就是运用平台打造成了关键要素,其中包括二大环节:模拟平台与实战平台。

1. 模拟平台

此平台分二个阶段:知识教育、创业模拟。实施时间在大一、大二期间。

(1) 职业意识初步建立阶段。此阶段的知识教育的目的,是完成一个大学新生转化为具备大学职业意识的初级人力资本的转化。这里的重点是强化人力资本是通过对人投资而形成的存在于人体中并能带来未来收益的,以知识、技能及健康因素等体现的价值。需求方是学生方面的,供应方是导师方面的,中间的平台搭建是实现理念变革的重要介质。在大学的初级阶段须强化训练职业意识,提高个人认知,加强自身修养,这就需要在专业导师,尤其是具备一定的市场实践经验的导师辅导下,才能让大学新生形成一个渐变过程。因此选拔好导师是这个环节的重要一环。该导师不仅仅有热心热情,还须有较强的责任心、综合的知识储备、先进的教育理念,具有耐心、细心、贴心的优良心理潜质。导师要引导新生的认识转化,并在知识传授过程中注重分析能力、心理能力训练等要素。在教学活动中,如案例分析、课堂讨论及学生模拟路演时,充分发动学生,教学相长,并在课后的答疑过程中密切做好沟通,以达到大学生职业生涯的预期准备。同时在知识教育过程中,课前必须做好各种资料搜寻功课,课中积极讨论,尤其模拟路演的扮演必须百分百进入角色(如企业战略并购、招聘实验等),课后完成自身总结程序,在每一次的知识教育阶段尽可能全身心融入,为进入下一轮的创业受训打下较为坚实的基础。比如企业购并案例探讨,首先要有技术实施保障。需有一间多媒体的7—10人的圆桌会议室、360度的摄像系统,能够拷贝整个讨论过程(为事后分析总结准备);其次要对购并事件发生的前后关系,尤其大环境(如政策、经济发展周期等)是否适应目前的商业行为要考虑周全? 同时购并双方的各自条件是否已到了水到渠成阶段? 再次有否牵涉到政策、法律(也有国际法)以及知识产权等问题? 企业的高管、员工等现有人力资源如何处置? 另外一旦启动程序,最后购并当事人能否为企业目标全力投入抑或是在市场上作一把秀等等;三要注意该事件的市场知名度以及市场号召力。如果是知名企业之间的商业行为,市场影响力自然反应迅速,各媒体也会积极报道,各种观点也会层出不穷,甚至相关职能部门也会深入其中,这样课前氛围已是此起彼伏、你中有我、我中有你,整个讨论过程就会顺利展开;四要资源分配合理。每一组的成员要优劣搭配得当,能力相当不能差异过大,领导者(被推选的学生组长)以及响应者(其他学生成员)彼此呼应,各自准备材料,提出尽可能正确的问题以及处理意见(担任的相关角色决策);五要导师引导并购理论讨论的节奏,循序渐进,有理有节(讨论过程中难免有争论,如角色投入过深,观点过于执着等),最后得出结论(也有可能只是一个大概的框架,或无适当的结论,静观事件的现实走向)。

(2) 进一步激发职业意识阶段。创业模拟的目的是进一步激发学生的职业意识,完成初步的由理论认识到应用型人才的基本素质构造,并明确说明成员中将来90%以上的人都将进入社会,接受社会大学的检验,成功的标志在于你是否成为一个受企业欢迎的、合适的人,成为一个合格的人力资本,并逐步实现个人的职业生涯发展目标。创业模拟是需求方的学生与供应方的导师的一次实战较量。如在企业战略与HR规划课程中,目的是让学生在教学中深刻领会创业企业的历程(如企业并购也是再创业等)的重要实践意义。企业创业战略不是虚幻的空中楼阁,正确决策的使命就在于能够预先洞察事物的发展方向,通过各种方法的推演,大致勾勒出一个相对有利的发展结果,就能够避免出现大起大落的现状,从而使政府或企业建立起一种良性的有效市场管理机制。推演的一切创业理论均能为实践找到注解,其牵涉内容及其广泛,知识复杂,且于一种集体学习的方式中升级知识,并与每个个体的积极努力结果成正相关(在此过程中专业学生不得不关注经济社会发展过程中的企业行为,政策决断及其相互影响,且也培养了宽容、开明的理性精神)。调动每个学生的独立思考能力,发挥其沟通能力,在不同的意见与讨论中,学会相互尊重、分享经验,提高社交技能,有效倾听并在体验决策者角色的经历中,把握对复杂管理问题的判断力、领导力、影响力,这就是一个全面的综合素质的考察和培养:从计划、组织、领导到控制的一系列管理过程。创业模拟的难点,就是如何在学生的反复讨论中充分运用事先的预习,将理论知识通过各种数据信息、经验、观点等碰撞开拓其思维能力。

因为整个事件的发展不是已经完成,而是正在进行之中。其魅力不在于寻找问题的结论,而是在于从一开始对事件设定的假设所推导的事件发展的各种可能性结局的演绎过程,如何能够让充当决策者(管理)在面临困难、挑战、机会、问题时,在压力中完成分析判断(数据鉴别、处理),最后决策。此阶段的难度系数相当高,一是需要专业导师的精心辅导,二要参与团队的积极投入。观点对错显现的是能力问题。观点有无体现的是态度问题,能力可以不断提升,但态度必须正确。模拟环境越逼真,推演越接近现实,参与各方情绪调动越兴奋,其最后的目标就越符合各方的预期理想。这个阶段主要体现的成果就是学生的满意度和亢奋度,他们对于企业的认识,对于周围环境的评价,在 SWOT、PEST 方法运用中汲取养料,领会对于创业的艰辛、对于自身条件的评估(尤其完成计划之后)等等。关键的目的在于这个阶段由于实践的运作,他们在认知理念上发生明显的变化,对于大学学习的动力、目标及个人综合能力的培养,对于社会的认识、与人的协作精神,对于社会化的认知等都将有一个不小的震动及进步。

模拟平台的功用事实上是为打造应用性人才升级到人力资本铺平了通道。此环节培养了专业学生的综合素质能力:

- 基本素质。要有责任感;要有广博的知识、广泛的兴趣;要有较好的综合分析能;要有良好工作态度;要为人诚恳;要掌握现代科学知识。
- 企业能力培训。增强必要的调研知识和分析判断能力。如对于企业资源能力、产品的特点、市场的特点、竞争者状况的分析等。培养书面训练和口头训练应变能力。

2. 实战平台

此平台以测评中心为链接,兼之专业实习基地和往届毕业生现身说法,通过嫁接企业、行业协会的管理者、专家,引领并提升产学合作效率。实施时间在大三、大四期间。此阶段的目标是完成学业延伸、巩固并进而施展实际才能,完成自身社会化、职业化过渡,初步体验人生理想。

(1) 发挥人力资源测评中心的桥梁功能。本校人力资源管理专业现有人力资源测评中心平台,该平台现已投入数百万元固定资产的设备,有一流的硬件设备:中心占地面积将近1300平方米,计算机330台,是目前国内高校最大的人力资源测评实验中心。中心拥有无领导讨论室、文件筐测试区、3个人机对话测评机房、面试室等各自独立的测评功能区,和十多个组合屏幕的全方位视频监控墙以及测评过程视频采集系统和实时播放系统。该平台另有成熟的测评应用体系:中心拥有成熟的测评应用体系,可进行各类测评应用的实施。目前已有两套成熟的测评系统,一套是情景模拟动态测评系统,另一套是人机对话批量测评系统,同时拥有两套测评系统——多媒体人才测评系统和仪器测评系统。此外,整个测评环境均通过先进的测评监控采集系统进行实时的音视频记录,并可进行测评过程和信息的汇编,供进一步评价和研究之用。

测评中心除了针对本专业学生及在校学生的素质测评、职业生涯设计以外,还有与社会上的企业及公司合作项目,一起开发,精心打造人力资源测评这个人才平台,提升平台的品牌影响力。同时该平台多方建立实习基地,坚持与各人才协会、中介机构、企事业单位通力合作,加强沟通和联系,争取在更大的范围内谋求共同发展。

人力资源测评中心拥有较强的测评团队,拥有一批国内外知名学者和企事业高级管理者团队充实人力资源管理专业的教学、讲座,深受学生们的欢迎;还有一批以中青年教师为骨干的富有企业管理及市场策划、人才测评的教师团队;一批经验丰富的测评师,他们利用自身的优势和良好的设备,与学校、社会多方面联系及合作,在产学研道路上迈出了坚实的步伐:第一,走进课堂,宣传测评的科学性,吸引学生到测评中心来测试,将相关资料保存,跟踪学生数年,让他们自己觉得科学的测试有助于自身的健康发展。由于以人为本,大受学生欢迎,本专业的学生更是踊跃前往;第二,走向社会,寻求企业理解与合作,共谋人力资源的最大增值。因此,经过人力资源测评中心检验的学生在走出去后(如实习等)受到企业好评。由于各类专家的多渠道的讲座,以及企业+公共部门+第三部门的强势联合,利用专业优势进行多方位合作,不断加强了学校与社会的磨合,积极探索教学实践效果,扩大了人力资源管理专业品牌的影响力。这样多赢的举措对于学生来说,无疑有很大的吸引力。目前,测评中心在产学研合作上已跨出了坚实的一步,我们相信随着时间的推移,产学研合作之路会越走越宽。

(2) 练手于实习基地,提升本专业的人力资源质量水平。利用学生的实习环节,再实习期间训练本专业学生对于人力资源管理的六大模块(人力资源规划、招聘与配置、培训与开发、绩效管理、薪酬福利管理、劳动关系管理)的实际功用认识。如招聘与配置,需要了解企业的人力资源信息,核查企业所需的人力资源的数量、质量、结构及分布状况,包括:个人自然情况、录用资料、教育资料、工资资料、工作执行评价、工作经历、服务与离职资料、工作态度、工作或职务的历史资料等。招聘管理是由需求分析—预算制定—招聘方案的制定—招聘实施—后续评估等一系列步骤构成的,其中关键又在于做好需求分析,首先明确企业到底需要什么人、需要多少人、对这些人有什么要求,以及通过什么渠道去寻找公司所需要的这些人。经过讲解分析、强化演练(在设立的基地中进行路演),让学生充分熟悉相关流程和企业所需知识技能,认识到招聘与配置是整个人力资源管理工作的基础,加深对于人力资源管理专业的清晰认识。因此,组织导师和相应学生的求职招聘工作就是最好检验施展实战能力。如设立一家公司,以实战形式训练学生。要求在逼真状态下考核各项能力,并将考核分数导入专业能力综合评定表。

这种系列训练的目标就是强调从学生出发,鼓励他们分享职业主张和个人诉求,将所谓企业文化和价值观变成个人体验。同时在实习活动中针对学生的导师计划,让其选择导师(包括企业管理人员等),并对活动中遇到的问题和经验进行分享。人力资源管理专业希望实现人与专业的紧密集合,充分让学生意识到专业的学习就是在铸造品牌:专业中有一批有理想、有追求的同学,有愿意为同学付出真心的老师,有能够借助职业发展的平台。一句话,就是人力资源管理专业的学生都是奔着这块牌子来的,它是以能带来未来收益为目标的。

(3) 加强毕业生现身说法,以更接近同年龄人的身份演说,如何学习,如何工作,如何与人交往,如何处理问题等等一切这样的现身说法比任何的说教都具有强大的功效。人力资源管理专业以往毕业生的每一次现场对话激起了许多学生的同感,距离很近,人物真实,说话的语气也十分熟悉,而短短的几年已经在一定的行业内产生了较好的效应。

三

　　思路决定出路,实力决定结果。一个良好的专业需要不断地探索与学习,实现人力资源管理的最优化配置更需要不断地提高自身的战略发展目标。人力资源管理专业现阶段的重点问题是巩固已有的成果,继续努力扩大影响,积极配合市场需求,提升专业品牌能力,最终完成培养经济社会受欢迎的中、高端人力资本。

　　人力资源管理专业的宗旨以"打造人力资本"为理念,以宽口径、厚素质、重能力为方向,提高每一位学生的"综合能力"、"积极性"、"团队沟通及其协作精神",并最终形成一套人才培养机制。

参考文献

1. 汪玉弟. 企业战略与 HR 规划[M]. 上海:华东理工大学出版社. 2008 年.
2. 人力资源管理师. 劳动和社会保障部教材办公室[M]. 上海市职业培训指导中心组织编写. 中国劳动社会保障出版社. 2012 年 4 月.
3. 金占明. 战略管理[M]. 北京:清华大学出版社. 2006 年.
4. 李旭丹、吴文艳. 员工招聘与甄选[M]. 上海:华东理工大学出版社. 2008 年.
5. (美)科尼斯·德·克鲁维尔. 战略. 巅峰之上[M]. 北京:中国人民大学出版社. 2003 年 12 月.
6. 赵曙明. 人力资源战略规划[M]. 北京:中国人民大学出版社. 2003 年.

培养人力资源管理专业大学生的职业岗位胜任力研究

荣鹏飞　倪　宁

摘　要：人力资源管理专业具有综合性和实践性特点，要求大学生具有职业岗位胜任力。本文针对人力资源管理专业已有研究的不足，在阐述职业岗位胜任力概念的基础上构建了人力资源管理专业大学生职业岗位胜任力模型，提出了构建以职业岗位胜任力为核心的人才培养方案，通过产学研合作提高大学生的实际操作技能，鼓励大学生参与各种形式的人力资源管理创新实践活动和丰富人力资源管理专业教师的实践教学经验等策略，以期帮助人力资源管理专业大学生提高职业岗位胜任力。

关键词：人力资源管理专业　大学生　职业岗位胜任力

Study on cultivating the professional post competency for the human resource management students\

Abstract：The human resource management profession has the comprehensive and practical characteristics, and requests students to have the professional post competency. This paper is aiming at the shortage of the human resource management profession to construct the professional post competency model for the human resource management students on the basis of elaborating the concept of professional post competency. In order to help the human resource management students improve their professional post competencies, this paper presents several strategies as follows: First, we should build the talent training program with the core of the professional post competency; second, we should improve the practical operation skills for students through the cooperation of industry, university and research; third, we should encourage students to participate in all kinds of innovation practices of human resource management; at last, we should enrich the practical teaching experience of the professional teachers in human resource management and so on.

Keywords: human resource management profession; student; professional post competency

随着企事业单位对人力资源管理专业毕业生需求数量的快速增长,高校越来越重视对人力资源管理专业大学生职业岗位胜任力的培养。提高人力资源管理专业大学生的职业岗位胜任力,不仅关系到高校自身的发展和声誉,也关系到机关、企事业单位能否获取高质量的人力资源管理专业人才,提高用人单位的人力资源管理水平。在此背景下,高校人力资源管理专业怎样从大学生的主体视角出发,着力提高教学水平,强化职业能力培养,提升高校人力资源管理专业大学生的职业岗位胜任力,使其能够在毕业后顺利走上工作岗位,胜任用人单位的各项人力资源管理工作,成为亟待解决的重大问题。

一 人力资源管理专业

人力资源管理专业是我国大部分高校的常设专业之一,旨在培养掌握现代企业人力资源管理理论、各种定性定量分析方法和人力资源管理基本技能,能够在机关、企事业单位从事人力资源开发与管理工作和劳动人事管理工作的高级管理专门人才。学者们对人力资源管理专业的研究主要从专业设置与发展、产学研合作、实践性教学等方面展开。在专业设置与发展研究方面,陈万思(2006)针对高校人力资源管理专业师资队伍短缺现状,提出了鼓励人力资源管理专业教师到企业兼职、聘请部分优秀的人力资源管理实践者到高校兼任教师等解决对策[1];闫培林(2010)提出从探索与中国市场相结合的人力资源管理、加大教师培养力度和加强专业建设三个方面促进师范院校人力资源管理专业的发展[2];姚嘉颖(2011)在对华南师范大学人力资源管理专业设置的现状进行调查研究后提出,将教育实践与学生课外实践紧密结合、加强专业知识对实际工作的应用指导等改进策略[3]。在产学研合作研究

---

[1] 陈万思.人力资源管理专业的师资建设[J].人才开发,2006(4):35—36.

[2] 闫培林.浅谈河南省师范院校人力资源管理专业的设置[J].人力资源管理,2010(10):123—124.

[3] 姚嘉颖.华南师范大学人力资源管理专业设置现状调查报告[J].知识经济,2011(17):173.

方面,胡恒龙和施健红(2011)研究了苏北高校人力资源管理专业产学研合作的可行性①。在实践性教学研究方面,刘永安和林养素(2007)研究了具有地域特色的地方高校人力资源管理专业本科实践性教学问题;Xiao-rong Jiang 和 Jin-liang Li(2011)研究了高校人力资源管理专业实践性教学存在的问题及对策②;彭加平(2013)从基地建设的总体思路、必须具备的条件和基本功能等方面探讨了高校人力资源管理专业校外实训基地的建设及运作③。从已有的研究现状来看,学者们对高校人力资源管理专业的研究尚未从人才培养的对象——大学生这一主体视角出发,研究高校人力资源管理专业大学生的目标岗位定位情况,以及由此形成的人力资源管理专业人才培养目标和人才培养策略上的具体要求,从而为本文的研究留出探索的空间。

二　职业岗位胜任力

胜任力是能将某一工作(或企业、文化)中有卓越成就者与表现平平者区分开来的个人潜在特征,可以是动机、特质、自我形象、态度或价值观、某领域知识、认知或行为技能——任何可以被可靠

---

① 胡恒龙,施健红. 苏北高校人力资源管理专业产学研合作可行性分析——以淮阴师范学院人力资源管理专业为例[J]. 人才资源开发,2011(3):90—92.

② Xiao-rong Jiang, Jin-liang Li. Practical Teaching Problems and Countermeasures in the Major of Undergraduate Human Resource Management[J]. Advances in Computer Science and Education Applications, 2011, 202:481-486.

③ 彭加平. 人力资源管理专业校外实训基地建设及运作探讨——以江西科技师范大学为例[J]. 老区建设,2013(20):34—36.

测量或计数的并能显著区分优秀与一般绩效的个体特征①。职业岗位胜任力则是人在特定的工作环境中从事某一职业,或者在特定的工作岗位上,能够完成某项工作任务或达成某一任务目标所具有的知识、技能等外显个人特征和态度、心理等内隐人格特征②。关于职业岗位胜任力,国外学者最先提出了许多不同的胜任力模型。例如:Spence(1993)提出的"冰山模型"将岗位胜任力划分为五个部分,其中外显胜任力包括人的知识、技能和行为,内隐部分则包括人的态度、个性、动机和价值观等;Unrich 等(1995)认为,人力资源管理岗位胜任力模型包括商业知识、人力资源实施和变革管理三个方面③;Johnsona 和 Kingb(2002)提出的人力资源管理岗位胜任力模型则包括正式沟通、人际沟通、正直、关系管理、解决问题、技术能力④。2000 年以后,国内学者对岗位胜任力模型也做了许多研究。例如:刘学方等(2006)建立了家族企业接班人胜任力模型,包括组织承诺、诚信正直、决策判断、学习沟通、自知开拓、关系管理、科学管理和专业战略 8 个因子⑤;魏钧和张德(2007)研究了商业银行风险经理胜任力模型与层级结构,结果表明,风险经理胜任力模型由 16 个胜任特征构成调查印证、分析

---

① Spencer L M. Competence at work[M]. John Wiley & Sons, Inc., 1993.

② 冯慧平,栗继祖.基于岗位胜任力的煤矿安全管理研究[J].煤矿安全,2013,44(11):227—230.

③ Ulrich D, Brockbank W, Yeung A K & Lake D G. Human resource competencies: An empirical assessment[J]. Human Resource Management,1995,34(2):473-495.

④ C Douglas Johnsona & James Kingb. Are we properly training future HR/IR practitioners? A review of the curricula[J]. Human Resource Management Review,2002(12):539-554.

⑤ 刘学方,王重鸣,唐宁玉,朱健,倪宁.家族企业接班人胜任力建模——一个实证研究[J].管理世界,2006(5):96—106.

判断、风险意识和沟通内控4大胜任力类群①；肖剑科和赵曙明(2010)研究了未来人力资源经理的胜任力模型，指出组织文化的特点、管理职能、组织中所处管理层次的高低是影响人力资源经理胜任力的三个关键因素②；周霞等(2012)实证研究了创新人才的胜任力模型，构建了由27个胜任特征项目构成创新知识、创新品德、创新能力、创新精神、创新人格五大胜任力维度的创新人才胜任力结构模型③。

三 人力资源管理专业大学生的职业岗位胜任力模型

人力资源管理是机关、企事业单位的重要管理职能之一，人力资源管理部(处)是负责整个机关、企事业单位人力资源管理工作的重要职能部门，具有战略性地位。从职业生涯发展的角度来看，人力资源管理工作者通常沿着从人事专员(如：招聘专员、培训专员等)到人事主管(如：招聘主管、培训主管等)再到人事经理(如：人力资源副经理、经理、总监等)的职业发展路径逐级向上晋升，而人力资源管理不同层级上的工作岗位对任职者的知识水平、技能结构、工作态度和价值取向等方面也具有不同的胜任素质要求，表1以某公司为例，列出了人力资源管理不同层级上的工作岗位对任职者胜任素质方面的具体要求。

---

① 魏钧,张德.商业银行风险经理胜任力模型与层级结构研究[J].管理世界,2007(6):86—93.
② 肖剑科,赵曙明.基于情景分析的未来人力资源经理胜任力研究[J].南开管理评论,2010,13(1):50—58.
③ 周霞,景保峰,欧凌峰.创新人才胜任力模型实证研究[J].管理学报,2012,9(7):1065—1070.

表1 某公司人力资源管理岗位胜任素质要求

职业岗位群		职责范围	任职资格			
岗群大类	包含岗位		知识结构	技能水平	工作态度	价值取向
人事专员	招聘专员,培训专员,绩效专员等	负责招聘、培训等人力资源管理具体事务	掌握人力资源管理专业基础知识	具有人力资源管理专门技能	态度端正	追求工作满足感
人事主管	招聘主管,培训主管,绩效主管等	主管招聘、培训等人力资源管理工作	掌握人力资源管理专业专门知识	具有人力资源管理高级技能	态度良好、主动	追求以自我价值为基础的工作满足感
人事经理	人力资源副经理,经理、总监等	全面负责人力资源管理工作	掌握人力资源管理专业及其相关知识	具有人力资源管理全面技能	态度积极、主动	努力追求自我价值实现和工作成就感

人力资源管理专业大学生是机关、企事业单位人力资源管理相关工作岗位上的后备军,高校能否培养人力资源管理专业大学生的职业岗位胜任力,提高其就业竞争力,促进人力资源管理专业大学生个人的未来职业发展至关重要。为此,本文在前人研究的基础上,从人力资源管理专业大学生个人未来职业发展的实际需要出发,结合人力资源管理工作者个人的职业发展轨迹,将人力资源管理专业大学生的职业岗位群划分为就业岗位群、目标岗位群和理想岗位群,根据不同岗位群构建人力资源管理专业大学生职业岗位胜任力模型(见下图),并区分职业岗位群对人力资源管理专业大学生职业岗位胜任力内隐特征和外显特征的要求,在此基础上提出培养人力资源管理专业大学生职业岗位胜任力的具体策略。

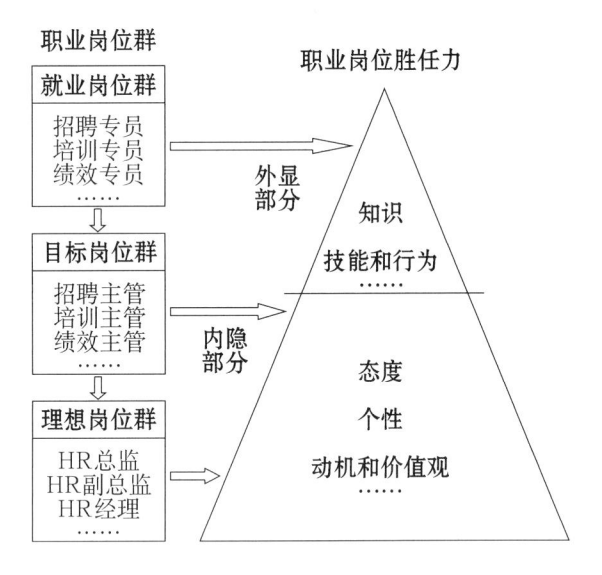

人力资源管理专业大学生职业岗位胜任力模型

由上图可知,从就业岗位群、目标岗位群到理想岗位群,越是更高级别上的人力资源管理岗位,对任职者态度、个性、动机和价值观等内隐的胜任素质方面的要求越高,反之则会对外显的知识、技能和行为等胜任素质方面的要求较高。相对于人力资源管理专业大学生而言,就业岗位群是其毕业时的首要选择,因此,高校应重点培养人力资源管理专业大学生的显性职业岗位胜任力特征。

四 人力资源管理专业大学生职业岗位胜任力培养策略

根据人力资源管理专业大学生职业岗位胜任力模型可知,人力资源管理是一个实践性很强的专业,人力资源管理专业大学生职业岗位胜任力的培养应遵循目标导向原则,在强化专业理论知识学习的过程中强调实际动手操作技能的培训,培养其良好的职业态度,形成正确的价值取向。为此,本文提出以下策略,帮助高校培养人力资源管理专业大学生的职业岗位胜任力。

(1) 构建以职业岗位胜任力为核心的人才培养方案

人才培养方案是根据人力资源管理专业人才培养目标和培养规格所制定的实施人力资源管理专业人才培养活动的具体方案,是对人力资源管理专业人才培养的逻辑起点、培养目标与规格、内容与方法、条件与保障等培养过程和培养方式的描述和设计。人才培养方案是人力资源管理专业进行人才培养的根本性指导文件,是组织人力资源管理专业教育教学过程、进行人力资源管理专业教学改革的主要依据。

根据人力资源管理专业大学生职业岗位胜任力模型,人力资源管理专业的人才培养方案应突出围绕培养人力资源管理专业大学生的职业岗位胜任力确定人才培养的目标和内容,设置各类人才培养的教学活动和实践安排,促进人力资源管理专业大学生职业岗位胜任力的培养。例如,周慧霞(2008)认为,实践教学是教学改革的重点,人力资源管理专业应从目标体系、内容体系和管理体系三个方面,强化实践性教学活动,提高人力资源管理专业大学生的职业岗位胜任力[1]。顾家旺(2011)认为,人力资源管理专业应构建基于应用素质培养的课程体系,具体包括:明确人力资源管理专业的应用素质培养目标,构建应用素质培养导向的人力资源管理专业理论和实践教学课程体系;构建新的人力资源管理专业实践教学评价和激励体系;提高案例教学在人力资源管理专业课程教学中的比重[2]。以人力资源管理专业大学生职业岗位胜任力模型为基础,通过案例教学、模拟实验、专业实践等一系列教学活动的安排,人力资源管理专业大学生才能够将人力资源管理专业的理论知识与社会实践紧密结合,在实际操作的过程中不断提高职业岗位胜任力。

(2) 通过产学研合作提高大学生的实际操作技能

产学研合作是教育与生产劳动、科学研究在人才培养、科技开发和生产活动中的有机结合,具体表现为大学、企业与科研院所各自投入自己的优势资源和能力,按照互利互惠、共同发展的原则进行交流与合作。人力资源管理专业的产学研合作主要是指高校依托于政府机关、各类服务中介等机构的支持,将工作分析、员工招聘、员工培训、绩效考核和薪酬管理等人力资源管理专业的教学活动和研究成果应用并服务于各种类型的企事业单位,实现教学活动的实践化和各种教学研究成果向生产成果的顺利转化。胡建平

---

[1] 周慧霞.人力资源管理专业实践教学体系的构建——以包头师范学院人力资源管理专业为例[J].阴山学刊,2008,21(6):118—121.

[2] 顾家旺.人力资源管理专业实践教学探析——以阜阳师范学院为例[J].人力资源管理,2011(12):175—177.

(2009)认为,产学研导向的人力资源管理专业实践教学模式是对企业人才需求的主动反应,有利于人力资源管理专业教学内容上的侧重、教学体系的构建、人力资源管理专业大学生职业岗位胜任力的提高和建立长期的校企合作关系等[①]。人力资源管理专业的产学研合作是适应教育经济规律的客观要求和充分满足社会需求的迫切需要,对于实现高等教育职能向社会实践领域内的延伸具有重要的促进作用。

刘永安(2008)以东莞理工学院为例,研究了地方性本科院校人力资源管理专业的产学研人才培养模式,指出地方性高校的人力资源管理专业可以采用"请进来,走出去"的方法,充分利用东莞丰厚的社会经济资源,开展人力资源管理专业的产学研合作办学,同时有选择地建立实习基地,努力把实习基地打造成人力资源管理专业重要的产学研合作平台[②];李琦(2009)以北京劳动保障职业学院的人力资源管理专业为例,指出该校人力资源管理专业经过多年产学研合作的摸索与实践发展出的专业指导委员会、创新订单式培养、"双基地"合作等产学研合作模式,具有自身独特的定位,形成了"专业背靠行业、教师走入企业、专家进入校园"的特色[③]。人力资源管理专业的产学研合作应在政府部门相关政策的指引下,充分利用高校人力资源管理专业的实践性特点和企事业单位以及相关科研院所的自身优势,灵活、机动地安排各类人力资

[①] 胡建平."产学研"导向的人力资源管理专业教学研究[J].广西师范学院学报(哲学社会科学版),2009,30(1):149—152.

[②] 刘永安.地方性本科院校人力资源管理专业产学研人才培养模式研究与实践[J].东莞理工学院学报,2008,15(6):26—28.

[③] 李琦.实践高职人力资源管理专业产学研合作的办学模式——北京劳动保障职业学院人力资源管理专业办学探索[J].北京劳动保障职业学院学报,2009,3(1):38—41.

源管理教学和科研活动,促进人力资源管理专业大学生职业岗位胜任力的提高。

(3) 鼓励大学生参与各种形式的人力资源管理创新实践活动

创新实践活动是大学生综合利用所学到的专业知识,充分发挥个人特长,进行各级各类创新活动的舞台,对于巩固大学生所掌握的专业知识,提高大学生的专业技能水平和实际操作能力等均具有重要的作用。对于人力资源管理专业的大学生而言,积极参与各种类型的管理创新实践活动,不但有助于检验其人力资源管理理论知识的掌握情况,及时发现自身的不足并加以改进,而且能够在管理创新实践活动中激发创造性思维,提高计划、组织、沟通、协调等各项管理技能,促进职业岗位胜任力的提升。

人力资源管理专业大学生的管理创新实践活动有很多项目,既包括"挑战杯"全国大学生课外学术科技作品竞赛项目,也包括大学生创业计划大赛项目,以及人力资源管理专业 ERP 企业沙盘经营模拟项目等,这些管理创新实践活动从不同角度和不同层面上培养了人力资源管理专业大学生的职业岗位胜任力。例如:王雪和宋可(2014)认为,高校应鼓励人力资源管理专业大学生积极参加专业教学之外的讲座、科学研究等第二课堂活动,使其能够在人力资源管理专业教师的指导下从事与专业教学相关的各类创新性活动,以提高创新能力[1];黄岳钧(2014)认为,高校应丰富教学模式,举办企业薪酬设计案例分析、招聘模拟大赛、企业人力资源管理 ERP 沙盘经营模拟大赛和职业发展规划大赛等各类人力资

---

① 王雪,宋可.探讨地方院校人力资源管理专业教育的创新——以黄田学院为例[J].经营管理者,2014(23):105—106.

源管理创新实践活动,激发大学生对人力资源管理专业知识的学习动力,提升大学生人力资源管理实践的创新能力[①]。高校只有通过举办形式多样的管理创新实践活动,使人力资源管理专业大学生能够在"做中学"和"做中思",才能够有效地提高其职业岗位胜任力。

(4) 丰富人力资源管理专业教师的实践教学经验

人力资源管理专业教师是专门从事人力资源管理专业教学和科研工作的教育工作者,是人力资源管理专业大学生学习专业理论知识和从事管理创新实践活动的领路人。人力资源管理专业教师的专业理论知识水平的高低和管理实践经验的丰富程度,关系到人力资源管理专业大学生对本专业理论知识的理解和掌握情况,并对其职业岗位胜任力产生间接影响。例如,经验丰富的专业教师在理论教学的过程中往往更能够结合自身的人力资源管理实际工作体会传授相关理论,从而使大学生对专业知识更容易理解和掌握,尤其是在实践性教学活动中,专业教师的实际工作经验更有助于指导大学生进行人力资源管理实践。

人力资源管理专业具有综合性和实践性特点,要求专业教师不但要具备高尚的师德,掌握先进的教育理念和教学方法,而且要具有扎实的基础知识和专业知识,并具有综合能力和应用能力[②]。无论是对人力资源管理专业教师还是大学生而言,丰富专业教师的实践教学经验都显得尤为重要。彭莹莹等(2015)研究了行动导向教学模式下人力资源管理专业教师的职业能力建设,指出社会

---

① 黄岳钧.人力资源管理专业学生实践创新能力培养模式分析[J].人力资源管理,2014(11):100.

② 邵兵,玄立平.人力资源管理专业教师职业生涯规划的问题与对策[J].经济研究导刊,2014(34):171—173.

实践是提高人力资源管理专业教师实践能力的重要途径,高校应根据教师的年龄、学历和专长为其制订具体的实践锻炼计划,鼓励教师定期去企业或培训基地兼职,并加强与行业、企业等单位的联系,搭建校企合作交流的平台,共同设计与开发专业课程[①];张世免(2015)构建了高校人力资源管理专业教师的胜任力模型,指出高校应建立健全科学规范的考核和激励机制,鼓励专业教师到企业挂职锻炼,亲自体验企业人力资源管理的各项业务流程,总结经验和体会,提升专业技能,努力成为"双师型"教师,以更好地进行日常教学和学生实践指导,进而提高人力资源管理专业大学生的职业岗位胜任力[②]。

五 结 语

职业岗位胜任力关系到人力资源管理专业大学生的就业竞争力,也决定了其是否能够胜任人力资源管理相关工作岗位的要求,出色地完成人力资源管理工作。高校作为培养人力资源管理专业人才的摇篮,应构建以职业岗位胜任力为核心的人才培养方案,努力通过产学研合作的方式提高大学生的实际操作技能,同时鼓励大学生参与各种形式的人力资源管理创新实践活动,不断丰富人力资源管理专业教师的实践教学经验,以有效地提高人力资源管理专业大学生的职业岗位胜任力。

※本论文经过"城市治理与法治建设"青年工作坊讨论。

---

① 彭莹莹,刘凤霞,张玲玲.行动导向教学模式下人力资源管理专业教师职业能力建设[J].人力资源管理,2015(1):177—178.
② 张世免.高校人力资源管理专业教师胜任力模型构建研究[J].湖南人文科技学院学报,2015(1):75—77.

参考文献

1. 陈万思.人力资源管理专业的师资建设[J].人才开发,2006(4):35—36.
2. 闫培林.浅谈河南省师范院校人力资源管理专业的设置[J].人力资源管理,2010(10):123—124.
3. 姚嘉颖.华南师范大学人力资源管理专业设置现状调查报告[J].知识经济,2011(17):173.
4. 胡恒龙,施健红.苏北高校人力资源管理专业产学研合作可行性分析——以淮阴师范学院人力资源管理专业为例[J].人才资源开发,2011(3):90—92.
5. 刘永安,林养素.地方高校人力资源管理专业本科实践性教学探索[J].中国大学教学,2007(8):35—37.
6. Xiao-rong Jiang, Jin-liang Li. Practical Teaching Problems and Countermeasures in the Major of Undergraduate Human Resource Management[J]. Advances in Computer Science and Education Applications, 2011,202:481-486.
7. 彭加平.人力资源管理专业校外实训基地建设及运作探讨——以江西科技师范大学为例[J].老区建设,2013(20):34—36.
8. Spencer L M. Competence at work[M]. John Wiley & Sons, Inc., 1993.
9. 冯慧平,栗继祖.基于岗位胜任力的煤矿安全管理研究[J].煤矿安全,2013,44(11):227—230.
10. Ulrich D, Brockbank W, Yeung A K & Lake D G. Human resource competencies:An empirical assessment[J]. Human Resource Management,1995,34(2):473-495.
11. C. Douglas Johnsona & James Kingb. Are we properly training future HR/IR practitioners? A review of the curricula[J]. Human Resource Management Review,2002(12):539-554.
12. 刘学方,王重鸣,唐宁玉,朱健,倪宁.家族企业接班人胜任力建模——一个实证研究[J].管理世界,2006(5):96—106.
13. 魏钧,张德.商业银行风险经理胜任力模型与层级结构研究[J].管理世界,2007(6):86—93.
14. 肖剑科,赵曙明.基于情景分析的未来人力资源经理胜任力研究[J].南开管理评论,2010,13(1):50—58.
15. 周霞,景保峰,欧凌峰.创新人才胜任力模型实证研究[J].管理学报,2012,9(7):1065—1070.
16. 周慧霞.人力资源管理专业实践教学体系的构建——以包头师范学院人力资源管理专业为例[J].阴山学刊,2008,21(6):118—121.
17. 顾家旺.人力资源管理专业实践教学探析——以阜阳师范学院为例[J].人力资源管理,2011(12):175—177.
18. 胡建平."产学研"导向的人力资源管理专业教学研究[J].广西师范学院学报(哲学社会科学版),2009,30(1):149—152.
19. 刘永安.地方性本科院校人力资源管理专业产学研人才培养模式研究与实践[J].东莞理工学院学报,2008,15(6):26—28.
20. 李琦.实践高职人力资源管理专业产学研合作的办学模式——北京劳动保障职业学院人力资源管理专业办学探索[J].北京劳动保障职业学院学报,2009,3(1):38—41.
21. 王雪,宋可.探讨地方院校人力资源管理专业教育的创新——以黄田学院为例[J].经营管理者,2014(23):105—106.
22. 黄岳钧.人力资源管理专业学生实践创新能力培养模式分析[J].人力资源管理,2014(11):100.
23. 邵兵,玄立平.人力资源管理专业教师职业生涯规划的问题与对策[J].经济研究导刊,2014(34):171—173.
24. 彭莹莹,刘凤霞,张玲玲.行动导向教学模式下人力资源管理专业教师职业能力建设[J].人力资源管理,2015(1):177—178.
25. 张世兔.高校人力资源管理专业教师胜任力模型构建研究[J].湖南人文科技学院学报,2015(1):75—77.

大学教授精神培育：职业心理素质及其培训策略

吴文艳

摘 要：大学教授职业心理素质的高低，体现出其从事高等教育教师职业的适应能力的高下。提高大学教授职业心理素质，不仅是胜任教学科研工作、提高品德修养和业务水平的根本保证，也是培育大学教师学术精神的重要基础。本文尝试通过对大学教授职业精神中的重要维度之一——大学教授职业心理素质的探讨，建立大学教师职业心理素质培训体系，从而提升教授职业精神水平。本文所述大学教授职业心理素质培训内容包括：职业心态培训、情商培训、领导与自我领导培训等。

关键词：大学教授　职业心理素质　培训策略

University Professor Spirit Cultivation: Professional Psychological Diathesis and Training Strategy

Abstract: The level of professional psychological diathesis in University professor, is an important ability to adapt themselves to the high education work. It is crucial that improving professor's diathesis to build up not only the capability to fit the needs on the teaching and researching tasks, but also the critical groundwork to enhances theirs personal character. In this article we study the training strategy to improve professor's professional psychological diathesis that is one of important dimensions of professor professional mindset. The training system of professional psychological diathesis is built up to improve the level of professor's professional spirit, which covers the chapters of professional mentality training, emotional intelligence training, leadership and self-management training etc.

Keywords：university profession; professional psychological diathesis; training strategy

　　教授是一种高等教育体系中的职称。在我国的宋代才开始成为教师的称谓，当时宗学、律学、医学、武学等专业都设有教授。在中国汉、唐的大学中即设有此官职；在现代汉语与日本语的语境中，多作为英语"professor"一词的同义语使用，指在现代高等教育机构(例如大学或社区学院)中执教的资深教师。

　　大学自古以来就确立了致力于培养人的根本使命，以及为后世广为认可的大学所谓"非谓有大楼之谓者，有大师之谓也"。作为大学教师的主要代表的教授群体，不可推卸地负有坚守学术品性和传承人文精神的责任。教授的学术品性和人文精神的形成，首先基于教授应有的职业精神和基本素质。作为一个特殊的职业群体，大学教授所要求的职业精神和基本素质不同于普通的职业精神和素质标准，甚至不同于一般教师的职业精神和素质标准。本文尝试通过对大学教授职业精神中的重要维度之一——大学教授职业心理素质的探讨，以此进一步建立大学教授职业心理素质培训体系,从而提升大学教授职业精神水平。

一　大学教授职业心理素质概念界定

心理素质,是指个体在先天遗传素质的基础上,通过后天的环境影响、教育训练和时间活动而逐渐内化的、具有适应社会生存和发展的、基本内隐和相对稳定的心理品质以及行为模式的统一体。职业心理素质可以定义为人的心理素质在职业行为上的表现和个体的心理素质对其职业生活的适应性程度,它强调职业心理素质是人的心理素质在特定职业领域的具体化,是与人所从事职业匹配的心理素质的总和。它包含两个方面的含义,一是指特定职业对其从业者所具备的心理素质的总和,是一种外在的标准,也是特定职业得以顺利、高效完成的必要保证;二是指个体已经具备的与特定职业有关的心理素质的总和,是一种静态的状况,是评价从业者能否顺利完成相应职业的基础。

国际劳工组织和联合国教科文组织在1966年的《关于教师地位的建议》文件中就把教师职业视为专业性职业。教授是教师中的重要成员,是大学的灵魂和核心,代表了大学的实力、水平和社会影响力。大学教授的职业心理素质,即是指大学教授在承担完成本专业范畴内治理学术、培养学生、服务社会的职责,即是指完成教书育人工作,担当对大学生传道授业解惑职责、既有师范性又有学术性的一种特定的社会角色所具有的共同的心理素质的总和。大学教授既是一种职称,又属于教师职业群体中一个特殊精英群体,其职业心理素质的高低,体现出其从事这一职业的适应能力的高下。

二 大学教授职业心理素质的内涵特征

1. 正确的职业认知度

即能正确理解其所从事的职业性质,有正确的职业认知能力。教授的工作是在大学里针对他们所擅长的领域开课、或授予学生专业训练,如科学和文学等领域。另外教授也必须深耕自己专精的学科,以发表论文的方式来获得商业上的合作机会(包括了政府在科学上的顾问、或是商业发明等),同时训练自己的学生将来有足够的能力与他们交棒。作为一个具备正确职业认知能力的大学教授,应充分认识到,大学教授是国家教育系统中特定的一个群体,在社会生活中占据着特殊地位,发挥着特有的作用;理想的教授是忠诚于国家的高等教育事业,有以高度的责任感、使命感、献身于学术研究和教育事业的信念和敬业精神,应该是有品性、有独立思想和精神、有学术良心和公民意识的人。

2. 良好的职业道德观

教师社会化角色决定了教师职业具有"高道德含量"的需要,无论中小学教师还是高校教师,他们工作中面对的学生,正处于人格、心理等各方面的成长期,可塑性、可变性强,他们会随时随地用自己敏锐的目光注视教师的一言一行,并加以吸收、模仿。因此,教师宽容、耐心、和蔼的教态,健康、豁达、乐观的心态,和扎实的专业知识、不倦的学习精神一起,极大地影响着、熏陶着成长中的学生,给予学生良好的培育和滋润,是影响学生心理健康发展的最直接、最重要的环境因素。"教授"是一个值得尊重的称谓,是一个有满腹学问、有话语权威、有一身傲骨、有社会声望的精英群体。因此,大学教授道德是一种特殊的职业道德,由于其对学生影响的深远性以及对社会发展影响的重大性,使得人们越来越关注大学教授作为一名学者承担的道德责任和道德素养。这种道德责任"不仅是社会的最终目标,而且也是学者在社会中全部工作的最终目标,学者的职责就是永远树立这个最终目标"。教授尤其应以良好的学术道德引导和形成良好的学风,它是大学更好地实现其人才培养职能的根本保证。

3. 教书育人,对学生负责的使命感

正如美国学者唐纳德·肯尼迪指出的:"对学生负责,是大学的主要使命,也是大学教师的主要学术职责。"培养学生,关注学生学业,这是大学教师存在之根本。无论学生的智商如何、出身如何、行为是否规范、外貌是否可人、成绩是否理想,具有良好职业心理素质的教师,始终将每一位学生一视同仁,懂得作为社会中的个体,学生与教师一样享有平等的人格尊严,学生有不可剥夺的受教育权;教师必须了解学生的基本特征、了解学生的个体差异、发现他们不同的闪光点,尊重他们、爱护他们,并且根据他们的个性特点,对每一位学生进行有针对性的能力培养和素质提高,使学生能更好地适应社会的发展。教授是一所大学学科水平的集中代表,只有一流的教授,才能有一流的学科,才能最终建设出一流的大学;教授的价值集中体现在育人上,教授举手投足都是教育;教授是大学精神的倡导者。

4. 学术自由精神下的学术责任感

雅思贝尔斯指出:"教学要以研究成果为内容,研究与教学并重是大学的首要原则。"牛津大学校长科林·卢卡斯也指出:"大学之存在,是为了探究事物的本质;大学之存在,是为了发现如何区分真实与表面真实;大学之存在,是为了理解意义。"教授是大学的核心,大学思想创造源泉主要来自教授;教授是大学学术权力的集中代表和集中行使者。因此,作为胜任岗位的教授群体,应在坚守传统与学术责任及拓展责任的时代内涵中完成大学职能,提升大学的人文生产与科学创造力,实现大学用创造出的物质成果与精神成果造福人类社会的目标。因此,在学术自由的大学精神下,完成教授的"知识创新、服务社会"的学术责任。

5. 良好的沟通协调和应变能力

教师的工作也是一种社会劳动,需要相关人员的支持、协调。具有良好职业心理素质的教师,首先能处理好与学生的关系,通过自己的以身作则、身先垂范,以及做事有原则、有立场,不放纵、不迁就学生的工作方式,赢得学生的尊重和信任,构建和谐的师生关系。除此之外,善于沟通的大学教授,也能处理好与上级、同事以及与校外同行等关系,协调和处理好内外部人际关系,从而创造一个和谐的工作环境,为成功开展工作、实现职业抱负打下基础。

6. 自我调适、自我缓解压力的能力

现代社会大学教师的工作压力日益加大。后工业时代,尤其是当前的这是经济时代,大学已步入社会的中心,作为知识的生产者、批发商和零售商。与此同时,或者是由于受社会各种角色期望的冲击,或者是自我期望值过大,或者是组织内部评价体系的不够完善等原因,教授们承受的心理压力越来越大。具有良好职业心理素质的教授,一方面不惧怕压力。因为他们认识到适度的压力是排除心中的空虚、激励他们努力向上的动力之一;另一方面当压力过大时,又具备自我缓解压力的能力。他们了解心理学知识,理解自我心理调节的重要性,能够正视现实、扬长避短、尊重他人,并且性格开朗、兴趣广泛、富有自制力,懂得拥有健康、乐观的心理是现代人从事各种工作、享受美好生活的重要条件。

三 大学教授职业心理素质的强化培训策略

心理素质强化培训属于心理学的应用范畴,是将心理学的理论、理念、方法和技术应用到各项管理和训练活动之中,以更好地解决组织中成员的有关动机、心态、心智模式、意志等一系列心理问题,使成员的心态得到改善、心智模式得到调整、意志品质得以坚强、职业技能得到进一步开发。目前,心理素质培训受到许多知名大企业的欢迎,世界500强中至少80%的企业为员工提供心理培训,联想集团定期邀请心理培训机构的专业人士为员工做《压力管理》等心理培训,TCL、实达公司等都常年请培训公司开展心理素质培训。

大学教授职业心理素质强化,则是针对教授在工作中容易出现的心理紧张、心理困惑、挫折感、不公平感、孤独失落感,以及被误解而产生的各种不良心理状态,进行有效的心理引导、心理教育与心理训练的活动,以保障大学教授的身心健康、提高教授的工作绩效。教授心理素质强化培训是造就现代高素质大学教师的各项培训活动中的一种重要形式。

(一) 职业心态培训

职业心态的培训是帮助教师拓展观念、调适心态、确立职业意识,建立有助于实现目标、取得职业成功的态度的一种培训方式。积极的心态会使人保持良好的情绪,对自己事业的成功充满坚定的信心,并能使自己持之以恒,坚持不懈地努力实现它,最后走向成功。有个故事说,两个卖鞋子的商人来到一个原始的部族,准备推销他们的鞋子,一来到那里他们却大吃一惊,因为那里的居民都打着赤脚,其中一个商人大失所望,因为他想他们根本不需要鞋子呀;而另一个商人却大喜过望,因为他想他们都有可能成为他的商品购买者了。还有一个故事说,两个人从牢房的铁窗望出去,一个看到地上的泥土,一个却看到了天上的星星。面对同样的情境,不同心态的人会有完全不同思想、态度、行为。所以心态调适和训练的方向就是将心态维度指向于积极、平衡的一轴,营造愉快平和的心境。根据心态→行为→结果的原理,积极的心态导致积极的行为,配合相关的知识和技能,继而取得相应的成果。就大学教授而言,既要承担繁重的科研任务,包括各级课题、填各种表格、应对各方面复杂的关系,还要承担很多的教学任务,本科生的、研究生的、成人夜大的等等,疲于奔命却又待遇卑微,如果他抱怨、不满、心情郁闷,如此心态的教师,还会有饱满的工作热情、创新的思维能力以及良好的工作绩效吗?大学教授职业心态强化培训的目的就是帮助教师调整与建立积极的心态,拥有愉快的心境,确立正确的职业意识,强化从事大学教师职业活动和达到职业目标的正确认识,建立从事教师职业所需要的职业价值观。尤其是当事业发展面临挫折的时候,更要用积极的心态分析自己失败的原因,决不气馁。

那么如何进行大学教授职业心态调适训练呢?

首先,可进行从业动机调查与调整;因为,要拥有良好的工作心态,就要做到热爱自己从事的工作。是什么力量驱动着你,让你每天早晨闻鸡起舞、每天生机勃勃地投入工作? 就在于你对这份职业的喜欢和热爱。所以,训练应开始于从业动机的调查。在D·弗郎西斯的《职业生涯自我管理》一书中,有一份名为"从业动机调查"的问卷,深入研究了九大从业动机。我们可以评估教师隐性的心理愿望、从业理想,并对照教师的职业特性,看其中有多少差距。从业调查问卷的结果,可帮助被培训教师更清楚地认识自我,了解构成你生活道路的精神源泉和选择职业的倾向性或动力,了解你具备了多少教师资质。对培训组织者来说,这是制定个性化培训方案的重要参考数据。

其次,进行自信训练。虽然在人格理念中,构成阻碍积极心态的因素较多,但归根结底还是源于我们自身的信念和信心的不足。教书育人和科学研究工作复杂而艰难,许多经验不足的教师常常会因为工作不顺利而沮丧、自卑,从而因缺乏自信而缺少向上的动力。那么,什么是自信训练?自信训练的理论基础是:我们的社交行为习惯是后天养成的,可以被新的更有益的行为模式所取代。一旦我们尝试了某种行为方式,感觉效果不错,我们就非常愿意继续这种新的方式。自信训练的重点不是教师的心理,分析他或她为什么沮丧或过于消极,它的重点放在行为本身上,以及如何去调整或改变它。我们可以通过各种方式:演讲、角色扮演、交流等,可以让教师在一个团队里练习自信行为,并逐渐让他们感受到成功的喜悦,从而以更积极的态度来认识自我。或者让有经验的老师进行传帮带,用自己的成长经历鼓励被培训者。尤其可以针对一些新教师,采用"导师制",以一带一的方法,从职业技能、职业心理素质等多方面,将导师的经验传授给新教师,甚至可以将导师自己的"挫折故事"讲述出来,帮助他们更快地成长。

另外,对于大学教师而言,能否具备职业使命,具备"人梯""蜡烛"精神,能否安于清平却又充实的生活,是建立良好心态的一个重要方面。训练中,可以先明确大学教师的职位说明,并强调教授职业的特殊性及其社会意义;与此同时,让被培训教师充分认识自我,包括对教师职业心理素质中的心理调节系统和职业能力系统有充分的认识,知道自己的职业兴趣、气质类型及其职业选择之间的关系,让他们对当前和未来的就业环境有一个客观的认识,不是盲目去追求社会职业的热点。同时,在培训过程中设计一些需要一定意志力、需要创意的任务,让被培训教授从完成中体验成功的喜悦,进入需求的高层次阶段,即体验自我价值实现的快乐,形成"我的工作是我寻求生活真谛的一部分"的价值观念,正如现代职业心理学认为的那样,人的职业和生活不应该存在截然的区分,特别是不能在生活和工作之间存在对立的思想。培训中应有意识地让被培训教师了解生活、职业的意义以及它们之间的关系,这也是职业价值观教育的一部分,把职业纳入生活的有机组成部分,在职业活动中实现个体的成就感与价值感,帮助被培训者认识生活的意义并培养其职业心。

(二) 情商培训

情商,是指测定和描述人的情绪的自控性、人际关系的处理能力、办事的意志力、对挫折的承受力、对自我的了解程度以及对他人的理解和宽容等。心理学家发现,成功与情商有很大的关系。现代心理学研究表明,一个人生活和事业上的成功,只有20%依赖于智力因素,即智商水平,而80%是决定于人的非智力因素,即情商水平。情商的高低很大程度上取决于后天因素,它主要通过后天的学习、培养和锻炼而形成的。至于教师,工作胜任度与情商的高低之间的关系较之其他职业会更甚。工作的特殊性决定了要有很强的协调能力,大学教师要面对的是个性不一、心智尚未完全成熟但是却强调个性独立崇尚自由的90后年轻大学生,即使生活中受到再大的委屈、再大的苦楚、再大的烦闷,大学教师也只能隐忍,还得若无其事、沉稳甚至快乐地出现在学生面前。再加上日复一日、琐碎繁杂的各项教学以及教学之外的事务、突发事件带来的心理压力等,都是对大学教师意志的考验。可见,情商训练是教师心理培训的一个重头戏。

情商培训设计之一：情绪训练。这一训练于教师可谓非常必要。主题包括了解和控制自己的情绪以及辨别他人的情绪。了解自己的情绪，就是在你产生某种情绪时的辨别、自我意识，因为我们首先必须能意识到自己的情绪，才有可能辨别他人的情绪。情绪的自我控制，意味着，在你遭受挫折失败的时候能振作起来，奔向更高的目标，而不是长时间地沉沦在沮丧中，并且我们知道，有些人的确会为世上的悲哀不幸感到苦恼，然而情商要求你只为那些你能做些什么去改变的情况而担忧。情绪训练最终归结为能够很好地辨别他人的情绪，意即心领神会、善解人意，这包含懂得他人身体语言和富有感情的表情所蕴涵的微妙含义，察觉别人的需要，具有同情心。

情商培训设计之二：俗语说，"文人相轻"是指大学教授读书多、学识广，容易看高自己，看贬别人。这种人际关系的价值取向已为时代的进步所摒弃。怎样提高人际关系协调能力？首先，认识、接纳自己，了解、尊重他人是大学教师良好的人际关系之基础。情商理论的提出者戈尔曼有关情商的最后一个秘诀是亲密关系的形成，主要是讲述如何使你生活中的人际关系变得更有价值，我们常常把身边的一些事情视为理所当然，像父母给我们的无微不至的关怀、伴侣和孩子们做的家务、工作中同事的支持等等。因此，在训练中我们要强调，如果你要跟学生交流或跟同行打交道，或是协调好与上级、同事和组员的关系，你必须认识到其他人的付出并找出回报他们的方式。尤其是应具备对学生的那份爱心，才能真正理解与发展和他们之间的关系。再比如，关于如何迅速有效地与他人建立起关系的问题，戈尔曼认为应该重视情感智力。情感智力的一个组成部分是自我表达能力，尽力找到适当的词语来精确表达我们的感受(甚至只是告诉自己),能够使我们直接地与人交流,也有助于他人认真对待我们。对于那些难相处的人,我们也有办法,比如通过便于记忆的"四问"方案了解他人:一问家庭,二问职业,三问娱乐消遣,四问教育。总之,我们应在训练中鼓励教师进行感情投资,与他人积极寻找共同话题,善于处理各种冲突,注重积极的结果等行为,而对这些行为的强化实际上就是学习怎样做人处世的方法吧。

"干中学"以及案例分析、角色体验、培训游戏、课堂讨论等都是教师情商培训的可选方式。

(三) 领导与自我领导培训

领导能力和自我领导意识的具备与否,是教师职业成熟度的体现,与教师职业能力的大小关系密切。领导与自我领导的培训与前述的几种心理培训一样,是一个动态的系统工程,需要我们从各个关键点以及动态发展的视角去把握。

关键点之一,培养创新、多向度解决问题能力。只有大学教师具备了这样的能力,他们的学生才更有可能具备这种创新与解决问题的能力。面对任何让你担忧的问题或任何挑战,设法找出多种解决方案,并且创造性地解决问题。培训中应该让教师了解这一点:在一定程度上人人都具有创造性。如果你采纳了一个主意或将一种概念从一个领域移植到另一个领域,你就显示出了创造性,不必想象自己必须完全创新,其实情况并非如此。发散思维、逆向思维、联想、比较等思维方式有助于培养创新、多向度解决问题的能力。比如,有意识、经常性地问自己:

如果……生活会更美好。

如果……工作生涯会更好。

如果我……该部门会运作得更好。如果我一生中只能改变一件事,那将是……

我希望我……

在出现问题的情况下你的目标是什么?

这种情况真的是毫无挽回了还是可以采用一些积极因素?

预想你工作中的一种理想状态。

……

或者尝试这样的想法和行为:

换一条新路回家。

生活很少非黑即白,而几乎都是灰色的,要学会灰色思维。

搬动你的办公桌,从而你会有一个不同的视角。

别担心出差错或一定要求正确答案,而是要求尽可能多的创意。分析待以后再做。

大脑里出现了第一个想法后要再接再厉,速度越快越好。

善于联想,在他人想法的基础上进行思考,用他人的意见来激发你的创意。

……

关键点之二,培养责任感和忠诚敬业精神。

碰到问题或失败,不寻找各种借口、不推诿责任,而是勇于承担责任,并努力探寻解决的途径和方法。训练自己以后不再有类似这样的想法：

> 关于这件事，我有很多想法，可是我实在太忙了。
> 要不是……我不会这么做的。

我们可以在训练中改掉这种经常被众人忽略的习惯，因为寻找借口给我们带来的危害毫不逊色于其他任何恶习。就像《没有任何借口》一书的作者费拉尔·凯普自己所经历的那样，他说，自己当初在美国西点军校就读时，一位高年级学员问他："你为什么不把鞋擦亮？"他说："哦，鞋脏了，我没时间擦。"尔后，凯普意识到这样的回答只能招来一顿训斥——因为在西点军校，要的只是结果，而不是任何辩解。西点让他明白了这样一个道理：如果你不得不带队出征，那就别找什么借口，如果你不得不解雇公司数千名员工，那也没什么借口，因为你本应预见到要发生的事，并提前寻找对策。在此，我们同样也必须强调，如果一个教师没能完成你职责内的任何事情，千万别找什么借口。凭借自己的责任心、敬业心，做一个可信赖的好老师。

关键点之三，热爱变化、自我超越。

现代社会的特征就是急剧变化、不断更新。作为传授知识、培养学生的教师须得随时调整自我，应对变化的环境，审时度势，更新知识，适应变化的时代。注意克服变旧心态，因为人们拒绝变革的原因，往往是惧怕难以预料的前景，或者对远离自己习惯了的舒适环境感到焦虑不安。科普作家凯瑟琳·布朗在评价这种现象时提出，对变革的抵触念头是作为求生的程序被输入大脑，人的意念夸大了未来可能出现的痛苦，并使大脑发出警告。因此，在充满变革的时代里，教师需要降低"不确定性规避"程度，不断学习、热爱变化。

超越自我是对自身能力或素质的突破,这不仅仅是心理潜能的激发,更多的是人性的完善、境界的提高。正如人生境界的不断提升一样,可以"独上高楼,望尽天涯路",而后终于懂得"众里寻她千百度,蓦然回首,那人却在灯火阑珊处"。每个阶段有每个阶段的目标,要获得持久的竞争力,就要不断攀登、勇于超越、努力完善自我。因为我们知道,人无完人,金无足赤,性格中的缺陷、不良的习惯、认识上的偏差都在所难免,超越自我在相当多的时候更倾向于人格的塑造。超越自我需要积极不懈的努力。研究发现,对成功来说,坚持和积累比素质和技巧都重要得多。水滴石穿的道理是大家所熟悉的。

角色扮演、情景模拟、培训游戏以及拓展训练等方法都可以运用到领导与自我领导能力的训练中。领导与自我领导的培训过程中,我们可以通过强调主动学习、终身学习的理念,将工作和学习合二为一,使大学教师认识到必须随时随地不断学习,才能有效执行知识性工作,才能胜任高等教师职业。终生学习是教师具备的基本生存手段。我们还可以通过设计个性化的教师职业发展计划,满足教师从工作中得到成长、发展和获得价值实现的愿望,并创造条件帮助大学教师实现个人职业目标。

四 强化培训中的注意事项

1. 注意个性化培训

因为个体心理素质是以整体形式体现出来的一种复合型素质,它具有结构上的多维度立体性和各子系统要素的关联性等特点,并且相互作用、相互联系,共同存在于个体身上,构成了个体心理素质的整体面貌。即心理素质教育是一个系统整体工程,应加强心理素质各要素的综合培训,并要注意普遍要求与个别指导相结合。所以,我们在大学教师心理素质培训中,除了我们上面所述的培训内容之外,还需要针对不同个体设计个性化的培训方案,以取得更好的培训效果。

2. 加强培训评估

每一次培训结束之后,要注意进行培训效果评估。培训评估是收集能反映培训成果的数据和资料以衡量培训是否有效和有效程度的过程。它可以通过了解受训者的直接感受、受训者知识、技能的掌握程度、工作行为的改进程度、工作业绩的提高程度等几个方面去评价培训成效。培训评估工作可以更有效地提高今后的培训工作。建议在培训中建立每一位大学教师的培训记录档案,将每一次的培训内容、培训成效、未来需培训项目等进行连续的记载,既可作为评估依据又是个性化培训的基础。

参考文献

1. 邓志祥,徐学俊. 大学教师心理素质研究述评[J]. 湖南师范大学教育科学学报. 2010年6期.
2. 史克学. 教师心理素质研究述评[J]. 教学与管理. 2004年8月20日.
3. 张大均,余林. 职业心理素质及其培训[J]. 重庆职业技术学院学报. 2003年4月.
4. 畅芳珍. 对心理素质的一点思考[J]. 教育理论与实践. 2004年第8期.
5. 郭京生等. 人员培训实务手册[M]. 北京:机械工业出版社,2002年1月.

大学文化建设视角下大学教授流失的缓解策略探析

王晓灵

摘　要：大学教授是大学文化建设乃至大学文化传承创新的重要主体，大学教授的满意度是大学文化可否持续创新和延续的关键因素。然而，目前大学教授尤其是年轻新聘任教授的流失率正日益上升，这已成为制约大学文化建设的瓶颈。文章基于大学文化建设的视角提出缓解大学教授流失问题的若干对策，具体包括：加强大学文化的塑造；强化大学的雇主品牌建设；建立有效的沟通反馈机制；营造独特的大学环境；以及准确定位大学教授的角色等。

关键词：大学文化　大学教授　流失率

Study on the Measures of Decreasing the Turnover Rate of University Professors from the Angle of University Culture Construction

Abstract：Professors in university play an important role in university culture construction and even in university cultural inheritance innovation. The satisfaction of professors is the key factor affecting the inheritance innovation of university culture. However, the turnover rate of university professors and especially newly promoted young professors become higher and higher, which has become a bottleneck of constructing university culture. Five measures have been put forward from the angle of university culture construction, including to strengthen university culture construction, to consolidate employer brand construction of university, to establish an efficient communication and feedback mechanism, to build a distinctive university environment, and to determine the role of university professors.

Keywords: university culture; university professor; turnover rate

大学本质上是一个以献身科学真理的探索和传播为志业的人们联合起来的机构,融科学精神和人文精神于一身。现代大学集人才培养、教学科研、社会服务等功能于一体,更以传承、研发、弘扬优秀文化成果为己任。大学文化则是大学在长期的实践活动中所形成的为大学师生所普遍认可和遵循的具有学校特色的价值观念、团体意识、教学科研工作和学习作风、行为规范和思维方式的总和。大学教授是大学文化的传承者、创造者和引领者,其队伍建设水平对大学文化的建设乃至大学的基业常青具有至关重要的作用。然而,目前高校师资队伍中教授尤其是年轻新聘任教授的流失率正日益上升,业已成为制约大学文化建设乃至大学持续发展的重要瓶颈。因此,探究缓解大学教授流失率的对策,提升大学文化的凝聚力迫在眉睫。大学文化对大学教授具有导向和规范、凝聚和激励、熏陶和感染的作用,以大学文化建设为契机提升大学教授的归属感和使命感必将有利于提升大学教授的工作满意度,降低大学教授的流失率。

鉴于此,笔者拟从以下五方面着手阐释缓解大学教授流失问题的相关对策。

一 加强大学文化的塑造

大学教授是大学文化的缔造者和传播者,如果大学教授对大学文化的认可度高、满意度高,就会积极努力工作,争取为学校创造更多价值,以学校为家;相反,如果大学教授对大学文化的认可度较低,在工作中就可能会采取消极抵制态度,其之所以在某高校工作短期内可能是物质利益的驱使,但出于长期发展需要,则可能会选择跳槽离职。大学文化以其较强的渗透力、影响力、吸引力、凝聚力和教育效力,使大学教授产生对学校的荣誉感、对组织的归属感、对社会的使命感和责任感、以及对其他成员的亲密感。因此,一所追求基业常青的大学应当关注大学教授的诉求,重视大学文化的塑造以提高大学教授的满意度。大学文化塑造应该着眼于以下两方面:

1. 让大学教授认同学校的发展愿景。大学教授认同学校的发展愿景和价值观,坚信学校的长远发展是同其自身的发展休戚相关且方向一致的,这是建设和完善大学教授与大学关系友好性发展的前提和基础,也是提升大学教授满意度和工作积极性的关键所在。没有共同的发展愿景,缺乏共同信守的信念,就没有利益相关的前提。大学的价值观是大学存在的宗旨,是大学师生对事物共同的判定标准和共同的行为准则,是大学各项规范制度的基础,也是大学文化的重要组成部分。大学教授本身具有主观能动作用,良好的大学文化可以有效激发大学教授的主观能动性,促进其潜能的释放。

2. 构建大学与大学教授间的心理契约。借助企业员工关系管理中企业与员工之间心理契约的构建思路,可以构建大学与大学教授间的心理契约。大学与大学教授间的心理契约是由大学教授需求、激励方式、大学教授自我定位以及相应的工作行为四方面的循环构建而成的,并且这四方面有着理性的决定关系。大学在构建心理契约时,要以大学教授个性化的需求结构为基础,用一定的激励方法和管理手段来满足、对应和引导大学教授的心理需求,驱动大学教授以相应的工作行为作为回报,并根据大学教授的反应在激励上做出适当的调整;同时,大学教授也需依据个人期望和学校的愿景目标,调整自己的心理需求,确定自身对大学的角色关系定位,结合学校发展目标和自身特点设定自己的职业生涯规划,并因此决定自身的工作绩效和达成与学校的共识:个人成长必须依附学校这一平台。

二 强化大学的雇主品牌建设

大学的雇主品牌以大学为主体,以大学教授为载体,以为大学教授提供优良完善的薪酬福利、公平开放的工作环境、适合需求的学习机会以及不断提升的职业发展空间等符合大学教授个性需求的服务产品为基础,将大学教授在教学科研工作中的感受和经历与学校的目标、价值观整合到一起。并通过各种方式向其他的利益相关者、更大范围的社会群体以及潜在应聘者表明该大学是最值得期望和尊重的雇主,以提高大学在高校人才市场的美誉度和知名度,建立良好的雇主形象。

大学的雇主品牌建设是以一系列的人力资源管理制度、管理机制、技术和流程等作为支撑的。具体如下：

1. 弹性的薪酬体制。即在兼顾公平、公正、合法的前提下，适当拉开大学教师间的薪酬差距，体现按贡献分配的原则，实现薪酬的激励效果，提高大学教授的工作积极性。

2. 进行有效的信息沟通。高校及院系的人事部门应充分利用各种机会与大学教授进行有效沟通。不仅关注语言沟通，而且关注双向沟通和行为沟通，改善沟通回馈机制。

3. 增加大学教授和大学之间的劳动契约和心理契约。劳动契约就是要建立大学教授流动的规则，比如达成适当年限内同业禁止协议，设计人才退出渠道与补偿机制等。心理契约就是要建立大学教授对大学文化的认同感，在大学教授与大学之间建立情感交流，减少大学教授的流动诱因。

4. 加强离职教授的联络和回聘制度建设。对离职教授进行详细的离职面谈，识别并深入分析其离职的原因，找出问题的症结所在。对于非常优秀的离职教授，也可通过满足其个性化的合理需求予以适当回聘。

5. 提供良好的工作环境。为教授提供宽松和谐的工作环境和融洽氛围，提高教授的决策参与感，增强教授工作的吸引力和挑战性，形成开放、自由、平等、合作、共享的学术研讨氛围。

三 建立有效的沟通回馈机制

大学教授非常关注信息的及时沟通和共享，也关注自身的建议和意见是否得到及时回馈，尤其是对于关乎学科和专业发展以及学校长远发展定位的问题更为重视。建立有效的沟通回馈机制有助于大学教授就相关问题与直接职能管理部门进行及时沟通和交流。

根据马斯洛的需求层次理论可知,人的需要包含五个层次,从低到高依次为:生理需要、安全需要、社交需要、尊重需要以及自我实现需要。不同的人在不同阶段其主导的需要会有差异,即便是同一个人在不同阶段其主导需要也会有不同。沟通回馈机制的构建对于满足大学教授的个性化需要具有重要作用。沟通回馈机制构建的关键在于信息交换平台的设计与完善。信息交换平台的方式有:电话交流、网上交流、电子邮件和面谈空间。多种信息交换平台的综合运用有助于更全面准确地进行信息交流和分享。借助信息交换平台,大学教授可以将其诉求和建议反馈给有关职能部门,而有关职能部门也可以非常便捷迅速地就相关疑惑提供解答和回复。及时处理教授申诉和建议并迅捷地给予反馈,可以有效提高教授的工作满意度。

沟通回馈机制的构建,有助于实现大学内外部上下级沟通渠道的畅通无阻,也使得大学的组织结构层级更趋于扁平化,进而提升行政办事效率。由于教授的意见和建议得到了及时对待和处理,教授对大学的认可度将提高,也因此其工作积极性必将增强。由于大学教授的示范作用,整个高校的工作学习氛围便容易趋于融洽和温馨。

四　营造独特的大学环境

教育的目的不仅仅在于知识和技能的积累,更重要的在于思想的形成和品格的养成。因此,教育不仅仅发生在课堂,也与大学的环境息息相关。大学的校训、发展愿景、行为宗旨及价值观构成了大学文化的软因素,而大学的图书馆、有特色的历史悠久的建筑、宁静安详的学习和生活氛围则构成了大学文化的硬因素。相较于大学文化的软因素,大学文化硬因素的魅力可能有时更为直接和显性。因此,营造魅力独特的大学环境对于吸引并留住大学教授也显得尤为重要。这一点在国际知名高校的文化建设中已经引起了足够的重视。

例如,著名的耶鲁大学作为一流的研究型、综合性大学,拥有美国数一数二的图书馆,图书馆设计极具艺术性,晨曦照耀着大理石的墙壁,给人类千百年文明的积淀洒满阳光。学校美术馆和博物馆收藏之丰无与伦比、美轮美奂。英国的剑桥大学,作为世界著名的高等学府,它没有大都市里令人窒息的高层建筑群,而是宁静安详、古朴自然。假日课后,那里有充满生活情趣的唱诗班、社团集市,也有剑河赛艇。另外,上海的同济大学,作为中国著名的高等学府,其拥有形式各异的建筑,无论是城规学院、桥梁设计还是图书馆设计都令人眼前一亮,再加上每年 4 月份的漫天樱花,让在此学习工作生活的师生感受着美丽祥和与宁静安详。

正如耶鲁大学、剑桥大学和同济大学对于大学文化硬因素的关注,国内许多其他大学也需要关注大学文化硬因素的建设与完善,对大学校园的建筑、学习和生活环境等进行整体长远的规划。一所大学的环境是反映其办学水准、体现其办学思路、彰显其文化特色的名片。作为大学文化最直观且重要的表现,大学的校园环境应该是规划合理、功能齐全、并且具有本校特色。因此,要用可持续发展的眼光实施和规划学校里的建设工程,在对历史遗迹进行保留的基础上引入先进的建筑设计理念,形成具有象征意义、具有标志性且特色鲜明的大学环境。

五　强化大学教授的角色认知

大学教授对自身所承担职能角色的认知越清晰,其教书育人、科研创新的责任心越强。大学教授是大学的重要资源,是大学核心竞争优势的重要源泉之一。大学教授的为人处事风格、严谨治学的态度是学校的风向标,是广大师生奔向效仿之处。为充分发挥好这一模范带头作用,大学教授需要对自身角色进行清晰定位,也需要对自身行为进行严格约束。韩愈在《师说》中曾经描述到"师者,所以传道授业解惑也。"其中,"传道"主要指以言传身教的方式培育学生的人格;"授业"主要指传授基础知识和基本技能;"解惑"主要指让学生主动学习并在学生提出困惑之后教师再给予解答。为较好地实现传道授业解惑,作为广大师生楷模的大学教授不仅要具有人格魅力,还需要渊博的专业知识体系以及优良的人际沟通技能。

大学教授必须爱岗敬业,自觉加强自身修养,提高道德水准,做到以德修身、以德育人,努力成为学生乃至社会各界的表率;大学教授要加强学术研究,树立终生学习的理念,不断更新知识,调整知识结构,拓宽专业知识面,为学科发展及专业领域的拓展和创新贡献一己之力;大学教授要改进教学方式和方法,用现代教育技术和现代教育方法培养学生,着重培养学生的学习能力和创新能力,实行个性化教育和针对性教学;此外,大学教授要强化服务社会意识,将民族兴衰、社会进步与自身专业领域发展相结合,力争实现学科发展、技术进步与社会服务效率提升的三维一体模式,实现产学研的有效整合。

大学精神是大学文化的重要构成部分,大学教授不同的大学精神选择对大学文化的守护和传承将产生不同的影响和作用。以知识传播和创新为志业的知识人抉择守护着大学文化,以政治觉醒和政治参与为志业的政治人抉择偏离了大学文化,徘徊于知识人与政治人之间的冲突性角色知觉到了大学的本真文化精神。大学教授既不应脱离国家政治环境一味的埋头苦读、不问世事,也不应脱离对自然界真理的执著追求仅仅成为政治家的口舌。为创新并传承大学文化,大学教授应该回归本位,既履行好知识人的角色也需履行好政治人的角色,以实现知识人与政治人角色的整合性认同。

大学是高等教育发展和实施的重要载体,高等教育在本质上具有文化传承创新的引领功能,世界一流大学的竞争优势在于是否最大限度地发挥了这一功能。作为高等教育的主要参与者、执行者和弘扬者,大学教授对于大学核心竞争力的培育以及竞争优势的形成和积累具有至为关键的作用。如何调动大学教授的工作积极性,提高其工作满意度,降低其流失率,使其精力充沛、身心愉悦地主动融于大学文化的建设、传承与创新是教育管理界亟须解决的问题。为缓解大学教授尤其是新晋升年轻教授流失率过高的问题,高校需要在准确定位大学教授角色的基础上,加强塑造和建设其大学文化,提升大学的雇主品牌形象,与大学教授建立有效的沟通回馈机制,并着力营造独特极具魅力的大学环境。

参考文献

1. 雅斯贝尔斯.大学之理念[M].上海:上海人民出版社,2006.22.
2. 何顺进,刘国新.大学文化力审视及构建[J].高等教育研究,2010,31(4):1—8.
3. 毛阳芳,池平青.浅论大学教授与大学文化建设[J].国家教育行政学院学报,2005(1):44—46、51.

4. 郭颖梅,蒋永宁.心理契约在人力资源管理中的运用[J].科技进步与对策,2004,21(8):52—53.

5. 王晓灵,侯云章.HR部门顾客关系管理对企业智力资本驱动机制研究.软科学,2011(8):86—91.

6. 文君,陈海燕.大学文化的培育与创新[J].高等教育研究,2005(12):12—17.

7. 郭贵春.大学教师:大学文化的守护者[J].高等教育研究,2008(9):16—22.

8. 宁彤.大学推动文化传承创新的当代境遇、原则与可行路径[J].现代教育管理,2013(1):13—15.

9. 袁川.大学文化传承创新与创新型人才培养[J].国家教育行政学院学报,2012(12):63—67.

10. 王树国.构建大学文化传承创新引领模式的思考[J].中国高等教育,2011(22):4—5.

大学生学习倦怠问题探析

陈 燕

摘 要:学习倦怠是大学生消极学习心理的一个重要体现,发现并探讨影响大学生学习的消极心理,对于改善大学生学习状况,提高大学生的学习效率具有重要的现实意义,这也关系着高校高素质人才培养战略。本文以大学生为研究对象,通过文献查阅、开放式问卷、访谈法等途径编制《大学生学习倦怠问卷》,调查了当前大学生学习倦怠的现状。根据调研数据的统计分析,发现当前大学生学习倦怠在性别、年级、科别、校别上都存在显著差异。

关键词:大学生 学习倦怠

Issue of Undergraduates' Learning Burnout Research

Abstract: To discuss the negative attitude towards study from undergraduates makes good benefit to improve the state of study and promote the efficiency of study of undergraduates by deepening the reform of education. Know about the degree of undergraduate learning burnout to help them to know themselves more clearly. I edit "the learning burnout of undergraduate questionnaire" myself. The questionnaires will be made to investigate the situation of undergraduates' learning burnout. The results of our research show: The learning burnout of undergraduate is different in sex, grades, subjects and schools.

Keywords: undergraduate; learning burnout

人才是社会发展的核心竞争力,高校作为人才输送的重要阵地,培养出具有高素质的全面发展的大学生对于推动社会进程具有重要的意义。因而在提升高校教育质量的背景下,探讨影响大学生学习的积极和消极的心理,对于促使大学生加强自我的认识和剖析,促进大学生素质的全面发展有重要的现实意义。

一 问题提出

作为学生学习的消极心理——"学习倦怠"越来越受到国内外教育界、心理界的关注,对于学习倦怠的理论探讨和实证研究近些年有了新的进展。根据中国知网CNKI文献资料检索,自2004年起,国内学者对大学生学习倦怠的研究逐渐从理论与实证研究不协调的起步阶段发展到理论思辨与实证探讨趋于均衡的阶段。十多年来,有关大学生学习倦怠的探讨,集中在大学生学习倦怠与专业承诺、大学生学习倦怠的影响因素分析、不同类型大学生学习倦怠的现状、大学生学习倦怠与网络成瘾、大学生学习倦怠与社会支持、大学生学习倦怠与学习自我效能感、大学生学习倦怠与主观幸福感、大学生学习倦怠与应对风格、大学生学习倦怠与人格相关研究、大学生学习倦怠与专业选择等方面。本文将根据目前国内外对"学习倦怠"的研究现状,从理论探讨和实证研究相结合的角度出发,通过自编大学生学习倦怠量表调查当前大学生学习倦怠的现状。

二 学习倦怠的界定

学习倦怠(learning burnout)的研究来自于"职业倦怠",也有学者称为"学业倦怠"[1]、"学习焦崩"[2]等。

"倦怠"一词最早是由纽约临床心理学家 Freudenberger[3] 于 1974 年在《Journal of Social Issues》上发表了一篇名为"人事倦怠"的文章中提出的。他采用"倦怠"一词来描述工作中的个体所体验到的一组负性症状,如长期的情感耗竭、身体疲劳、工作卷入程度降低,对待服务对象不人道的态度和降低的工作成就感等。

国外学者关于"学习倦怠"的定义基本上是引用"倦怠"的概念或借鉴"职业倦怠"的概念而来的。Maslach(1982)认为倦怠是疏远、讥讽或否定的态度,是耗竭、去个性化和消极看待自己的综合。Julie Pham[4] 认为"学习倦怠是学生不能顺利应对压力时对学业产生的一种极端反应,是学生伴随于长时期高水平的压力体验下

---

[1] 曾玲娟"解读当代大学生的学业倦怠"《广西师范学院学报(哲学社会科学版)》2005 年 10 月第 26 卷第 4 期。

[2] 杨惠贞,"影响资管学生学习焦崩及电脑学习成效因素之研究",国立中央大学资讯管理学系博士论文,2000 年 6 月。

[3] Freudenberger H J. Staff burnout. Journal of Social Issues,1974,30:159-165.

[4] Julie Pham, Burnout afflicts students, Daily Californian (http://www.wpi.edu/News/TechNews/980317/burnout.html).

在学习过程中产生的情感、态度和行为上的衰竭状态"。Branko Slivar[1]认为长期受到来自学校各种压力(如随着年级的增长学校提出的超出学生所能的要求、教师缺乏有效的教学方法、教师对于学生缺少必要的鼓励、同学间缺乏良好的人际关系等)的影响下,会引起学生的倦怠症状,学生会感觉负担沉重,没有成就感,并且感到在学校里不能有效控制学习等活动。Pines & Meier 认为学习倦怠所代表的含义是指学生因为长期的课业压力或负荷而产生精力耗损,对学校课业及活动的热忱逐渐消失,对同学态度冷漠和疏离的行为,及成绩未知预期的好而对学校课业抱持着负面态度的一种现象。Meier & Schmeck 认为倦怠是一种状态,即个人由于欠缺价值强化、控制结果或个人能力,却未得到预期的报酬和相对的惩罚,强调认知、行为和情感方面的倦怠。

台湾研究者杨惠贞[2]认为:"倦怠"不能将"Burnout"的原始精神表达出来,用"焦崩"的翻译更为妥当。她认为"学习焦崩(杨惠贞,2000)是指学生在学习过程中因为课业压力、课业负荷、或其他个人心理层次上因素,以至于有情绪耗竭、乏人性化及个人成就感低落的现象。"

国内学者连榕[3]则认为"学习倦怠反映了大学生消极的学习心理,指的是由于学习压力或缺乏学习兴趣而对学习感到厌倦的消极态度和行为"。杨丽娴[4]认为"学生对学习没有兴趣或缺乏动

---

[1] Branko Sliva, The syndrome of burnout, self-image, and anxiety with grammar school students, Horizons of Psychology, 10, 2, 21-32(2001).

[2] 杨惠贞,"影响资管学生学习焦崩及电脑学习成效因素之研究",国立中央大学资讯管理学系博士论文,2000 年 6 月第 11 页.

[3] 连榕等"大学生的专业承诺、学习倦怠的关系与量表编制"《心理学报》,2005 37(5).

[4] 杨丽娴等"学习倦怠的研究现状与展望",《集美大学学报》2005(6).

力却又不得不为之时,就会感到厌倦、疲乏、沮丧和挫折,从而产生一系列不适当的逃避学习的行为,这种状态称为学习倦怠"。李永鑫、谭亚梅(2007)[①]认为,学习倦怠是因长期的学业压力或学习兴趣缺乏,致使学生表现出情绪情感耗竭、人格解体及低成就感体验的症状。

本研究认为,学习倦怠是指学生在长期学习环境中,由于学习压力等原因而产生的对于学习厌倦的心理,表现在学习活动中情绪低沉,出现回避学习的各种行为,并在学习中缺乏成就感。

三 学习倦怠的症状

国内外学者普遍认为,学习倦怠的症状会表现在人的行为和心理上,典型症状有:(1)情绪衰竭(emotional exhaustion),也有学者称为情绪耗竭[②]或情绪低落:指处于学习倦怠状态下的学生缺乏学习热情,对学习冷漠、悲观。在课堂上或学习过程中容易感到疲劳、嗜睡、容忍度低、性急易怒、沮丧无助,神经质或被其他更为极端的心理病态所困扰。(2)非人性化[③](depersonalization),有学者称为人格解体或去人性化:用非人性化的态度来对待教师,拒绝接纳教师,不尊重教师,将教师视为没有感情的事物,用蔑视性的称谓称呼教师,从而对自己的学业失败进行合理化。不仅如

---

① 李永鑫,谭亚梅.大学生学习倦怠的初步研究[J].中国健康心理学杂志,2007,15(8):730—732.
② 李永鑫.侯祎"倦怠、应激和抑郁",心理科学,2005,28(4):972—974.
③ 曾玲娟."解读当代大学生的学业倦怠".广西师范学院学报(哲学社会科学版).2005年10月第26卷第4期.

此,对同学也常常持多疑妄想的态度,同学间的人际关系不好,矛盾增多。自我控制能力降低,可能采取一些冒失行为。在这一点上,有研究者[①]认为:大学生学习活动中的倦怠可以是由于学习压力产生的,也可以是对专业学习缺乏兴趣而产生的对学习的一种对抗、否定的、无所谓的态度,表现为一种消极的行为。因此,倦怠的人际关系维度在助人职业活动中表现为对他人的去个性化,在学习活动中表现为对学习本身的不当行为。(3)成就感低(lack of personal accomplishment):学生在学习上的低成就感主要有两种表现:一是觉得学习大学课程对自己的人生没有意义,常有空虚无聊感;另一种是,学生感到他们无法从学习中获得更大进步,自己付出的努力没有效果或收效甚微时,很容易产生较强的自卑感。当较低的成就感与学习倦怠的前两种症状结合在一起时,学生就会丧失理想和学习动机,通过减少心理上的投入来抗拒改变,这时失败就会成为他的一种生活方式,这也就是心理学上所讲的习得性无助。

四 学习倦怠的影响

学习倦怠作为学生学习活动中的消极心理,会给学生个人、家庭、社会带来许多消极影响。具体而言,分以下几个方面:

(1) 个体方面

学习倦怠会对学生的身心健康产生影响,学习倦怠程度高的个体也常伴随着失眠、疲惫等,但更多的是一种心理上的表现,会

---

① 杨丽娴,连榕."学习倦怠的研究现状与展望".集美大学学报.2005(6).

产生焦虑、易怒、悲观、沮丧无助、神经质等,有的甚至被更为极端的心理病态所困扰。学生个体学习倦怠的三个典型特征就是:情绪低沉、行为回避和成就感降低。

(2) 学校方面

学生学习倦怠而表现出来的情绪的衰竭、回避学习的行为等,会对学习环境、教育环境产生严重的污染。一旦学校的学风遭到破坏,势必会影响整个学校教育的氛围和质量。

(3) 社会方面

当前在校大学生肩负着建设和发展未来社会的重任。学生服务社会的基础在于有扎实的专业知识,大学生在校期间的主要任务就是学习,而一旦学生长期出现学习倦怠,这会使得学生丧失学习的兴趣,对学习活动冷漠对待,即而失去学习的信心与热情,这些学习的消极心理必将严重影响学生学习的质量,进而影响整个学校人才的培养。而高校作为当前社会人才输出的重要阵地,大学生的学习质量对于整个社会发展的进程有着深远的影响。

五 学习倦怠的实证研究

(一) 大学生学习倦怠问卷的设计

根据项目区分度(Item Discrimination)分析和主成分分析法(Principal Components),自编 35 个题项的《大学生学习倦怠问卷》。其信度检验采用克伦巴赫(Cronbach α 系数)来估计量表的一致性系数,得到整个量表的 Cronbach α 系数为 0.931。根据 Cuieford(1965)的观点,若 Cronbach α<0.35 为低信度,0.35<Cronbach α<0.7 则信度可以接受,Cronbach α>0.7 则为高信度。而自编量表的 Cronbach α 系数值为 0.931,所以我们认为该量表具有较高的信度。另外,用分半信度法分析了问卷的同质信度,求得分半信度为 0.734 ∗∗,用斯皮尔曼——布朗公式进行校正,校正后得到的问卷的同质信度为 0.847 ∗∗。根据心理测量学的要求,信度系数达到 0.70 以上即可接受,而自编问卷的信度系数为 0.847,问卷的信度较高,表明问卷的测量结果是可靠可信的。其效度检验主要是内容效度和结构效度,其中结构效度采用主成分分析的方法来检验其构想效度,并检查各项目的共同度在 0.50 以上的数量,以此来看是否达到统计学上的要求。结果显示,有 97.14% 的题项的共同度达到了 0.50 以上,因此其结构效度也是比较理想的。

(二) 当前大学生学习倦怠现状的调查

在上海市选取三所高校(分别是国家重点高校、地方重点高校、地方一般高校),在这些高校中采用随机分层抽样的方法选取在校大学生约 850 名,剔除无效问卷,结果共有 792 个样本被保存,问卷回收有效率为 93.176%。其中在专业选择上主要分文科(中文、行政管理、新闻学、社会学等)、理科(应用数学、教育技术、化学、经济学等)、术科(音乐、美术、表演等),具体分布情况见表 1 (缺失值省略)。

表 1 被试分布表

学 校			性 别		年 级				专 业		
国家重点	地方重点	地方一般	男	女	一	二	三	四	文科	理科	术科
176	343	273	319	473	184	265	188	155	346	230	216

基于 spss 统计工具,对样本进行分析,情况如下:

1. 总体样本在学习倦怠的各个维度上的得分情况,见表2。

表2 总体样本在学习倦怠各个维度上的得分情况

	M	SD	$Item$	$M/Item$
情绪低沉	39.12	9.883	16	2.445
行为回避	23.43	6.301	9	2.603
成就感低	20.53	6.302	10	2.503
总问卷	83.12	20.170	35	2.375

因为本研究问卷得分为五级(从1至5)记分,所以3分为中间值,作为参考分值。从上表可以看出,学习倦怠总体得分为2.375。其中在总样本792名学生中,有110名被试的倦怠总得分大于或等于3.0,占总体样本数的13.89%。所以我们认为,当前大学生确实存在学习倦怠的情况,应该引起我们足够的重视。同时,大学生在学习倦怠的行为回避维度上得分最高,为2.603,说明大学生的学习倦怠以出现回避学习活动的行为最为突出。

2. 大学生学习倦怠在性别上的差异,见表3。

表3 不同性别的大学生在学习倦怠三个维度上的差异比较

	男		女		t
	M	SD	M	SD	
情绪低沉	40.73	9.734	38.03	9.850	3.789 ***
行为回避	21.95	6.299	19.59	6.101	5.240 ***
成就感低	24.00	5.905	23.01	6.518	2.173 **
倦怠总分	86.72	9.421	80.67	20.283	4.170 ***

从上表可以看出,大学生学习倦怠存在显著的性别差异,在学习倦怠总分和倦怠各个维度上,男生的倦怠倾向都高于女生。

3. 大学生学习倦怠在年级上的差异,见表4。

表4 大学生学习倦怠的年级差异

	大一 M	大一 SD	大二 M	大二 SD	大三 M	大三 SD	大四 M	大四 SD	F
情绪低沉	36.73	8.991	38.88	9.732	42.36	10.385	38.46	9.601	10.994***
行为回避	20.17	5.16	20.48	6.69	21.4	6.292	20.01	6.797	1.755
成就感低	22.69	5.991	23.44	6.487	24.52	6.288	22.97	6.231	3.026**
倦怠总分	79.64	18.243	82.86	20.417	88.28	20.466	81.44	20.52	6.424***

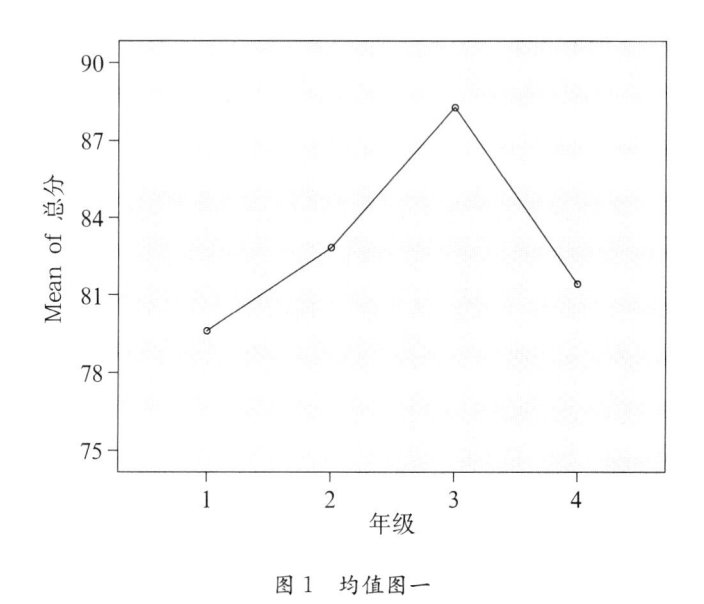

从上表可以看出,大学生学习倦怠在总分和情绪低沉、成就感低两个维度上存在显著的年级差异,在行为回避维度上没有显著性差异。

图1 均值图一

从图1上表明,大学生学习倦怠在年级分布上呈倒"U"形,即大学生在大一、大二、大三这三个年级上学习倦怠呈上升趋势,大三则达到高峰,而大四又呈下降趋势。

4.大学生学习倦怠在学科上的差异,见表5。

表5 大学生学习倦怠的学科差异

	文科 M	文科 SD	理科 M	理科 SD	术科 M	术科 SD	F
情绪低沉	38.56	10.022	40.83	9.459	38.21	9.920	4.967**
行为回避	20.36	6.549	21.59	5.849	19.69	6.234	4.530**
成就感低	22.92	6.407	24.47	5.887	23.15	6.451	5.385**
倦怠总分	81.88	20.651	86.96	18.285	81.05	20.817	6.017**

从表5可以看出大学生学习倦怠总分和情绪低沉、成就感低、行为回避三个维度上都存在显著的学科差异。

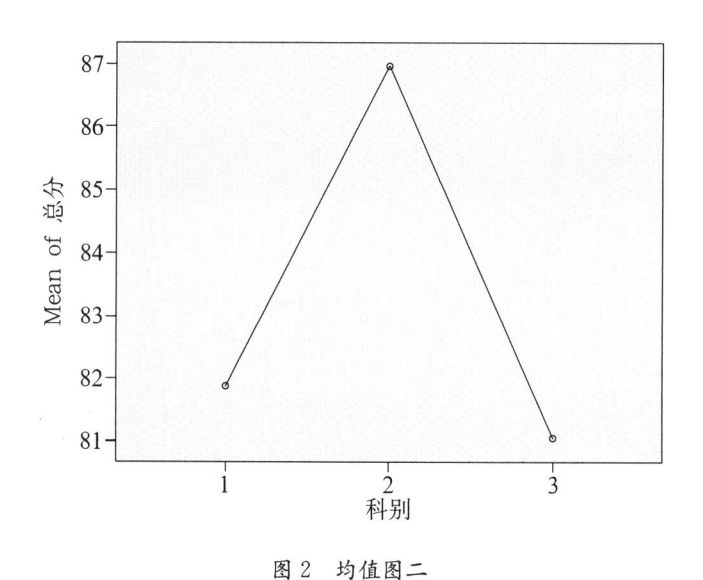

图2 均值图二

从图2显示表明,大学生学习倦怠在学科分布上理科的学习倦怠最高。

5. 大学生学习倦怠在校别上的差异,见表6。

表6 大学生学习倦怠的校别差异

	国家重点高校		地方重点高校		地方一般高校		F
	M	SD	M	SD	M	SD	
情绪低沉	40.85	10.246	38.53	9.794	38.75	9.665	3.526**
行为回避	23.31	6.567	19.45	5.772	20.10	6.260	24.137***
成就感低	24.69	6.502	23.23	6.360	22.88	6.002	4.784**
倦怠总分	88.89	21.435	81.24	19.605	81.77	19.400	9.499***

从表6可以看出大学生学习倦怠总分和情绪低沉、成就感低、行为回避三个维度上都存在显著的校别差异。

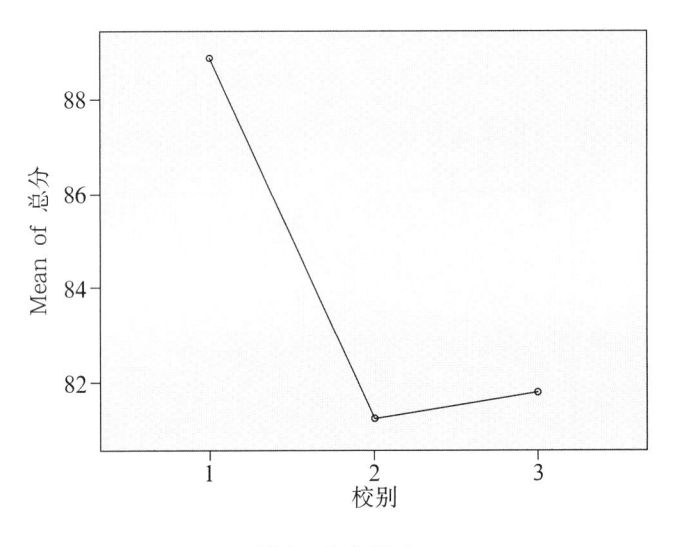

图3 均值图三

从图3显示表明,大学生学习倦怠在校别分布上国家重点高校的学生学习倦怠最高,地方重点高校的学生学习倦怠最低。

(三) 当前大学生学习倦怠的总体情况

从表2大学生学习倦怠总体情况统计分析可以看出,总样本的学习倦怠总得分为 2.375。虽然总体样本的倦怠总分不高,但在 792 名总样本中有 110 名学生的倦怠分大于或等于 3.0,即说明有 13.89%的学生学习倦怠的状况趋向严重。所以从总体上来看,当前大学生确实存在学习倦怠的情况。在学习倦怠三个维度上,大学生在行为回避维度上得分最高,为 2.603,说明大学生的学习倦怠以出现回避学习活动的行为最突出。这些研究结果与杨丽娴[1]的研究结论一致。所以我们认为当前大学生中确实存在着学习倦怠的状况。并且,大学生学习倦怠最突出的行为表现在于:平日学习活动中出现的迟到、早退、旷课、不交作业等一系列回避学习的行为,我们认为这应该受到教育者的关注。我们应该静下心来探讨学生出现这些行为的内在原因,应考虑是否为教育者在教学方法、课程设置等方面存在问题,而不应把这些行为看作是司空见惯的、学生个体的自身问题。

1. 性别差异

从表 3 可以看出,大学生学习倦怠存在显著的性别差异,无论在学习倦怠总分还是学习倦怠各个维度上,男生的倦怠倾向都高于女生。景怀斌[2]通过实证研究得出,中国男性的成就动机明显高于女性。大学阶段里,男女成就动机差异达到了非常显著的水平,受过大学教育的男性成就动机水平显著地高于相应水平的女性。男性较之女性有更高或更强的成就期望、成就竞争意识、更高的成就自我评价。北京大学心理学教授钱铭怡[3]对中国当代大学

---

[1] 杨丽娴"大学生学习倦怠状况及其与专业承诺关系的研究",福建师范大学硕士学位论文,2004 年 4 月.
[2] 景怀斌,"中国人成就动机性别差异研究",《心理科学》1995 年 2 月.
[3] 钱铭怡等"大学生性别角色量表(CSRI)的编制",《心理学报》,(2000)32(1):99—104.

生进行的性别刻板印象实验调查的结果显示:中国当代大学生存在着明显的性别刻板印象。他们认为:男性在思维、能力、工作上都超过女性,且成就动机高、坚强能干;而女性是善解人意、重感情、被动、顺从。所以,我们认为当男生未能满足其成就期望时,他们比起女性表现出更为低沉的情绪、更为回避的行为和更为低下的成就感。

但是本研究的结论与一些研究者的不完全一致。杨丽娴的研究表明"除成就感低这一因子外,在问卷总分和其他因子上不同性别学生均无显著性差异"。台湾学者的研究则表明在学习倦怠的部分和各个因子上都未显示出性别差异(张治遥,1989;宋晓颖,1992)。另外,在学习行为回避上,比如逃课上,邱熙[1]的实证研究表明:在无奈型和冲突型两个因子上,大学生逃课行为存在着显著的性别差异,男生比女生的逃课行为多。但李介、王雄雄[2]的实证研究结果,男女大学生在各项逃课表现上均无显著性差异。

因而正如英国北爱尔兰贝尔法斯特的皇后大学的教育学教授Tony Gallagher[3]认为,学业成绩的性别差异主要是受到社会及文化因素影响。这些因素包括学生对课题的熟悉程度、对期望日后所投身的事业的转变、男女生对某些科目的特定看法、男女生的表达方式、以及教师的期望等。与生理因素不同,社会及文化的因

---

[1] 邱熙."大学生逃课的自我归因",绵阳师范学院学报,2005年8月第24卷第4期.

[2] 李介、王雄雄."大学生逃课现象研究". 中国青年研究,2006年1月.

[3] "学习与性别差异". 教学研究, http://www.wsbedu.com/jia/ab/jiaoyu10.html.

素可因为教育的内容而转变。

所以对于学习倦怠及学习倦怠各维度上的性别差异,我们可能需要进一步的研究来探讨。

2. 年级的差异

从表 4 可以看出,大学生学习倦怠在总分和情绪低沉、成就感低两个维度上存在显著的年级差异,在行为回避维度上没有显著性差异。根据均值图 4-1 我们可以清晰看出,大学生学习倦怠在年级分布上呈倒"U"形,即大学生在大一、大二、大三这三个年级上学习倦怠呈上升趋势,大三则达到高峰,而大四又呈下降趋势。有研究表明①,不同年级的大学生主观幸福感存在显著差异,大学三年级学生的主观幸福感最低,所以我们认为学生在大三年级出现学习倦怠倾向最为严重是有一定根据的。另外,2004 年 7 月 4 日《中国青年报》的一份调查结果显示,大学生的心理问题有着明显的阶段性。一年级的学生集中表现为对新生活的适应问题,刚入大学的学生一般都抱有积极的心态,有远大的志向和雄心。二、三年级的学生在度过了大一的适应期后,开始出现学习和工作、自我表现与能力培养、人际交往等错综复杂的问题,特别是在大学三年级,这些问题达到了顶峰,学生的困扰也加剧。所以相比而言,一年级的学生相比二、三年级的学生学习倦怠总体程度低,大二、大三的学生学习倦怠总体呈上升趋势,并且在大三达到最高峰。而到了大学四年级,学生经过专业实习、初步接触社会而得到的诸如社会就业压力等影响,使得大学生一方面认识到自己专业学习在社会实践中得以应用,另一方面也发现了在具体实践中存在的不足之处。这些都会促进大学生珍惜自己在校学习的机会,利用

---

① http://home.51.com/home.php?user=caoyatou.

好最后的大学学习时间,为步入社会做最后的冲刺,所以大学生学习倦怠的程度又会呈现下降的趋势。

3. 学科的差异

从表5可以看出大学生学习倦怠总分和在情绪低沉、成就感低、行为回避三个维度上都存在显著的学科差异。其中,理科学生的学习倦怠明显高于文科和术科的学生。也就是说,理科学生在学习过程中表现出更为低沉的情绪、更为明显的回避学习行为以及更为低的学习成就感。刘淳松[①]等研究表明音体美等术科类学生的求知进取、社会取向动机水平显著高于文科和理科学生,而理科与文科相比,则理科低于文科。我们认为这可能与学科性质、任务特点等有关。音美体等术科学生的专业有较强的操作性和表现性,在当前的教学模式下,文科学生大多采取背诵、理解的方式学习,以至于有些学生只是考前突击背一下也可以过关。而理科学生的课程相对较为严谨、缜密,学习任务也比较具体,一个环节松懈,则有跟不上的可能。并且,理科学生专业学习仍以书本知识的传授为主,实际操作不多。或者,学校提供的实际动手操作项目,相比社会实践需要已不匹配,甚至落后于社会发展需要,我们认为这些都是引起理科学生无论在学习倦怠总分,还是在情绪低沉、行为回避、成就感低这三个维度上,学习倦怠程度相比最为严重的原因。所以,我们认为高等教育应该结合各学科学生的心理特点,一方面严格要求文科和术科的学生,树立扎实求学的态度,不能把学习仅仅停留在表面或浅层次上,另一方面也要引导理科学生正确认识自己的学科专业特点,帮助他们释放过多的学习压力,鼓励他

---

① 刘淳松、张益民、张红."大学生学习动机的性别、年级及学科差异".中国临床康复.2005年第20期.

们树立对自己能力和学业的自信。

4. 校别的差异

从表6可以看出大学生学习倦怠总分和在情绪低沉、成就感低、行为回避三个维度上都存在显著的校别差异。从图3显示表明,大学生学习倦怠在校别分布上国家重点高校的学生学习倦怠最高。我们认为,这可能是由于国家重点高校的学生自我期望值高,因为他们绝大多数都是中学时代班级里的佼佼者,而步入人才众多的高校,自身的学习不再优势明显,并且学生之间的学习竞争压力增大,所以当他们在学习过程中遇到挫折时,表现出更为低沉的情绪、更为低的成就感体验,及出现更多的回避学习的行为。关于学习倦怠在校别上的差异,目前尚未找到其他实证研究,可能还需进一步的研究来探讨。

六 主要结论

根据本研究,当前大学生的学习倦怠状况处于中等程度,虽然不至于非常严重,但也反映出当前大学生中存在的不容忽视的学习倦怠情况。其中在学习倦怠三个维度上,大学生在行为回避维度上得分最高,也就是说大学生在学习活动中出现的回避学习的行为最为突出。

在性别差异的研究中,男生在倦怠总分和倦怠的各个维度上的得分都比女生高,说明男生学习倦怠的程度比女生高,表现在学习过程中情绪更为低沉、学习回避行为更多,成就感也更低。

在年级差异的研究中,大学生学习倦怠在总分和情绪低沉、成就感低两个维度上存在显著的年级差异,表现为大一到大三学习倦怠呈上升趋势,大三达到高峰,大四又呈下降趋势。而在行为回避维度上各个年级并没有显著性差异。

在专业差异的研究中,理科大学生无论在学习倦怠总分,还是在情绪低沉、成就感低、行为回避三个维度上都明显高于文科和术科的学生。

在校别差异的研究中,国家重点高校的学生在学习倦怠总分和情绪低沉、成就感低、行为回避三个维度上都表现为学习倦怠程度最高,而地方重点高校的学生学习倦怠相比最低。

参考文献

1. Allen N. J. & Meyer J. P. The measurement and Normative Commitment to the organization. Journal of Occupational Psychology,1990,63:1-18.
2. Meyer J. P. ,Allen N. J. ,Smith C. A. Commitment to organizations and occupations:extension and test of a three-component model. Journal of Applied Psychology,1993,78:538-551.
3. Maslach,C. and Leiter, M. P. The Truth about Burnout. San Francisco, CA:Jossey-Bass Publishers,1997.
4. Chemiss C. Role of professional self-efficacy in the etiology and amelioration of burnout. In:Schaufeli W. B. ,Maslach C. ,Marek Ted. Professional Burnout: Recent development in theory and research. Washington D. C. : Taylor and Francis,1993.
5. Freudenberger H. J. Staff burnout. Journal of Social Issues,1974,30:159-165.
6. Kop,N. ,Euwema, M. & Schaufeli,W. Burnout Job stress and violent behavior among Dutch police officers,Work&Stress,1999,(4):326-340.
7. Julie Pham, Burnout afflicts students, Daily Californian [EB/OL] (http://www. wpi. edu/News/ TechNews/980317/burnout. html).
8. 冯廷勇等. 当代大学生学习适应的初步研究[J]. 心理学探新,2002,81(1):

44—48.

9. 徐长江,时勘. 工作倦怠:一个不断扩展的研究领域[J]. 心理科学发展,2003(11):680—685.

10. 连榕,杨丽娴,吴兰花. 大学生的专业承诺、学习倦怠的关系与量表编制[J]. 心理学报,2005,37(5):632—636.

11. 毕重增,黄希庭. 中学教师成就动机、离职意向与倦怠的关系[J],心理科学,2005,28(1):28—31.

12. 李永鑫,吴明证. 工作倦怠的结构研究[J]. 心理科学,2005,28(2):454—457.

13. 连榕,杨丽娴,吴兰花. 大学生专业承诺、学习倦怠的状况及其关系[J]. 心理科学,2006,29(1):47—51.

14. 曾玲娟. 解读当代大学生的学业倦怠[J]. 广西师范学院学报(哲学社会科学版)》,2005,26(4):27—30.

15. 杨丽娴,连榕. 学习倦怠的研究现状及展望[J].《集美大学学报(教育科学版)》,2005,6(2):54—58.

16. 付立菲,张阔. 大学生积极心理资本与学习倦怠状况的关系[J].《中国健康心理学杂志》,2010,18(11):1356—1359.

17. 王小新,苗晶磊. 大学生学业自我效能感、自尊与学习倦怠关系研究[J].《东北师大学报(哲学社会科学版)》,2012,255(1):192—196.

18. 周鹏生,吕欢. 学习困难大学生学习适应、学习信念与学习倦怠的关系[J].《心理研究》,2014,7(6):85—90.

19. 黄希庭. 当代大学生心理特点与教育[M]. 上海教育出版社,1999,4.

20. 张治遥. 大学生内外控信念、社会支持与学习倦怠的相关研究[D]. 彰师大辅导研究所硕士论文,1989,7.

21. 宋晓颖. 五专转学生情绪稳定、社会支持对学习倦怠之影响[D]. 彰师大辅导研究所硕士论文,1989,7.

22. 杨惠贞. 影响资管学生学习倦怠及计算机学习成效因素之研究[D]. 国立中央大学博士论文,1998,7.

23. 杨旭.中专数学"弱势群体"学习倦怠心理及对策研究[D].东北师范大学硕士论文,2005,5.
24. 王晓丽.沈阳市初中生"学习倦怠"分析与对策[D].沈阳师范大学硕士学位论文,2006,2.

关于专业培养层次及教学方法创新的思考

张伟强

摘　要：致力于进一步明确专业培养目标以及改进课程教学效果，本文对人力资源管理专业的培养目标层次合理设定以及强化实践性为主的教学方法创新等两方面，进行了一定的思考与探讨，以期为促进人力资源管理专业建设与专业发展提供一些思路。

关键词：人力资源管理　培养层次　教学方法

Discussion on Level of Degree on Education and Innovation of Teaching Methodology

Abstract: This paper aims to discuss the reasonable educational level setting of human resources management specialties as well as strengthen the innovation of practical teaching methods, in order to further clarify the educational objective, improve the teaching effect, and promote the development of human resources management specialties.

Keywords: human resources management; level of education;

teaching methods

高等院校所设专业的专业化建设,通常会涉及培养目标与培养层次、课程设置与课程体系、师资队伍构成与建设、教材体系与建设、教学方法选择采用、毕业论文(或毕业设计)及专业实习、培养质量控制等诸多方面。本文将着重围绕合理设定人力资源管理专业的培养层次、强化实践性为主的教学方法创新等两方面,进行一定的分析与探讨,以期为加强人力资源管理专业的专业化建设与发展提供一些思路。

一 人力资源管理专业培养层次的合理设定

高等院校专业的培养目标,通常是指所培养的人才应达到的标准。培养目标是由特定的专业领域及人才层次的需要所决定的,并且随着受教育对象(学生)所处的学校类型、级别而变化。为了满足各行各业、各个人才层次的需求以及不同年龄层次受教育者的学习意愿与学习能力,才有了各级各类学校的建立以及高等院校各个不同专业的设立。高等院校的各个专业要完成各自的培养任务,培养社会所需要的合格人才,就要制定各自的培养目标,培养目标是教育目的的具体化表述,培养目标是针对社会的人才需求以及特定的教育对象(学生)而设定的。各级各类高等院校以及各个专业的受教育对象(学生)各自不同,因此制定专业的培养目标需要考虑各自学校及学生的特点与条件。

已经比较确定的是,我们人力资源管理专业的培养目标在于培养具有相应的理论基础知识并且拥有相关技能的"应用性/型人才"。所谓"应用性/型人才",是指能将专业知识和技能应用于所从事的具体社会实践的一种专门的人才类型,是熟练或比较熟练掌握企业具体经营活动一线的基础知识和基本技能、能够直接从事具体的经营或管理活动的专业/技术人才。"应用性/型人才",就是把成熟的技术和理论应用到实际的经营或管理活动中的"偏技能型"的人才。

高等院校专业的培养层次,通常是指高等院校各个专业所要培养的人才,在整个的人才市场(有别于广义的劳动力市场,不包括在企业从事一线的操作、服务、客服等工作的简单劳动力)中的层次定位或等级定位。各个专业、各种类型的人才都处于不同的能级状态,在狭义范畴的人才市场,人才群体通常被分为初级、中级、高级等三个层次(当然,人才的能级是动态的,特定群体或个体的人才所属层次,也是可能或可以不断转化的)。

从理性、科学的教育观来说,"因材施教"是一个科学、完整、客观的教育观,它给我们的核心启发是,任何一个高等院校专业的培养层次,必须首先依据受教育者(学生)的智力条件(客观因素)与学习意愿(主观因素)等两个首要方面加以合理设定。如果脱离学生的智力条件(客观因素)与学习意愿(主观因素)等实际,高等院校的专业建设方面就会进入一个目标含糊、界定不明甚至一哄而上齐刷刷培养"高、大、上"人才的盲目境地。

从我们人力资源管理专业的实际生源来说,很多学生的高考成绩的确达到了一本线,甚至有可能在一本线中处在较高分位,但就从整体而言,绝大部分的同学处在略过一本线的分数等级。中国的高考制度在筛选智力水平方面还是具有较高的信度和效度的(尽管在筛选能力方面存有局限性),因此总体而言同学们的学习能力或后续潜力受到了客观的限制。与此同时,正如哈佛大学的麦克里兰教授所言,除了知识、技能等侧重于智力方面的因素外,人的"动机、内驱力",也会深刻地影响到人的整体绩效和成就水平,就我们专业的新生代学生而言,其中确有一部分同学胸怀较为远大的目标和梦想而努力学习,但有相当部分的同学非常普遍地存在着学习动力不足、疏于专业阅读与思考、学习偏面追求娱乐轻松化的现象,这些行为呈现的是比较缺乏较为强烈的"动机、内驱力",造成这样一种结果现状并不完全是学生们本身的过错,它是由一定的制度缺陷、特定的家庭教养文化、社会转型时期价值观突变,乃至特定的互联网以及碎片化时代等综合因素整体"有机塑形"而成的。但是,就客观结果而言,如果受教育者(学生)的学习能力或后续潜力受到了客观的限制,加之缺乏相应的"动机、内驱力",从理性判断与结果预测的角度来说,我们应该客观地去设定这些学生的可能的培养层次。

我们是一所二本院校内设立的人力资源管理专业。近年来,随着高等教育的日趋大众化,整个人才市场(非广义范畴的劳动力市场)普遍判断认为,"同一所985院校的应届硕士毕业生,其毕业时的整体水平只相当于10年前同一所院校同一专业的应届本科毕业生的水平"。伴随着高等教育大众化,高等院校同一层级毕业生"能力下移"或"能力弱化",已是客观的不争事实,二本院校的本科毕业生在人才市场(非广义范畴的劳动力市场)上基本上都属于"初级人才"的层次或层级。

因此笔者认为,我们人力资源管理专业的人才培养层次,应该基本定位在培养人力资源管理领域(以服务于企业经营管理活动为主)的"初级"层次,(当然其中也有非常少量的学生可能经过后续的学习或努力,发展成为中级乃至高级层次的人才),但"初级层次人才"是基本、主体的培养层次定位。

培养层次的合理设定与定位,直接会影响到整个人力资源管理专业的培养重点、培养方式、教学方法的选择与组合等等。如果没有对培养层次的合理定位,必然会导致整个专业培养目标方向的含糊不清,进而极易进入盲目追求培养"高、大、上"人才的误区。如果我们没有对人力资源管理专业的培养层次有个合理、客观、理性的定位,我们不仅会与那么多的一本院校乃至211院校、985院校的培养目标及培养层次,产生不切实际的错位,而且无法体现我们学校的人力资源管理专业建设应有的建设重点、差异化的竞争优势,并且会误导我们的课程设置、教材建设、教学方法选择等等。出于良好意愿但不太切合学生实际、违背客观条件(学习可能性)以及主观可能性(学习意愿)的做法,其成功率和有效性都是非常有限的。

试想一下,如果一些二本院校都在致力于培养或者认为能够培养"高、大、上"人才,那么我们的智力理论、高考制度、985重点院校建设战略等,又有什么存在的必要?

二 强化实践性为主的教学方法创新

如果我们对人力资源管理专业的培养目标和培养层次有了更加客观、理性、明确、清晰的设定和定位,那么随之而来的一定是对我们专业的培养方式、教学方法选择等,带来非常直接的影响。

我们基本统一并明确的是:人力资源管理专业,旨在培养具有较为扎实的理论基础知识并掌握相关重要技能的"应用性/型"人才,其基本的培养层次在于"初级人才"为主。

(一)"应用性/型"人才的培养模式

与其他类型人才培养模式相比较,"应用性/型"人才培养模式主要有以下特点:①这种人才的知识结构是围绕着企业经营管理的实际活动需要加以设计、组合的,在课程设置和教材建设等方面,特别重视并强调基础、成熟和适用的知识,而在对学科体系和学术前沿性领域的关注等方面,只能有所弱化;②这种人才的技能/能力体系,是以企业经营的实际需要为首要依据,在技能/能力培养中重点突出相关的工作技能/能力的训练、演练、培养、提升,相对而言比较弱化对于学术研究能力的更高要求;③这种人才的培养过程更强调与经营管理实践的紧密结合,应该特别重视实践性教学环节比如实验教学、专项训练、专业实习等,通常将实践性教学作为帮助学生掌握相关专业知识并融会贯通应用于专业技能培养与提升的重要教学活动,而对于理论/研究型人才培养模式中特别重视的学位论文(或毕业设计),一般不会提出过高的要求。

总之,"应用性/型"人才主要是应用知识而非学术研究或创造新知。"应用性/型"人才的培养定位与培养模式,是我们人力资源管理专业应该特别明了并主要采用的培养方式。而建立在学生的智力条件(客观因素)及学习意愿(主观因素)等基础上的培养"初级人才"为主的培养层次思考,也一再提醒我们专业培养的合理定位。同时,高度重视"应用性/型"人才的技能/能力培养,也是强化我们学校人力资源管理专业在高等教育竞争大环境中的差异化竞争优势并进而切实提高人力资源管理专业毕业生就业成功率的不二选择。

(二) 强化实践性为主的教学方法创新

在教育研究范畴,广义上的教学方法包括教师教的方法(教授法)以及学生学的方法(学习方法)。教授法必须依据学习法,否则便会因缺乏针对性和可行性而不能有效地达到预期的教学目的,同时由于教师在教学过程中处于主导地位,所以在教法与学法中,教法处于主导地位。

根据国内学者的研究成果,高等院校的教学方法主要可以分成以下几类:

(1) 以语言传递信息为主的方法,如讲授法、讨论法等;

(2) 以直接感知为主的方法,如演示法、现场参观法等;

(3) 以引导探究为主的方法,如案例分析法等;

(4) 以实践技能训练为主的方法,如实验法(模拟演练)、专业实习法等。

笔者认为,根据我们人力资源管理专业培养"应用性/型"人才以及"初级"层次人才为主的培养目标与培养层次,我们应该对下列教学方法进行更多的积极实践与组合应用:

(1) 讲授法。是指教师通过简明、生动的口头语言向学生传授相关知识、原理的方法,它是通过描述、解释、推论等方式来传递信息、传授知识、阐明概念、论证原理与定律等,引导学生分析和认识问题。

(2) 讨论法(小组讨论法)。是指教师指导学生以全班或小组为单位,围绕课程体系或教材中的相关问题,进行讨论或辩论,学生可以各抒己见,以此获得知识或巩固知识。这种方法不仅可以培养合作精神,而且更能激发学生的学习兴趣,提高学生学习的独立思考、分析、灵活应用能力。

(3) 现场参观法。教师组织或指导学习实地观察、调查、研究和学习,从而获得新知识或巩固已学知识。现场参观法可由校内教师与校外教师联合进行指导和讲解,要求学生围绕参观内容收集有关资料,质疑问难并做好记录,然后整理参观笔记,写出书面参观报告,进而将感性认识升华为理性认识。现场参观法可使学生巩固已学的理论知识,掌握最新的学科前沿,更能帮助学生了解真实、实际的企业管理或经营活动,以便将理论知识与管理实践有机融合。

(4) 案例分析法。

(5) 实验法(模拟学习与模拟演练)。教师指导学生在模拟的环境中,应用所学的相关知识与相关技能,以解决实际问题或达成某种结果。这种方法既能有效帮助学生巩固知识、运用知识,更能训练与培养学生掌握相关的人力资源管理实践技能,比如工作分析技能、结构化面试实施技能、培训需求分析技能、绩效考核指标设定技能、薪酬与福利分析技能、劳动合同签订技能等等。毫无疑问,这种教学方法在培养学生真正应用人力资源管理相关理论知识进而有效掌握人力资源管理实践中的相关技能方面,拥有非常重要的实施价值。

(6) 专业实习法。真正的专业实习法,不应该只是安排学生参加特定周期的专业实习,然后实习结束后进行自我小结并由老师写就评语。笔者认为,强化实践性为主的教学方法创新,要求我们在实施"专业实习"的过程中,除现有的环节和要求外,还应该在整个人力资源管理专业"专业实习"结束后,深入进行全体以及分主题的专业大讨论,比较详尽地评估、分析本专业的理论知识与真实管理实践之间的一致性与差异性(乃至"正本清源"),以及不同企业之间真实管理实践的差异乃至差错,从而帮助学生们进行专业学习与知识技能应用的整体梳理与明确,进而以此促进人力资源管理专业的理论学习与实践应用之间的有机衔接。

1	讲授法	4	案例分析法
2	讨论法(小组讨论法)	5	实验法(模拟学习与模拟演练)
3	现场参观法	6	专业实习法

强化实践性为主的教学方法创新,要求我们更多地采用并组合应用上述的多种教学方法,在进一步提升"讲授法"的同时,更多地采用讨论法(小组讨论法)、参观教学法、案例分析法、模拟实验(演练)法等,并更加系统、完善地优化实施"专业实习法"。强化实践性为主的教学方法创新,要求我们特别注重引导学生参与实践、亲身体验、亲自训练。

强化实践性为主的教学方法创新,既直接有助于促进人力资源管理专业的理论知识学习和加深原理认知,更能有效地培养学生真正掌握各种人力资源管理相关的实践技能。因此强化实践性为主的教学方法创新,是促进我们人力资源管理专业实现培养目标、实施有效的人才培养、形成并强化差异化的专业优势、进而有效提升毕业生就业竞争力的最重要措施。

自从美国密歇根大学商学院教授、"人力资源管理之父"戴维·尤里奇(Dave Ulrich,也译为戴维·乌尔里奇)1997年在《人力资源转型——为组织创造价值和达成成果》(*Human Resource Champions*)一书中,提出"人力资源管理转型及四个角色"等全新、革命性观点以来,人力资源管理的基础理论与管理实践均发生了巨大的突破与变革,并正日益走向高度专业化。曾经主张"分拆人力资源部门"并与戴维·尤里奇教授公开进行过学术论争的、世界著名的管理领域专家拉姆·查兰(Ram Charan)先生,今年也改变思维并正式倡导提出:HR需要成为CEO真正的合作伙伴;现在是HR的时代,CHRO(首席人力资源官,笔者注)应预测业务结果、诊断人才问题并向CEO提供解决方案。这两位目前世界范围企业管理及人力资源管理领域最为顶尖的学者的观点,非常一致地强调提出了人力资源管理必须全面转型的战略性要求以及人力资源管理实践日趋高度专业化的发展趋势,这是迄今为止最为迫切的人力资源管理专业化发展需求,也是我们更加科学、客观、理性地思考人力资源管理专业发展问题的方向性依据。

参考文献

1. (美)戴维·尤里奇著,李祖滨等译.人力资源转型——为组织创造价值和达成成果[M].北京:电子工业出版社,2015年5月.
2. 杨德广主编.高等教育学概论(修订版)[M].上海:华东师范大学出版社,2010年12月.
3. (美)戴维·尤里奇等著,陈丽芳译.变革的HR——从外到内的人力资源新模式[M].北京:中国电力出版社,2014年9月.
4. (美)拉姆·查兰.从决策辅助者到决策制定者——CHRO新角色[J].哈佛商业评论(中文版),2015年第7—8期:P63.

互联网时代与职业生涯规划

马国辉

摘　要：如果说,十年前互联网还只是一份工具、一项技术、一个平台的话,那么时至今日,互联网已经成为我们工作、生活,乃至生存的一种基础、一种方式、一种环境。这也就意味着,互联网时代已经开启或到来。毫无疑问,面对这样一个时代,传统的职业生涯规划,有必要重新进行一定的审视和反思,并做相应的调整和革新。面对已经开启或者到来的这样一种互联网时代和潮流,职业生涯应该做新的思考、新的准备、新的训练,以期得到崭新的、理想的成果。文章主要分成两个部分,第一部分着重探讨了互联网时代的趋势和特征,以及在互联网时代中,传统和新兴行业、企业的出路和创新。第二部分,则探讨了为因应行业和企业这种巨大和深刻的变化,年轻一代应具有什么样的职业生涯思维、职业生涯设计和职业生涯管理。

关键词：互联网时代　职业生涯　规划与管理

Internet Age and Career Planning

Abstract：Internet has been becoming the environment and the style of our work, living life, even the foundation for our surviving core while it was just a tool, a platform, a technology ten years ago. Internet era is considered to be with us for sure and it brings necessity to review, introspect and adjust, innovate the traditional profession career planning at this new age. It is evitable to have new suitable consideration, preparation, and education at the Internet sociality in order to achieve brand new and ideal result. The article is structured with two parts, the first part focuses on discussion of the internet era trend, characteristics and both new and old enterprises development and innovation, the second part elaborates on how the young generation would be able to establish career thinking, career designing, career management to fulfill the needs driven by significant industry and enterprise changes from internet age.

Keywords: Internet age; career; planning and management

一

不管你愿不愿意,互联网大潮来了。环顾四周,从企业互联到个人互联,不管是世界何处的用户,都能通过互联网联络上对方,无论是通过邮件还是其他平台,都可以通过互联网实现。互联网的最大特点就是让世界无边界。对于企业来说,要认识到运用互联网可以直接与用户沟通,掌握用户需求的及时动态。互联网化,将成为下一波时代浪潮中最关键的词汇。华为公司轮值CEO胡厚崑曾经说过:"在互联网的时代,传统企业遇到的最大挑战是基于互联网的颠覆性挑战。为了应对这种挑战,传统企业首先要做的就是改变思想观念和经营理念。要敢于以始为终地站在未来看现在,发现更多的机会,而不是用今天的思维想象未来,仅仅看到威胁。"淘汰你的不是互联网,而是你不接受互联网。

互联网不仅可以用来提高效率,更重要的是,互联网思维应该是商业思维的起点。有人说互联网就像电力和道路一样,是社会的基础设施,这一比喻很恰当。企业的互联网思维,其实就是企业思维的基础,在这个思维基础上产生经营理念、盈利模式、组织管理等,才是顺应时代趋势的正确思维模式。所以,传统企业要想实现成功转型的华丽转身,就要先懂互联网思维;要想做行业里的领军团队,也要懂互联网思维。而企业要想成功,在现今社会,依然需要依赖互联网思维。事实告诉我们,在这个时代,不懂互联网思维是不行的!在这个时代,不用互联网思维也是不行的!移动互联网企业需要互联网思维,传统企业更需要互联网思维。失败,不是因为你做出了错误的商业决策。新东方的董事长俞敏洪说:"今天,不管你做出多么正确的商业政策,都有可能死掉,因为你原有的成功基因不符合当下成功的标准。所以,消灭你与你无关。"历史,就是这样的无情和残酷,很多时候,你的没落和衰亡并不是由于你的无能和懒惰,而仅仅因为你不在历史的趋势里。

这是一个最好的时代,移动互联网的迅猛发展为传统行业提供了大发展的良好契机;同时,对于传统行业人士来说,这同样是一个颠覆的时代。对于企业界来说,颠覆或是大发展,其实只在一念之间,那就是你是否选择与移动互联网相向而行,如果相向而行,你将获得前所未有的机会;如果反其道而行之,你将被这个时代抛弃或遗忘。马化腾说:从 2014 年 5 月到现在,很多事情发生了改变,很多的产业也生了改变。互联网首先是颠覆了媒体,后来颠覆了零售,往后是旅游,再是金融……一个一个的传统行业不断被互联网冲击甚至颠覆,所有的颠覆都来自于边缘式的创新,所有的竞争者都不是我们看到的庞然大物,而是新鲜生猛的消费者文化。俞敏洪也意识到,在今天的移动互联网时代,不管你的商业决策多么正确,都有可能死掉。原因何在?因为你原来成功的基因在移动互联网时代已经过时,已经不适应现阶段的发展了,甚至有可能成为更进一步的障碍。"所以整个新东方都要更换发展基因,更换基因这个坎过不去,基本上就要死。"

总而言之,任何一个行业和企业,只有顺应这种趋势,才能生存、发展和壮大,而背离这种趋势,那"基本就要死"。互联网转型是一个重建、重生的过程,虽然艰难,但舍此别无他途。而移动互联网的形成、发展和长大,则意味着互联网进入了一个崭新的阶段。

二

移动互联网时代,是一个用户为王的时代,也是一个跨界的时代。这个时代最主要的特征,就是他们不会跟你讲什么行业规则,不跟你讲什么公正、公平,只要他们认为某个领域对自己有利,就会毫不犹豫地选择进入。因此,对于传统行业来说,要想不被互联网颠覆,首先必须认清移动互联网时代的趋势和特征。

移动互联网时代的大致趋势,主要表现在:

(1) 新的产业生态系统正在形成

如今移动互联网进入健康发展的轨道,吸引着越来越多的企业巨头、产业链上的企业纷纷进入,移动互联网产业链参与者越来越多,推动移动互联网产业链盈利模式、收入分配方式发生重大转变。

开放、创新、共赢、合作,已经成为移动互联网时代的商业共识,打造具有创新活力的产业链,在推动企业快速发展中为广大用户提供丰富的产品和服务,是企业追求的目标。当前,打造开放的平台成为众多企业推进"互联网＋"计划的首要选择,通过这个平台,让更多的人了解公司的管理、理念、文化,进而加深对企业产品的了解。

(2) 市场竞争更趋激烈

移动互联网巨大的市场,不仅吸引电信运营商,还吸引设备制造商、终端厂商、内容提供商、互联网公司等众多企业。中国互联网的三巨头——腾讯、百度和阿里巴巴加速由桌面互联网向移动互联网布局,以适应移动互联网快速发展所带来的巨大机遇。如今,移动互联网是众多企业角逐的新战场。

可以说,移动互联网市场竞争激烈,竞争的最大特点就是由单一靠产品、靠价格的竞争向价值链和商业模式以及生态系统竞争的转变,谁掌控了价值链,谁的商业模式具有创新性,谁拥有良好的生态系统,谁就能在移动互联网市场竞争中发展壮大。

(3) 网络去中心化特质明显

以前是以 PC 连接为基础的传统互联网。比如新浪、搜狐等门户网站,就是传统网络最重要的中心节点。人们通过登录门户网站,就可以方便快捷地获得新闻、资讯。在智能手机还未普及的时候,门户成为当然的互联网霸主。

但智能手机的普及给传统的互联网带来颠覆式的冲击。在移动社交网络的兴起之下,信息的传递显得无处不在。现在,人们有更多的选择,不仅依靠联网的电脑去获取信息,在手机上也能实现,如通过微博、微信、QQ空间、微信公众号等,就可以满足资讯需要。所以,网络的多元化是大势所趋,正日益改变着社会生活的面貌。作为企业,为了更好地适应这一趋势,在商业模式产品发展、营销战略、组织模式等方面都要做出相应的调整。

(4) 营销传播方式发生巨变

以前企业在宣传产品的时候,都是运用电视、报纸、广播等传统媒介。但现在企业的大部分营销沟通完全可以通过网络社交媒体、多交媒体实现,而且成本低廉。

大家都知道,前几年的中介生意有多火。那时,很多的消费行为需要专家的专业指导。但移动互联网和社交网络时代,信息的获取不再依赖专家意见,可以通过社会化网络的"推荐"来完成。

减少中间环节的层层加价,正是移动互联网时代的商业趋势,消费者对层层转包、层层加价的行为深恶痛绝。传统的交易模式,在移动互联网的时代背景下,已经显得迟缓和笨拙。当用户和企业之间的沟通更加便捷、直接,而且成本更低时,营销传播方式必然发生巨变,企业的经营管理模式也将发生深刻变革。

我们在基本看清移动互联网发展趋势的同时,还应该了解和掌握它的基本特征。

(1) 用户主主导是核心

在移动互联网时代,特别是那些"80后""90后"的年轻消费群体,他们更希望广泛参与到产品的研发和设计环节,希望产品能够展示自己的个性。作为企业,应该把市场关注的重点从产品转向用户,用户目前购不购买没有关系,关键是让他们有良好的体验,让他们将这种良好的体验传播下去。360掌门人周鸿祎说:"传统企业强调'顾客是上帝',商家也只为那些购买自己产品的人提供服务。而在互联网经济中,凡是使用你的产品或服务的人都是'上帝'。"周鸿祎就是这么做的,他做的杀毒软件向用户免费,而拥有庞大的用户群后,周鸿祎就做后续的增值服务,这部分增值服务是要收费的。虽然,绝大多数的用户不用缴费就能享受360提供的服务,但360通过做增值服务就能实现盈利。因此,在移动互联网时代,用户是上帝。

(2) 用户碎片化需求日益显著

在移动互联网时代,以用户动态需求所带动的增值业务正在为企业累积巨额财富,这从客观上要求企业要以打造综合信息平台为要点,为企业插上互联网翅膀,满足用户的参与需求。

用户的行为和习惯是推动企业向互联网转型的动力。在移动互联网时代,用户习惯呈现几大特点:一是时间碎片化。随着人们生活节奏的加快,这种趋势越来越明显,希望随时随地地获取信息,将碎片加以利用。二是工作和生活时时在线。互联网不仅是工作平台,也是每个人的生活服务平台。以前粗放的产品和服务模式已经不能适应消费者的需求了,现在的消费文化倡导的是精细化、个性化、点对点,谁要是对这个特点和趋势满不在乎,谁就会逐渐被消费者抛弃。

(3) 消费者拥有更广泛的消费自主权

网络时代是一个消费者坚持己见并为自己的主张辩护的时代。网络时代的消费者,不喜欢被动接受,更倾向于主动选择自己喜欢的产品,无论款式、颜色、功能、价格、流行程度,都是他们在选择新潮产品时必须要考虑的因素。网络消费一族,大多属于年轻人,他们对新鲜事物有天然的好奇心,一旦他们有了某种需求,就会立即上网搜寻相关的能满足他们独特需求的产品信息。正是这个原因,如何让产品在第一时间吸引消费者注意,成了现代网络营销的关键。

值得注意的是,网络时代的消费者越来越追求个性化的产品,要求企业可以制作出定制化的产品。他们会把自己对产品外形、性能等多方面的要求传达给生产者,而不愿再接受企业有限范围的选择。随着信息技术的不断发展和完善,消费者亲自参与产品的设计与生产变为可能,产品的个性化将为企业带来良好的市场契机。

三

诚如上文所言,互联网是一个潮流、是一个趋势、是一个时代。潮流不可逆、趋势不可违、时代不可负。无论是传统行业,还是新兴行业,要么转型、要么创新,否则别无他路。

传统行业的互联网转型,首先是要在思想观念上进行转变,即要以互联网思维替换传统的商业思维。只有完成这样的思维转换,才能使商业模式转型成功,也只有这样,才能助推企业走出困境,驶向快速发展的轨道。

(一)商业转型:打造开放平台,改变原来的盈利模式

一些传统企业已经意识到"天要变了",正在积极准备商业模式转型:从各大企业的发展路径和未来战略意图不难看出,未来的商业模式将从业务领域开始进行资源整合,将来更加注重与客户之间的双向沟通渠道建设。具体来说有三大转型策略:

1. 注重互联平台价值提升,促进内部生态链建设

功能可以被超越,服务可以被模仿,而平台则很难被打造。一旦打造成功,就是一片基业。通过搭建不同类型而又相关的平台,并在平台上进行产品和服务的叠加,有效整合线上线下资源,完善

企业生态链,增强用户的体验感,才是未来企业提高用户黏性和持续扩张的关键。

2. 整合数据资源,精准市场行为

为客户提供更人性化、个性化的产品和服务无疑是未来企业发展的核心要求,随着互联产品交互功能和用户参与度的提升,个人信息透明度也在不断提高,对相关信息进行深度挖掘和提炼,将能够开发与用户实际需要最贴切的产品和服务,同时减少企业试错成本。

3. 抢占移动力互联市场

近年来,移动端入口进入爆炸式增长阶段。众多企业纷纷踏入移动互联网产业。对这些企业来说,有机遇也有挑战。机遇就在于产品推介的门槛大大降低,可以让产品进入尽可能多的人的视野,而且可以迅速吸引他们的关注;而挑战则表现在产业格局发生变化,面临的竞争也更加激烈。企业要在移动互联网时代脱颖而出,就要明确自身的战略定位,重视客户体验,推进产品创新,打造开放的平台,积极抢占移动互联网入口,构建良好的产业生态系统,探索多元化的盈利模式。

(二) 管理转型:提高要素运行效率,降低成本

企业管理,不仅仅是一系列管理工具的组合,也不仅仅是管理技术的简约使用,管理的科学性和有效性,恰恰是一种思维的方式,在这种思维方式的基础上对所要解决的问题提出具体的应对措施。

管理学大师哈默说:"一些管理者开始了解互联网会颠覆旧的商业模式,但很少人承认在不久的将来,互联网将彻底改变我们以前的管理方式。"互联网时代的来临,改变了企业以前的生存环境,

但我们的管理模式还远远滞后于环境的变化。

对于企业的管理者来说,首先要在思维上进行转型和变革,企业的互联网思维,无疑是当下企业管理转型的核心所在。特别是PC的长足发展和移动互联普及时代的到来,个人和企业界限日渐模糊,企业的颠覆和创新每天都在上演,越来越多的企业不得不摒弃原有的传统管理模式,而转向更先进的互联网思维管理模式。

除此之外,随着智能手机的普及,移动互联时代来临,手机模糊了黄金时间和垃圾时间的区分。在移动互联还没有兴起的时候,生活中的零碎时间,诸如旅行候机、排队、路上堵车,甚至上厕所的时间,通常被看作不能发挥效率的垃圾时间。而"互联网+"思维下的企业管理,就能把这些垃圾时间变成工作的黄金时间。

(三) 文化转型:将全新的企业文化融入企业的血液中

互联网时代,企业发展快、技术更新快、产品换代快,企业需要有更强的适应性和竞争力,文化建设和变革的速度必须得跟上企业发展的变化。

现在的"80后"甚至"90后",构成了企业里的生力军。这一代人的最大特点就是自主性较强,追求自由、平等、开放和自我实现。他们对公司传统文化管理提出了挑战,因此,企业在文化体系建设中必须要能体现这些人的需求。

互联网时代思维的特质就是突破与超越,作为企业文化,也要有这样的特质,才能实现与企业的同步发展,否则这一短板有可能会阻碍企业的成长。企业的文化建设,从形式、内容到传播,都必须不断打破原有的固定做法,大胆突破,勇于革新。

虽然传统行业的互联网转型尚处在"摸着石头过河"的阶段,

也没有成熟的经验可资借鉴,更没有形成科学的定论,但转型也有基本规律可循,那就是转型的"四个化",即商业量模式互联网化、产品体验互联网化、市场推广互联网化和产品销售互联网化。围绕这"四个化"开展互联网转型工作,及时处理和应对转型过程中出现的各种问题,实施稳步推进、不断优化,就有可能转型成功。

四

如果说,十年前互联网还只是一份工具、一项技术、一个平台的话,那么时至今日,互联网已经成为我们工作、生活,乃至生存的一种基础、一种条件、一种方式、一种环境、一种氛围。这也就意味着,互联网时代已经开启或到来。毫无疑问,面对这样一个时代,传统的职业生涯规划,有必要重新进行一定的审视和反思,并做相应的调整和革新。

(一) 基于互联网时代的职业生涯思考

人类社会至少有十多万年的历史,其中农耕形式占了相当长的时间。在这一阶段之中,土地是人们生存和生活的根本,依附、围绕着土地,人们日出而作、日落而息。社会变化和进展异常迟钝和缓慢,正如汉代董仲舒所言:"天不变,道亦不变"。在这样一个基本不变的状态和环境之中,人们非常倚重经验和传统,一门相对容易和简单的技能,可以管到相应者生存、生活一辈子。与此同时,作为来自于每个个体自身的、与生俱来的生物和生理能力也被相当看重,所谓身强力壮、孔武健硕等,都是当时社会的优质资源和资本。

工业社会,机器取代了土地,成为社会生存和发展的核心要素和元素。谁拥有资本和资源,谁就拥有了一切。相对于农耕社会而言,工业社会的变化和节奏有所提速;同时,由于机器的发明和使用,大大解放了人们的四肢,和一定的劳动强度;另外,由于大大小小各类城市的形成和发展,人们的谋生能力、途径和手段等,都发生了很大的改观和变化。人们对自身原始力的依恃有所降低,而通过公共平台所习得的知识和技术,则成了工业社会人们求职和谋生的基本依据和特长。

互联网时代,虚拟化成了一种新常态,大数据成了所有网民取之不竭、用之不尽的根本性资源和要素。它是流动的、变化的、开放的。无人能加以控制,更无人能加以垄断。大数据犹如一个超能量、超形态的魔方,只要具备一定的能力和条件,人人可以参与、人人可以尝试、人人可以把玩、人人可以提供相应的结果和心得。学习是开放的、交流是开放的、协调是开放的、合作是开放的。互联网时代,对人的生物性的原始力的依恃降到了低点,而对人的智慧力的要求,提升了一个超乎寻常的高度。

(二) 基于互联网时代的职业生涯准备

如果说以上分析能够成立的话,那么,也就是说,传统意义上的,如农耕社会和工业社会相对倚重的体力、经验、知识、技术等,已经或者即将被淡化被忽略,而取而代之的或许是,以大脑为核心的高概念化、高感性化的思维模式,以及与这类思维模式相一致的思维成果和产品。

逻辑、线状、单一、封闭的思维模式,在互联网时代,将渐趋式微。积聚爆炸、放射发散、点点勾连、多元立体的互联网思维模式正在逐渐区分和形成。

所以说,所谓的互联网时代的职业生涯准备,就是准备具有这样一种思维模式的大脑,如果不具有这样一副大脑,那么,其他所有的努力和准备,都将大打折扣,甚至毫无价值。

至于如何进行准备,一时半会确实还给不出明确的行之有效的建议和方案。真如互联网时代是一个全新的时代,还刚刚起步,我们的探讨和思索同样是全新的,同样还在路上。

但无论如何,我们应对传统的思维习惯和模式保持高度的警惕和戒备,因为传统思维的惯性和滑板效应,可能将成为我们接受和进行互联网思维的关键障碍和桎梏。

(三) 基于互联网时代的职业生涯训练

人类发明电脑初衷,无疑是为了弥补大脑的不足,提高人类的思维质量和水平。但发展至今日,情势有些不容乐观,甚至有些令人担忧和不安。与人类发明电脑的初衷相背离,电脑代替、乃至取代大脑思考、作用的现象似乎日趋蔓延和泛滥,人脑"傻瓜"化、附庸化的现象日趋蔓延和泛滥。

所以,互联网时代的职业生涯训练,首先应该把人脑从"傻瓜"化、附庸化的现象中挣扎、摆脱出来,重新确立人脑的主导地位。从而对人脑进行有计划、有目的、有步骤的规范和训练,以期得到理想的结果和成果。

如果说,农耕时代主要是体力时代、工业时代是体脑并用时代,那么,互联网时代几乎是一个全新和全面的脑力时代。

在这样一个时代之中,独特性训练、开放性训练、多元性训练和创意性训练等无疑需要一以贯之和持之以恒的。

(四) 基于互联网时代的职业生涯成果

与传统农耕社会和工业社会,人们往往追求一个实体的、有形的、可感的成果相比较,互联网时代的职业生涯规划者,或许更加在意一份具有独特意义的和富有创意的体会或感悟。这类成果趋向虚拟、无形和多元。但核心,恐怕还是在于,职业生涯规划者所能够体会到或者感悟到的成就感和幸福感。这不仅符合马斯洛的需要层次论,更符合互联网时代的基本状态和特征,追求个性、变化、创意及个人内心的惬意和自在。

五

当然,互联网时代,还刚刚开始和起步,还充满着这样那样的不确定性,以及每一个时代所必然具有的局限和缺陷,但它无疑更是一个充满生机、充满个性、充满创意、充满无限可能性的时代。面对这样一个时代,每一个职业生涯规划者都应该进行新的思考和探索,以期跟上时代进程、融入时代潮流、获得相应的时代地位和角色。

参考文献

1. 中央电视台大型纪录片《互联网时代》主创团队. 互联网时代[M]. 北京联合出版公司. 2015年2月第一版.
2. 吴晓波. 转型之战——传统企业的互联网机会. 中国友谊出版公司[M]. 2015年7月第一版.
3. 吴帝聪,陈小勤. 一本书读懂互联网+. 广东人民出版社[M]. 2015年8月第一版.
4. 马云,马化腾等. 颠覆常规——互联网时代企业如何创新[M]. 人民邮电出版社. 2015年5月第一版.
5. 周文霞. 职业生涯管理[M]. 复旦大学出版社. 2006年7月第一版.

6. (美)格林豪斯等著,王伟译.职业生涯管理(第四版)[M].清华大学出版社。2014年6月第一版.
7. 李宝元,王明华.职业生涯管理[M].人民邮电出版社.2014年12月第一版.

组织行为学课程教学中案例教学法的应用

唐人洁

摘　要：组织行为学是一门理论性、应用性很强的学科，是人力资源管理类专业的必修课程。案例教学在组织行为学课程的教学中具有重要的作用。通过案例教学法，努力做到理论与实践相结合、基础知识与实际应用相结合。本文不仅阐述案例教学法的特点，分析了运用案例教学法的必要性，而且介绍了案例教学具体的实施过程，并提出了在实施过程中值得注意的一些问题。

关键词：组织行为学　案例教学

How to Apply the Case Study in the Course of Organizational Behavior Class

Abstract: Organizational behavior is a very strong theoretical and applied discipline, it is the mandatory course for human resource management. Case study plays an important role in the organizational behavior courses teaching. Through the case study, we are able to intergrate the theory and practice of basic knowledge, and combine with practical application. This paper not only expatiates the characteristic of the case teaching method, analysis of the necessity of applying case study, case teaching and introducing the specific implementation process, with elaboration on the issues relavent in implementation.

Keywords: organizational behavior; case study

组织行为学是伴随着人类组织形式创新、管理活动日趋复杂化、多样化的变化过程在近几十年来逐渐发展起来的一门现代管理学科,是组织理论、人力资源学派、权变理论学派和组织文化理论不断融合的产物,是管理领域中行为学派的理论和方法支柱。在本科教学中,组织行为学是一门具有强烈应用导向的理论性课程。为了取得更好的教学效果,选择适宜的教学法十分重要。

案例教学法起源于希腊哲学家、教育家苏格拉底的"问答式"教学法,经过多人的继承、发扬和不断完善,1920年美国哈佛商学院开始正式推行案例教学。自20世纪80年代初案例教学被引进我国以来,已经在部分高等学校的管理教学中备受关注。根据人力资源管理的课程特点,案例教学具有很强的针对性、实践性、开放性和师生互动性,是一种较为成功的教学方法。

一 案例教学法的特点

(一) 案例教学具有目的性

在案例教学中,无论是案例的编写与选择,还是每一案例教学环节的设计,都是紧紧地围绕着一定的教学目标,为达到一定的教学目的需要而进行的。这种目的就是让学生通过一个个独特的但又具代表性的典型事件的情景再现与角色体验,建立起一套适合自己的完整而又严密的逻辑思维方法和工作体系,以提高学生的实践能力和运作技巧,加速理论与实际的结合过程。

（二）案例教学具有启发性

案例具有开发人们智能的功效。在任何一个案例中都包含有供学生思考、分析和探寻的许多问题,这些问题,有的可能是外露的,有的可能是隐晦的,有的甚至可能是零乱的、不完全的、真真假假的。实施案例教学就是要迫使学生透过众多的、看来又好似互不相关的案例所描述的情景去观察、去分析、去体验,从而形成自己的概念,并以此为起点,作出判断、推理和论证,开发学生的智能水平。

（三）案例教学具有客观性

案例是对已发生的典型事件的真实写照,具有高度的客观性。这种客观性包括两个方面的内涵:一是案例所描述的事件是完全真实的,虽然有时为了某种需要可能会虚拟一些情节,但其基本事实都是完全真实的,结构是合理的、符合逻辑的;二是案例描述一般不加入编写者的评论性和分析性语言,编写者只是原原本本地描述了事实发生的情节和过程。在案例教学中,教师提供给学生的是事件的真实素材,学生根据自己所学的理论知识,在不受任何外界因素的干扰与影响下对案例进行客观分析与评价,其结果是客观真实的。

（四）案例教学具有实践性

案例教学不是简单地告诉学生一个真实的企业组织在干什

么,而是要告诉学生如何在已经经过实践了的真实事件中充当角色,进行"实践"操演,以最快的速度、最高的效率使学生实现从理论向实际的转化,达到理论与实际相结合,使学生在不离开学校的条件下能在短期内接触并学习到大量的各种各样的实际问题,以弥补实践经验的不足和实际运作能力普遍缺乏的缺陷。

(五) 案例教学具有综合性

随着社会的发展,科技的进步,企业组织面临的环境形势越来越复杂多变,管理者的成败不仅仅取决于对基本理论的掌握,还取决于是否具有审时度势、权衡应变、果断决策的能力。这种能力绝不是单靠读书听课就能完全达到的,而实施案例教学就会使学生突破原有的知识范围,拓宽知识领域,从角色的扮演中学会综合运用更多的知识和更加灵活的技巧来处理各种各样的案例问题,提高实际运作能力,增加新的知识,弥补学习中知识片面的弊端。

二 案例教学在组织行为学课程中的重要性

组织行为学是管理类专业的必修课,是一门理论性、实践性都很强的课程。组织行为学的发展直接得益于管理学科和人文社会科学的成果,这其中涉及管理学、心理学、社会心理学、政治学、生理学等,因而具有高度的跨学科的综合性;组织行为学直接面向社会生活实际,其基本观点的形成均是建立在大量翔实、权威的第一手资料的基础上。近年来在主要研究课题、研究方法上也突出了实践性和可操作性的特点。实施案例教学将有助于学生突破理论的束缚,从实践上把握理论的要领。在组织行为学本科教学中,运用案例教学手段,培养学生综合运用相关知识,分析、解决实际问题的能力应是改革现有教学模式的重要思路。

（一）管理类教学培养目标的要求

管理类本科生的培养目标,首先是为各类型社会组织输送具有良好专业素质、能从事不同岗位管理实际工作的人才。目前我国培养的管理人才,总体上是实际管理技能弱于理论水平,究其原因,与我们的培养方式有很大关系。

管理科学本质上是实践科学,而不是理论科学。诚如管理学大师德鲁克所说:"归根到底,管理是一种实践,其本质不在于'知'而在于'行';其验证不在于逻辑,而在于成果;其唯一权威就是成绩。"因此,管理教育的任务和目的不在于教会学生"是什么",而在于让学生体验到"如何做",包括如何发现问题、分析问题、解决问题。正如培养临床医师必须直接接触病人,培养律师必须直接接触案件一样,管理教育,特别是专业课阶段,必须引入并倚重案例教学,使学生在学习阶段就能低成本、高效率、零风险地完成理论与实践、知识与能力的转换。

（二）管理类课程特点的要求

课程特点要求组织行为学具有跨学科的综合性和理论与实践相结合的特点,如果单纯讲授理论,这一以丰富生动的"人"为特色的学问就显得空洞、乏味,不能激发学生的学习兴趣。尽管教师认真准备,学生理解起来还是支离破碎。加之陈旧的考核机制,死记硬背的概念原理在学生脑子里只能变成僵化的教条,这种教学模式当然无助于培养学生的创新意识和应变能力。

管理专业毕业生就业方向主要是各类组织中的管理岗位,未来职业特点要求他们必须了解自我、了解他人,具备随机应变处理复杂情况的能力。就业市场欢迎接受过良好专业训练、能够学以致用的人才,而非纸上谈兵的"人才"。案例教学可以较好解决大学生在系统接受理论知识学习的学生时代,如何尽可能早地接受管理实践训练的两难选择。国内外实践经验证明案例可以在特定"情景"中让学生实践书本知识,训练人际交往技能,增加处理问题的能力,树立权变管理观念。

(三) 现代教学法的革新的要求

现代教学应该创造条件,尽可能构建以学习者为中心的课堂教学模式,而且学习与一定的社会文化背景"情景"相联系,通过构建"情景"进行学习,可以激发学生的联想思维,从而使已获得的经验或知识与新知识之间建立联系,并赋予新知识以某种意义,即完成知识意义的建构。案例就能把学生带入一个个"情景"中,通过分析、讨论或者角色扮演等形式使学生成为教学过程中积极的而非被动的参与者,达到学生掌握知识的目的。例如:通过分析某公司近百年来管理方法、理念的变化过程这样一个案例(如荷米公司的案例)讲授"埃德加·沙因关于人性的假设",通过分析案例学生已习得科学管理理论、法约尔的一般管理原则、现代管理理论丛林等知识就容易与新知识建立起联系,生动地帮助学生理解沙因的几种人性假设,能更好完成新知识建构,而不是仅仅只能硬着头皮去理解"什么是经济人?什么是社会人"等枯燥的名词。

(四) 国内外经验的启示

美国的教育机构为创造繁荣的经济培养了大量一流的管理人才,案例教学是其主要的手段。据统计,美国几所著名学府的MBA学生平均每天要完成案例分析 7—9 个,大量的训练为提高学生管理实践能力奠定了基础。虽然我国的国情与美国等发达国家不同,管理人才的培养模式也不同,但是在如何有效地提高学生的管理能力和素质方面,国外经验是值得我们学习的。

三 案例教学在组织行为学课程中的实施过程

(一) 案例教学的准备阶段

在实施案例教学时,教师应根据教学内容的需要和案例教学的目的认真选好案例,拟定好案例讨论要求,以及讨论前的一切准备工作,包括教师对案例的理解、认识和具体分析,案例讨论题的准确答案等。学生则应根据教师提出的要求认真阅读案例,充分理解案例所描述的事实和情节,在反复思考的基础上前后联系、归纳整理,分析出案例所给出的条件和存在的问题,抓住本质,分清主次,提出经得起别人反驳的见解与对策。对于一些复杂的案例,学生可以按学习小组或在自愿的基础上进行集体准备,以利于集思广益、取长补短、加深理解。

(二) 案例的讨论阶段

案例讨论时,应以学生为主体,让学生独立地承担角色,充分发挥学生的主动性、积极性和创造性,自主地运用所学的知识来分析与处理案例和案例中的问题。讨论案例时,教师首先要为学生创造出一个良好的自由讨论的环境氛围,启发学生积极参与、主动进取;其次,教师要在讨论的过程中进行必要的引导,使讨论紧紧围绕主题展开,避免跑题或乱侃;再次,教师要及时发现讨论中的分歧意见,使之引起辩论,促进问题的讨论和深化。学生在讨论中应积极主动发言、展开辩论,在发言时,既要善于充分表明自己对问题的认识和见解,又要善于维护自己的观点和意见,敢于与人争辩。但必须做到以事实为依据,有理、有据、有节,逻辑清晰,语意准确,言简意赅。同时还应注意倾听他人的意见和观点,从倾听他人的分析与见解中比较出自己的思路与见解有哪些长处与不足,以便于从中综合出更加完善正确的结果。

(三) 案例讨论的总结阶段

在案例讨论后,教师和学生都应对案例讨论作出总结。教师的总结一般包括:对讨论情况的总结;对案例本身的总结;对案例讨论题的总结等。学生在案例讨论后,应总结出自己在阅读案例、发言准备、案例讨论中取得了哪些收获,解决了哪些问题,还存在哪些问题。同时学生还应对讨论情况进行分析整理,写出案例分析报告。这样做,既可以提高学生对案例的认识程度,又可以培养锻炼学生的文字阐述能力和表达技巧。

四 案例教学实施中值得注意的问题

(一) 注重案例选择的合理性

案例教学主要的目的是将知识进行转换、内化于学习者个体并形成实际能力,转换何种知识是形成何种能力的前提,而知识的内容又取决于案例的内容,所以案例的选择也就成为了整个案例教学中知识有效转换的关键一步。我国现行人力资源管理教学多采用国外案例,这些案例不乏著名跨国公司的战略、理念、经验和成功之道,特别是展开国际化竞争的手段和方法,是非常值得我们学习的,这些知识的转换对于培养适应激烈国际竞争、具有较强国际经营理念的实战人才意义重大。但不可否认的是,我国大多数企业在当前和今后相当长一段时间内仍将处于国内经营竞争阶段,他们需要对国内营商环境相当熟悉的管理者,况且国际竞争也在逐步国内化,因此培养适合国内企业需要的实战人才也应该是人力资源管理教学的重要任务之一。正是这个目标的指向性决定了案例教学所要内化的知识和塑造的能力还必须与国内实情相匹配,本土案例正好符合此要求,较好地再现了国内企业经营面临的环境,因而对这类案例的使用可以培养学习者今后从事国内经营的能力。

（二）重视案例教学过程的有效引导与控制

课堂讨论中,教师的引导存在着一个控制"度"的问题。控制适当,学习者能够踊跃发言,观点和看法进行激烈碰撞与交锋,气氛热烈,知识转换过程能有效发生。控制不当,如控制过度时,学习者被教师牵着走,课堂交流变相成为回答教师的提问,个人观点、意见、看法并不能真正流露,渐渐又恢复成了传统的单向式教学模式,案例变成了教师的举例;或者当教师主导不力时,课堂交流就可能离题万里、漫无边际,难以有效指向教学内容,讨论与理论知识相脱节;也有可能是教师不能很好激发学习者发言的积极性;每次交流总是少数几张熟悉的面孔,许多羞于、懒于表达的学生甘当默默无闻的听众。无论是哪种情况发生,学习者个体的隐含经验知识都不能很好地被他人编码和内化,知识转换的过程不能真正发生,案例教学的目的难以达到。因此,对案例教学互动程度的有效控制是一个非常重要、但又是最难以处理的问题,这只能根据教师的经验去引导、控制与把握。

（三）实施案例教学与理论教学的交互使用

传统的讲授是不能够被放弃的,在中国本科生教育阶段,它仍然是主要的方式。它有利于系统地、严谨地传授知识。有助于学生打下深厚的理论功底,培养抽象思维能力。它有利于同时教授数量众多的学生。实际中,传统讲授方式所占学时数远远超过案例法所占学时数。这两种方法是互相补充、交互为用的。尤其是在学生自学能力不强、学习主动性不强的情况下,也不能减少理论讲授的学时数。

理论教学倾向于向学习者传递一套系统、完整、连贯的知识体系,而案例教学只能给出一个个孤立的、管理情景的案例,所传递出的知识、经验是零碎的、具体的,结构性不强,缺乏连贯性和完整性。学习者对案例的研究、观点的形成、意见的表达是建立在相关学科知识基础之上的,对各种知识的转换、对他人知识的编码、对有用知识的内化,都要以强大的理论知识积累作为支撑条件。理论知识积累越多,案例教学中知识转换的效果也就越明显。要使案例教学知识转换过程有效发生,首先要保证学习者具备扎实的理论功底。从这个角度来说,案例教学不可能完全取代理论教学,合理分配理论教学和案例教学的课时是知识有效转换的基础。案例教学和理论教学在学时的分配上是一种替代关系,两者此消彼长,即案例教学的课时增加,相应的理论教学的课时就会减少。一般认为,在本科教学中,案例课占总课时的两成左右较为适合。

参考文献

1. 沈茜. 在组织行为学教学中使用案例教学法五得[J]. 教学研究,2006,(9).
2. 高晓芹. 组织行为学教学方法研究[J]. 边疆经济与文化,2005,(5).
3. 张飞、周翼翔. 案例教学法在人力资源管理专业课程教学中的应用[J]. 池州学报,2008,(4).
4. 曾明星、周清平、邓尚华. 案例教学法在管理课程教学中的应用[J]. 教育,

2007,(15).

5. 杨海光.案例教学法在人力资源管理教学中的实施过程[J].商场现代化,2007,(18).

6. 刘辉、张比鹏.案例教学法在管理学教学中的运用与思考[J].辽宁工学院学报,2007,(5).

劳动关系与劳动法课程教学改革探讨

李秋香

摘　要：本文从我国普通高等院校培养应用型人才的目标出发，针对目前高校教学中不利于增强学生的理论联系实践能力培养的薄弱环节，并由此导致毕业生的就业困难的现实背景出发，从市场对于人力资源管理专业学生的实际需求为视角，以《劳动关系与劳动法》的课程教学改革为例，通过改变过去"应试教育"教学模式，从教学活动的设计、应注意的问题方面进行教学方法改革并分析，以此增强教学的实践性、生动性和综合性，探讨《劳动关系与劳动法》课程教学的改革措施，以期培养出的毕业生能够在组织人力资源体系中通过拟定和实施各项人力资源政策和管理行为，以及其他的管理沟通手段，来调节组织和员工、员工和员工之间的相互联系和影响，实现组织目标，达到对应用型本科人才综合职业能力目标的需求，并为员工、组织和社会增值。

关键词：人力资源管理专业　课程体系　模拟法庭　案例教学

Teaching Reform in the Course of Labor Relations and Labor Law

Abstract: Based on the goal of high education on applied talents, the identified weakness in university education has not supported to build up the students' theoretical and practical capability and impacts directly on graduates in job finding. From market requirement of HRM student, it takes "labor Relations and Labor Law" course as an example of teaching reform elaborating—Reforming the exam-oriented teaching which is traditional teaching method from teaching activity design, issues, concerns analysis to employing practical, vivid integration teaching delivery methodology. The course of "Labor Relations and Labor Law" has been reviewed for teaching reform measures in order to be successful in educating students being capable to handle interpersonal relationship and fit the social needs to achieve organization success. The article here describes the proposals and measures of the reform on teaching behavior to support comprehensive talents development in creating more individual, social and organization values.

Keywords: human resources management; course system; moot court; case teaching

近年来我国诸多高等院校的人力资源管理专业开始进行专业课程建设改革探讨,《劳动关系与劳动法》课程是人力资源管理专业培养方案中的核心课程,课程要完成的主要任务是使得本专业毕业生熟悉与人力资源管理有关的方针、政策及法规,立志培养具备管理、经济、法律及人力资源管理等方面的知识和能力。课程以劳动关系学理论为基础的交叉性课程,主要包括专业理论知识和实务技术两大模块构成,包含的内容有劳动关系管理、法律问题与投诉、员工活动与协调、心理咨询服务、员工冲突管理、员工沟通管理、工作丰富化、员工信息管理、员工奖惩管理、员工纪律管理、辞退、裁员及临时解聘、合并及收购、工作扩大化等,广义上还涉及企业文化和人力资源管理体系的构建等。

一 《劳动关系与劳动法》课程改革的意义

《劳动关系与劳动法》课程要求通过对市场经济国家劳动关系理论、模式、特点问题和经验的深入系统的比较和分析,总结市场经济国家调整劳动关系的基本制度和一般规律,探讨我国劳动关系的发展方向、制度和调整模式。

随着我国大力发展市场经济,劳动关系越来越重要,企业对于劳动关系管理越来越重视,尤其是在劳动法制越来越健全和企业面临劳动保护力度加大、人员竞争压力不断加大的背景下,劳动关系作为最基本的社会关系之一,体现着整个社会劳动生产力发展水平高低和社会进步程度,劳动关系冲突必会造成社会矛盾的激化,影响企业的正常运行,对经济社会发展产生极大的负面效应。同时改革开放近四十年来,我国劳动关系已经发生了巨大的变化,随着 2008 年实施的《劳动合同法》,国家又出台了一系列调整用工关系的法律和法规,国家对于劳动关系管理的规范化,我国的劳动者就业要求不断提高,劳动者维权意识的日益增强,同时劳动关系日趋复杂化,劳务派遣、HR 外包、非全日制用工等形式悄然而出,由此引发的劳动纠纷越来越复杂,对于 HR 从业人员的问题处理能力和突发事件的应对能力的要求也越来越高。这一系列就业市场的变化都要求高校的力资源管理专业开设的劳动关系与劳动法课程也必须作出改革,在劳动关系管理的理念、方法做出相应的调整,紧扣现实需要,更新教学方法,注重教学的灵活性和多样性。在教学内容和教学目标的设计上,专业教师要对传统的教学安排进行改革和创新,对专业学生积极正面的引导,由"应试教育"的教学方法向职业综合素质的培养转变,使学生了解劳动关系发展的客观规律,了解我国劳动关系的调整和社会政策的制定的背景,深刻认识到和谐劳动关系的重要意义。在将来从事员工关系管理工作过程中,既能清醒地认识和了解社会问题,为其职业工作提供理论参考,又汲取了实际操作技能和务实的操作性方案。

二 《劳动关系与劳动法》课程教学的现状

学校教育和企业所需相脱节的现象是一个世界现象,在中国,这种现象更为明显,调查数据显示,中国企业人力资源管理低于全球的水平,主要的原因是特定人才能力和识别关键技能以及相关人士手段与国际相比存在差距。人力资源管理专业劳动关系与劳动法课程具有理论和实践相结合的特点,但现有的课程针对性不强,教学的理念、模式和手段明显落后,存在以下几方面的问题。

(1) 传统的教学理念不利于学生职业能力的培养

在课程体系构建方面依然按照传统学科型培养学生,忽视工作岗位对学生的能力需要,无法实现将毕业生的专业能力与工作岗位需求的对接。同时在课程内容方面偏重理论教学环节,过于强调劳动关系基本理论学习,过于偏重理论知识的完整性、系统性,教师在课堂教学中习惯于按照教材授课,追求学究式的理论教学,没有充分将授课内容与培养目标、学生毕业后的工作结合起来,就业导向性不强,对于知识的实用性与针对性有所忽略,忽略了对学生专业技能的培养,从而导致毕业生走向社会后,缺乏动手能力与职业技能,理论学习与社会生活实际脱节,育人与用人背离的现象不利于实践型人才的培养。

(2) 教学形式、教学方法单一,不利于学生理论与实践结合能力的培养

实践教学环节是管理类专业人才培养的关键环节,也是应用型人才培养的保证。有些教师沿袭传统"应试型"的教学方法,课堂教学以单一的讲授式为主,缺乏互动性。普遍存在实践教学环节薄弱,课时设置较少的问题。即便有实践教学部分,也存在实践教学过程中缺乏创新性与灵活性,较少使用辩论式、研讨式、互动式和"第二课堂"等教学方法,在课堂上不能有效组织学生积极参与,使学生缺乏理论与实践结合的能力,出现毕业生具备的基本素质与实际需要不符合的现象。虽然不同类型的用人单位对人力资源管理人才专业要求具有较大的差异性,但劳动法律法规的应用能力与沟通、协调能力是所有类型组织都十分看中的核心素质与能力。同时课程教学没有根据 HR 转型的背景完成有针对性的教学方法的改进,在劳动关系与劳动法课堂上,案例教学针对性不强。由于劳动关系与劳动法课程案例源自现实用工中的劳动纠纷案件,需要授课教师多方收集相关信息,但由于时间支配、调研基地、教师积极性等各方面因素的限制,课程案例基础信息收集不足,导致课堂案例的丰富性与时效性方面有所不足。同时教学课件制作水平不高,综合运用多媒体课件成像、音频插入等技术不熟

练,导致课件内容比较单一,课堂互动不足。

(3) 专业授课教师在交叉专业、实践方面存在不足

劳动关系与劳动法课程实际上是一门交叉课程,涉及的学科有经济学、社会学、管理学、心理学、法学、历史学等,其中劳动经济学、劳动社会学和劳动法学是基础学科。劳动关系学科的范畴包括从属劳动、劳动过程、劳工权利、劳资冲突、劳资合作、劳动关系系统、劳动关系构成、劳动关系运行等;概念包括劳动者、雇主、劳动就业、劳动报酬、劳动合同、集体谈判、三方机制、劳动争议、集体行动等。它既非是纯粹的管理学课程,也非单纯的法学课程。但一些院系在开设此课程时存在一定的学科性认识偏差:要么由管理学教师授课,要么由法学教师承担授课任务,但该课程的交叉性特点要求承担教学的教师应该具有管理学和法学的双重教育背景。由于我国各高校的人力资源管理专业设置较晚,且招生规模增速太快,所以,目前从事人力资源管理专业教学的教师大多没有受过专业的正规教育,属于半路出家,对于本专业的实践及其教学经验更显不足。他们往往习惯于是传统的"填鸭式"教学,忽视学生动手能力及创新能力的培养,影响了实践教学的效果。尤其是专业课实验教师方面存在教师实践操作能力不足,当前我国高校的师资来源主要是高等院校毕业生,大多数人力资源专业教师长期在校内从事教学工作,虽然学历较高、有较丰富的理论知识,但大多缺少从事公司、企业经营与管理的经历,缺乏在企业工作的经历,不可避免地存在着理论脱离实际的倾向,影响实践的效果。

(4) 校外实训基地匮乏

人力资源管理是一门操作性较强的专业,如工作分析、人员招聘、培训管理、绩效管理等课程,如果不能让学生通过自己的亲身经历去体验知识、检验知识与技能,那么学生所学知识很难真正变

成自己的能力。因而,建立校外实训基地尤为重要。但由于种种原因,未能建立起足够的校外实训基地,即使是已经建立的校外实训基地,由于缺乏重视和管理,大多数也是名存实亡,未能发挥实训基地的作用。

三 《劳动关系与劳动法》课程教学改革建议

(一) 改变教学思维模式,从教师为主体变学生为主体

在《劳动关系与劳动法》课程教学中,教师急需改变"满堂灌"的教学模式,在教学中坚持"以学生为主体,教师为主导"的实验教学理念,充分利用多种教学法,提高学生参与课堂的程度,专业教师需要运用新式教学法来激励学生自主转变学习观念,例如可以充分利用实验中心资源因势利导培养学生,开发学生的应用与创新能力。在教学过程中,通过启发学生自主学习,以学生为主、教师为辅,充分发挥学生的主动性,突出学生的主体地位。同时《劳动关系与劳动法》课程教学中应当转变教师传统的教学理论,提高对实验教学的认识,认识到在培养学生人力资源管理技能的重要性;创造条件培训专业课教师的实验能力,可送出去参加各种实验师资培训,也可请相关实验仪器设备提供商来学校进行师资培训,当然也可自己内部培训,努力提高授课教师教学技能水平,以保证教师对课堂的掌控,调动专业课教师开展实验教学的积极性,培育教师的实践能力。

(二) 重视实践教学,理论与实践融合

人力资源管理专业的实践教学还可构建实践平台,通过建立人力资源管理实训室和校外实训基地等方式利用课余时间有计划地组织学生到企业了解情况和进行市场调查,丰富课外教学实践

活动,为学生提供走进企业的机会,通过学校介绍、自主联系等方式组织学生进行多种形式的课外实践,使学生贴近社会、贴近企业,了解企业人力资源管理现状,以增加学生的感性认识;与企业人力资源管理者座谈、参加人力资源协会活动,了解企业实践;聘请相关单位的人力资源主管进行专题演讲、座谈、答疑、研讨或针对性的实践活动,保持学生与社会专业人士之间交流,随时把握行业动态。组织学生进行调查问卷、调查方案的设计、调查报告的撰写,培训学生的动手能力,根据企业对人力资源管理人员的实际要求,有针对性地对人力资源管理专业的学生进行技能的培育。通过这些活动,使学生对人力资源管理工作的基本情况有直观的了解,使其真正认识到学习这门课程的重要性,提高了学生的学习兴趣,从而为课堂学习奠定必要的基础,也可以弥补实验室实习中的直观感觉不足。

(三) 充分利用实验教学法

实验教学对理论教学具有重要的作用,实践教学通过提供现实与仿真的实践平台,利用现代化实验设备,营造逼真的工作氛围,使学生能够在加深理论知识理解的同时,提高独立思考、独立研究和独立探索问题的能力,引导学生探究性学习,进而获得一定的专业技能和创新能力。设计的实验教学体系能有效弥补传统教学重理论轻实践的不足,通过互动课程设计,加强学生专业技能的培养和综合素质的提高。

1. **案例教学法**

这是以激励学生主动参与学习活动,相互交流得出共识,提高学生分问题和解决问题能力的一种教学方法,能够培养学生的分析能力、表达能力、自信心等,适用于《劳动关系与劳动法》课程中培育学生的理论分析能力与管理实务的能力。例如"集体谈判"部分内容的课堂教学中,如果让雇主内心平静地、平等地与法律平台另一端的劳动者进行劳资谈判,进而成为习惯是比较艰难的,而夹在雇主和劳动者中间的 HR 们,要想适应这种管理的新情况和新角色,恐怕也非常不容易。"干活不由东,累死也无功"的理念和刻骨铭心的教训,让 HR 们考虑任何问题之前,都会下意识地看看雇主的脸色以决定可行否,而不是首先看法律,这就需要对学生进行正面的理论引导,付之以实践能力的培养。教师通过使用录像机、投影仪、网络等现代教学工具,提供真实的企业集体谈判实例,通过师生之间、学生与学生之间讨论对话的方式,指导学生相互讨论,对案例所提供的材料和问题进行分析研究,在课堂的共同合作与集体讨论中,作出判断和决策。在此环节需要提高案例问题的质量和水平,加强案例汇编技巧,使得学生有积极主动学习的动力,同时应给学生预留充足的准备时间以寻找解决方案。

2. 多媒体教学法

《劳动关系与劳动法》教学可以充分利用多媒体技术网络所提供的各类资源来创设情境,在课堂教学中采用录像机、录音机、投影仪、电讯、网络等现代教学工具,通过利用视觉媒体、听觉媒体、视听媒体和交互媒体等现代教学媒体,充分直观地对学生进行引导,增大信息量,激发学生积极思维的效果。通过运用人力资源管理软件、数据库、网络资源,通过互联网获得国内外企业的发展状况、外部环境等相关信息,引导学生学会"劳动合同"部分的文档处理工作。利用必要的人力资源管理教学软件,运用多媒体辅助教学创设情境,利用网络和多媒体教学方法,在人力资源管理理论学习的指导下,使学生掌握人力资源管理各环节的常规业务的操作及人力资源常用文案表格的设计,如企业人力资源部门工作计划、企业的工作说明书、企业劳动合同企业员工手册、企业招聘计划书、企业薪酬管理办法、企业员工测评与考核方案、企业员工培训管理办法等等。通过学习使学生能够掌握对企业的人力资源做详细的分析,根据企业业务的变化调整人力资本,将员工的兴趣、志向编入计划流程,确定劳动力长期供需需求的预测能力,确定技术相应技能和能力的可用员工数目,以及不断地预报按日、按周劳动力需求的能力。包括人员的基本信息(性别、年龄、学历、专业等)、技术水平、薪酬福利待遇、劳动用工的形式及合同签订的时间,从这些基本信息中掌握目前公司的人力资本及成本,然后确定合同签订的期限,规范各岗位的职位说明书,根据职位说明书来审核目前的人员编制。在此环节需要加强提高多媒体制作水平。

3. 采用情景模拟的体验式教学,设立模拟法庭

情景模拟教学法是目前管理专业强化实践教学环节、提高管理者综合素质、培养实践应用型和复合型经营管理人才的最佳方式。利用人力资源实验室进行情景模拟、角色扮演,让学生不出校门也能在短时间内亲身感受到较为系统、全面的人力资源管理的各个环节,从教学需要和教材出发,引入、制造或创设与教学内容相适应的具体场景或气氛,让学生在模拟活动、方案设计角色扮演中,真实地感受到管理艺术的真谛,以引起学生的情感体验,帮助学生迅速而正确地理解教学内容,提高决策水平,培养分析、解决实际问题的能力。授课教师可以利用人力资源管理实验室的设备进行情景模拟,通过如模拟劳动争议仲裁的实验室教学活动,使学生经由掌握与深化知识过渡到形成基本实验能力,掌握劳动关系管理的相关技能,通过由理论到实际的逐步实现,最终达到培养学生创新精神的目的,促进学生知识、能力、情感、素质的协调发展。例如在模拟"劳动争议调解与仲裁处理"部分内容的课堂教学中,

可进行如下的具体步骤设计:首先,训练由理论知识探讨与实践情境体验构成,给予情境模拟训练以充足的时间,并拟定情境模拟训练的课题。各小组需要经过事先案例准备环节,要求学生课前进行预习,了解实验目的和要求、实验基本过程等,每位学生需完成实践设计一篇,掌握《劳动合同法》、《劳动争议仲裁法》,通过此环节促使学生进行文献检索、查找资料、精心准备理论知识部分。其次,采用团队或分组实验教学的方法,依据小组参与的实验项目,选出本组的当事人双方、仲裁员(企业内部调解委员会)、记录人,每人负责本身角色的扮演,让学生在团队或组中每个学生担任一角色,协同完成一个实验项目,分别就本组劳动争议案例模拟劳动争议仲裁现场,模拟结束由另一小组提问。一方面让学生体会各个角色在实验中的不同作用,学习不同角色的业务能力,另一方面也培养学生的协同工作、沟通交流的能力以及团队精神。第三,进行专题案例讨论与分析。组织学生利用视频播放回顾各组模拟情况,采用学生自由发言的形式,进行案例讨论与分析,帮助学生订正对法规的误读,深化对劳动关系理论和劳动法律、法规的理解。最后,采用撰写经典案例和阶段论文的形式对此部分进行考核,以被评价者的素质全面发展为目标,对实验过程进行跟踪,检查实验结果及提交实验报告。通过实验报告可以检查学生实验的完成情况,及对实验结果理解的深浅等,并抽查与保存的实验结果进行核对,检查学生实验报告的真伪。

参考文献

1. 刘瑛.基于实践能力提高的劳动关系与劳动法课程教学改革探索[J].人力资源管理.2015(3).
2. 汤秀丽.劳动关系学课程教学模式改革初探[J].时代教育.2014(11).

3. 伊海燕、刘艳.HR转型背景下劳动关系与劳动法课程教学方法改革探析[J].长春师范学院学报.2014(1).
4. 秦婷.劳动关系学课程的教学内容研究[J].山西青年(理论研究版).2013(8).
5. 杨月坤.高校人力资源管理专业实践教学体系的构建与实施[J].中国电力教育.2012(26).
6. 潘泰萍.关于构建人力资源管理专业模块化教学体系的思考[J].教育教学论坛.2012.44.
7. 秦敏、朱亚楠."劳动关系管理实训"课程教学改革探索[J].中国市场.2012(11).
8. 鲍立刚.员工关系管理课程建设与教学实践探讨[J]职业.2011(36).
9. 王学松.人力资源管理课程教学方法改革探讨[J].群文天地.2011(20).
10. 陈英毅.分层递进式实习实践教学模式探讨[J].人力资源管理.2010(6).
11. 孙静.员工关系管理课程实践性教学的探讨[J].桂林航空工业高等专科学校学报.2009(14).

什么样的创业课程能有效提升学生的创业意向

倪 宁

摘 要：首先，根据 Ajzen 的计划行动理论，创业意向是预测个体是否会开展创业活动的重要预测变量。因此，创业意向水平的变化是评价创业课程的一个重要指标；其次，通过教育学和创业学的相关文献分析，我们识别出了一些对创业意向有积极影响的创业课程特征。其中，有效的创业课程内容特征包括：有利于增强发现新价值的能力、有利于提升商业模式设计的能力、有利于提升创业构思的检验能力，以及有利于形成自己的创业身份；有效的创业课程形式特征包括：利于经验学习的活动式教学形式，利于情感融入的教学方式、以学生为中心的教学方式，以及有利于营造学生创业网络的教学方式。

关键词：创业课程 创业意向 创业能力 创业身份 计划行动理论

What the Entrepreneurship Courses can Improve Student's Entrepreneurial Intention?

Abstract：Firstly, according to Ajzen's Theory of Planned Behavior, entrepreneurial intention is an important factor to predict whether an individual will be entrepreneur in the future. Thus, We suggest that changes in the level of entrepreneurial intention would be an important criteria to evaluate the entrepreneurship courses; secondly, through education and entrepreneurship literature analysis, we identified some characteristics of entrepreneurship courses which have a positive impact on the entrepreneurial intention. Among them, effectively entrepreneurial curriculum features include: be helpful to enhance the ability to discover new values, be helpful to enhance the capacity of business model design, be helpful to enhance entrepreneurship ideas testing capabilities, and is conducive to the formation of their own entrepreneurial identity; effectively teaching style of the entrepreneurship courses include: provide students with experiential learning activities, provide courses in favor of emotion development, student-centered teaching methods, teaching methods that is helpful to create a entrepreneurial network of students.

Keywords: entrepreneurship courses; entrepreneurial Intention; entrepreneurial competency; entrepreneurial Identity; theory of planned behavior

引 言

以往,有许多研究致力于考察创业课程是否对大学生真实的创业活动或其创业意向产生影响。例如,Kolvereid 和 Moen(1997)的研究指出,主修创业的学生具有较高的成为创业者的创业意向,并更加可能创立公司。这一结论得到 Noel(2001)的重复验证。Tkachev 和 Kolvereid(1999)的研究也观察到,学生的自我雇佣意愿会因为参加创业课程而得到提高。这个结果同样得到了 Fayolle 等人(2005)的重复验证。但是,很少有人关注,究竟创业课程的哪些特征会影响到学生选择创业的倾向(Fayolle et al.,2005)。的确,我们需要弄清楚:什么样的内容以及什么形式的创业教育会提升学生的创业意愿水平? 以及这是为什么? 正确地回答这些问题,将在理论上有助于我们理解创业培训发挥作用的机理,将在实践上有助于我们有效地开发和设计创业大纲和课程。

一 创业课程的评价与创业意向

(一)创业课程的评价

尽管评价创业课程实际效果是个非常复杂的事情,不过,这种评价首先需要从对课程培养目标的分析入手。马建荣等(2011)指出,我国的创业教育存在三个不同层次的培养目标:(1)培养学生的创新意识、企业家精神和批判性思想;(2)培养学生的相关知识、经营管理能力以及创业技能;(3)培养"未来企业家",促成新企业的诞生。简而言之,理论上讲,创业教育的后果在个体水平上往往体现在意识、能力和行动这三个维度上。然而,现实操作上,如果以行动(如,成立公司)作为评价创业课程效果的评价标准,就会面临时间延迟的问题(Fueglistaller et al.,2006)。因为,企业创立总是滞后于创业课程很久,即便能观察到行动,将该行动归因于很久之前的创业课程也不具有说服力的。李明章和代吉林(2011)明确提出,应该将创业意向(意识)和创业胜任力(能力)作为创业教育效果评价的指标。将创业胜任力作为创业教育效果评价的指标尽管得到教育专家的一致认同,但这种指标不能横向比较。因为,胜任力是基于任务特征而言的概念,不同的创业者所面临的实际任务千差万别,而不同的任务需要的胜任力是不同的,所以,很难以某种特定的胜任力水平作为评价教育效果的统一性指标。因此,很多研究者转而关注创业意向,以创业意向来替代公司创立来评价创业课程(或创业教育)的效果。

(二) 创业意向及现有相关理论

创业意向概念最早来自于 Ajzen(1991)的计划行动理论中的行为意向概念,后者是指开展特定行为的意图。创业行动属于典型的目的性行为,常常有研究者采用计划行动理论来解释其产生的机理。计划行动理论认为有三个前置性的因素会影响行为意向,即,个体对待特定行为(这里就是创业行为)的态度、他对该行为是否会得到周边人的赞同和支持的预判(即,主观规范),以及个体对成功开展某行为的可能性的预判(知觉到的行为控制)。那就是说,如果创业课程能够影响这三个前置性的因素就能够间接地影响到创业意向。

近来,向辉和雷家骕(2013)出了一个 ISO 创业意向模型。该模型认为,态度与意向是不同的概念,广义的创业态度能够导致创业意向的产生。广义的创业态度是由创业要素认知、创业环境感知和创业动机共同构成。而个体的社会背景和创业教育则构成了个体背景。个体背景同时影响着广义的创业态度和创业意向。与计划行动理论相比,这个理论认为创业教育能够直接影响创业意向,而无须改变什么中间变量。但相同之处就是都认可创业态度对创业意向的重要作用。

基于上述理论的众多的实证研究表明,尽管创业教育显著影响了大学生的创业意向水平,但是创业教育对创业意向水平的预测力有限。这或许说明,现有的理论对解释复杂的创业意向机制仍然存在不足。然而,本文仍然需要依靠现有理论,通过演绎推理,从而探索标志着创业课程有效性的内容特征和形式特征。

二 创业过程中的学习与创业课程的内容设计

(一) 创业者在创业过程中的学习

在对真实环境下的创业者学习现象的考察过程中,研究者普遍持创业者是在"干中学"的观点。创业者在创业的过程中遇到各种意想不到的困难,通过不断地尝试错误,如果最终解决了困难,就完成了一个学习过程。有些研究者更加强调创业者是通过向失败学习,从而增加创业能力的。实际上,创业是一个过程,不是单一一次决策,创业者可以在整个创业过程中不断检验和修正其创业想法。创业者在真实创业的过程中非常符合建构主义学习理论。建构主义认为"学习不仅是知识由外到内的转移和传递,更是学习者主动建构自己的知识经验的过程"。创业是一个创业者的意志、目的与社会环境互动的复杂性过程,这个过程就是所谓的社会建构过程。那么,真实的创业过程中,创业者学习到些什么内容呢?这些内容中又有哪些是可以通过创业教育得到呢?以下是我们的观点:

第一,创业者能够习得区别于经营管理能力的创业能力。综合创业研究的相关文献,创业能力至少包含三种成分:首先是发现新价值的能力。这包括识别原有资源的新价值,识别由资源组合所新创造出来价值,识别人们随着环境变化产生了哪些新价值需求;其次是形成创业构思(包括产品创新)或商业模式设想的能力。这包括,能够形成,将手头的资源与可触及的客户联系起来并实现盈利的系统化构思。这种创业构思可以被看作是创业者拥有的尚待检验的知识。这种知识不具有普遍意义,必须根植于特定的时间和空间条件,因此,只能由特定创业者来检验;最后是低成本检验创业构思的能力。近来的创业理论认为,创业构思如果具有潜在成功可能性,都必须要建立在特定的条件基础上,而这些条件也会随时间变化而变化。因此,创业构思需要被迅速地加以检验,如果发现创业构思的核心前提不具备就必须尽快中止创业行动。那么,创业构思如果包含多个前提,应该先检验哪个?如何快速推出新产品,即实现快速的市场迭代?具有解决这些问题的能力就能大大降低创业失败的成本,因此,检验创业构思的能力也是非常重要的一种创业能力。

第二,创业者能通过学习建构自己的创业身份。所谓创业身份就是关于"我希望成为谁"的回答,或者是关于"我不希望成为谁"的回答。从社会身份的角度看,身份的构建实际上是在厘清三个问题:(1)主导"我"的行为的社会动机是什么?(2)给"我"做评价的出发点是什么?(3)评价"我"的参照对象是谁(什么)?与这种观点相关联,Rae(2001)认为创业学习的核心内容是关于实现创业目标(成就)的信心和自我效能感。我们认为,信心和自我效能感应该也是创业身份的必要成分,即,对自己期望的创业身份能否实现的主观感知。身份概念可以解释很多的个体身上所表现出来的社会行为。创业身份则让创业行为具有更加统一的特性。为了维护既有的创业身份,创业者会自觉付出努力。因此,创业身份一经形成,将会主导创业者个体的创业行为,并为创业行为提供深层次的动力。

（二）创业课程的内容设计

课堂形式的创业学习通常不是实现真实的创业任务,这使得其与真实创业情境具有明显的差异。不过,在"虚拟"的课堂学习中,依然可以实现建构式学习,依然可以培养学生的三种创业能力和塑造其创业身份。例如,通过对创业案例的学习,学生可以观察到创业者是如何在生活过程中形成关于"什么项目能挣钱"的构想,可以了解案例中创业者发现新价值的方法、途径和信息源,可以基于案例中的商业模式"升级"出一个新商业模式,还可以从失败的创业案例中了解创业阶段的哪些做法会带来较大的损失风险。更重要的是,通过学习创业案例,创业者在语言和行为上表现出的价值观、社会动机和评价自我的参照,都能被学生观察到,从而影响到其创业身份的建构。简言之,课堂学习的内容只要能够能增加学生对自己创业能力的信心,只要能帮助学生厘清自己的创业身份,就有利于提升其对创业的积极态度,就有利于其知觉到的行为控制水平,从而带来其创业意愿的提升。

推而广之,有些课程能够更加有效地促进创业能力的形成,例如《新产品开发》、《创造性思维训练》、《商业模式创新》、《商业计划与案例》、《市场营销》和《消费者行为学》等。学习了这些课程的学生将对自己的创业能力更有信心,从而导致更强烈的创业意向。相比之下,另外一些课程比较适于培养管理能力,比如,《成长型企业管理和创业企业融资》、《连锁经营、授权和分销途径》、《家庭企业管理》、《经营和税务》和《创业型管理者》等。从现有的创业教育的情况来看,大学里具有针对性的创业能力培养的课程偏少,而管理类和就业指导类的课程则较多。不过,管理类知识同样对增强大学生的创业信心具有好处,尤其是在大学生已经确立了较为清晰稳定的创业身份时。相比文科学生,较多的理工科学生掌握着技术或专利,在接受创业教育时更加可能已经有志于成为创业者,因此,管理类课程也能够让他们对自己更加有信心。调查结果也表明,接受创业课程的同学中,理工科的学生对创业课程的"好感"普遍胜过文科生。总之,创业课程的内容设计得越是有利于学生的创业身份建构,越是有利于三种创业能力,就越容易提升学生的创业意向。

三 教育学原则与创业课程的教学方式设计

创业学本身很年轻,创业的教学更是如此。因此,对于如何设计创业课程的教学方式,人们可以依据的经验并不多。我们必须基于教育学的基本理论去推测创业课程应该具有哪些值得考察的特征,并期待未来的实证研究加以检验。

(一) 经验学习与教学方式

如前所述,真正的创业者的确从自己的经历中实现学习。大学生在创业课堂上也一样,他们会始终在期望和经验运用之间反复比对,从而修正原有的知识和观念,修正其对特定决策或自身创业能力的信心。只要我们认同创意不是一个死板的、固定的东西,而是在实践的过程中产生和完善的,那么,经验学习概念在创业教育中就应该得到足够的重视。我们知道,就连我们的概念都是来自经验并在经验中不断得到修改。因此,经验学习的教育原则应该在创业教育中得到遵循。具体来讲,在经验学习中,学习者一定会整合过往经历、概念、观察、判断以及活动。因此,相比单纯的知识讲述,具有角色带入感的活动教学将更加符合经验学习的要求。比如,要求学生将自己小组撰写的商业计划书推销给班级里的"投资者",这种类似争取风险投资的活动是地道的经验学习。在这个推销的过程中,学生面临类似真实情景下的实践任务。这种经历降低学生对创业活动的陌生感和神秘感,从而增强了其知觉到的行为控制,最终能增加其创业意向;再比如,撰写商业计划书,能够让学生对自己的商业创意有更严密的思考,从而增强其知觉到的行为控制,同样能够提高大学生的创业意向水平。此外,创业见习、创业模拟软件、参加创业大赛以及真实的创业试验活动都符合经验学习的要求。总之,创业课程越是与实践相关,就能对知觉到的行为控制产生积极影响,从而增强创业意向。

(二) 情感学习与教学方式

研究发现,行为和态度的变化一定要有情绪的融入,因为思维、感受和行动是相互影响的。而现实中,学习常常被局限在认知的范围当中。然而,感受、动机和个人体验常常遭到忽视。教育学家 Bloom 使用两把梯子来比喻认知与情绪对于学习的作用,一个是认知梯子,另外一个梯子是情感学习目标。如果这两个梯子的阶梯分开过大,每个梯子就很难爬。假如,你将两把梯子前后重叠起来,使得前一个梯子的一个阶梯在后一个梯子的两个阶梯之间,那么,这两把梯子就变得容易攀爬了。因此,创业教育的教育目标理应包括情感学习目标。在创业教育中,相关的做法就是邀请有感染力的创业者与大学生们对话。竞赛一类的活动教学、举行一些仪式性的活动,聆听学生们推崇的企业精英的演讲等都有助于学生的情绪融入。此外,探索类的课程也有助于激发学生的愉悦情绪。总之,凡是能够激发情绪的教学方式,都能够更好地改变学生对待创业的态度,进而会提高学生的创业意向。

(三) 教师角色与教学方式

在教育学中,教与学的关系,尤其是以教师还是以学生为中心,是一个重要的命题。在教学方法论中,常常分为以教师还是学生为中心的两种教学方法。所谓教师为中心的方法将课程资料作为中心阶段,而课程资料是由教师选定的。以学生为中心的方法恰恰相反,就是让学生自我主导自己的学习过程,而教师在其间的功能是学习支持。Laurillard(2002)开发了一个以学生为中心的判别框架。这个框架揭示了如下对学生学习至关重要的方面:(1)语词类的要素,比如师生之间的贡献概念;(2)适应性要素,这意味着学生有机会接收反馈,并有责任在未来学习中运用到该反馈,并且有机会去负起这个责任;(3)互动要素,包括教师给学生提供有意义的内在反馈;(4)反思要素,为学生提供反思任务目标、并做出相应行动的机会,以及接收反馈并将反馈与其话题概念联系起来的机会。

从课程设计来看,建立创业实习基地,利用学校和社区的资源为学生建立创业网络都体现了学生为中心的新模式。因为,学生身处于一个教育网络之中,可以从网络中的多个节点获得其所需的支持或反馈,这就弱化了教师原有的中心地位。创业网络让学生感到其对创业行为具有更强的控制,进而增强其创业的意愿。此外,创业网络能让学生感知到周边人对选择创业的支持态度,从而让其觉得创业这种选择是符合人们的主观规范的,因此有利于提升其创业意向水平。总之,凡是以学生为中心的创业课程,就能积极影响知觉到的行为控制和主观规范,从而更能够提高创业意向。

四　结　论

本文通过文献的梳理,对创业课程的有效特征进行了分析。其中形成的一些观点可以成为未来实证研究的验证命题。我们识别出的对创业意向有积极影响的创业课程特征包括内容特征和教学形式特征。其中,有效的创业课程内容特征包括:有利于增强发现新价值的能力、有利于提升商业模式设计的能力、有利于提升创业构思的检验能力,以及有利于形成自己的创业身份;有效的创业课程形式特征包括:利于经验学习的活动式教学形式,利于情感融入的教学方式、以学生为中心的教学方式,以及有利于营造学生创业网络的教学方式。

参考文献

1. Kolvereid, L. and O. Moen. Entrepreneurship among Business Graduates: Does a Major in Entrepreneurship Make a Difference? Journal of European Industrial Training, 1997, 21(4): 154.
2. Noel, T. W. Effects of Entrepreneurial Education on Internet to Open a Business[C]. Frontiers of Entrepreneurship Research, Babson Conference Proceedings, Babson College, 2001.
3. Tkachev, A. and L. Kolvereid. Self-Employment Intentions among Russian Students. Entrepreneurship and Regional Development, 1999, 11(3): 269-280.
4. Fayolle, A., et al. Capturing Variations in Attitudes and Intentions: A Longitudinal Study to Assess the Pedagogical Effectiveness of Entrepreneurship Teaching Programs[C]. ICSB World Conference—Golden Opportunities for Entrepreneurship. Washington D. C., 2005.

5. 马建荣,钱国英,徐立清.地方本科院校创业教育校本课程开发的探索与实践[J].创新与创业教育,2011,2(3):45—48.
6. Fueglistaller, U. , et al. International Survey on Collegiate Entrepreneurship[M]. St. Gallen (Switzerland), Oestrich-Winkel (Germany): University of St. Gallen (HSG) and European Business School (eds.), 2006.
7. 李明章,代吉林.我国大学创业教育效果评价——基于创业意向及创业胜任力的实证研究[J].国家教育行政学院学报,2011(5):79—85.
8. Ajzen, I. The Theory of Planned Behavior. Organizational Behavior and Human Decision Processes, 1991, 50(2): 179.
9. 向辉,雷家骕.基于ISO模型的在校大学生创业意向[J].清华大学学报:自然科学版,2013(1):122—128.
10. Zhang Y. , Duysters G. , Cloodt M. The role of entrepreneurship education as a predictor of university students' entrepreneurial intention[J]. International entrepreneurship and management journal, 2014, 10(3): 623-641.
11. Fayolle A. , Gailly B. The impact of entrepreneurship education on entrepreneurial attitudes and intention: Hysteresis and persistence[J]. Journal of Small Business Management, 2015, 53(1): 75-93.
12. Cope J. , Watts G. Learning by doing-An exploration of experience, critical incidents and reflection in entrepreneurial learning[J]. International Journal of Entrepreneurial Behavior & Research, 2000, 6(3): 104-124.
13. Eisenmann T. R. , Ries E. , Dillard S. Hypothesis-driven entrepreneurship: The lean startup[J]. Harvard Business School Entrepreneurial Management Case, 2012 (812-095).
14. 董青春,董志霞.高校创业课程的特点及教学改革[J].创新与创业教育,2012,1:58—60.
15. Brewer, M. B. , Gardner, W. Who is this " we"? Levels of collective identity and self representations. Journal of Personality and Social Psy-

chology, 1996, 71(1): 83-99.
16. Rae D. Understanding entrepreneurial learning: a question of how? [J]. International Journal of Entrepreneurial Behavior & Research, 2000, 6 (3): 145-159.
17. 马建荣,钱国英,徐立清.地方本科院校创业教育校本课程开发的探索与实践[J].创新与创业教育,2011,2(3):45—48.
18. 陈璐,赵顿.大学生创业课程建设现状及对策研究——基于全国 21 所高校创业课程质量调查[J].创新与创业教育,2015,6(3):78—82.
19. Laurillard, D. Rethinking University Teaching: A Conversational Framework for the Effective Use of Learning Technologies [M]. New York, NY: Routledge/Falmer, 2002.

多元化方式多样化手段提高教学质量
——基于民法课程教学的实践与思考

环建芬

摘　要: 民法作为法学本科学生的专业必修课,它是众多部门法课程学习的基础,为此提高民法教学的质量,至关重要。其中,转变教学理念让学生参与教学过程、采用多样化的教学手段培养学生的学习兴趣、重视基本原理的讲授、强调民法课程与后续课程的衔接、教学过程教师的情感投入等等,这些对于民法课程教学质量的提升是关键的要素。

关键词: 多元化教学方式　多样化教学手段　学生参与教学过程　基础知识的传授

Diversification Teaching Mothodology Improving
——Quality of Teaching

Abstract: As the professional courses of undergraduate students of law, civil law is the basis for law courses in many sectors, it is essential to improve the quality of teaching of civil law. Among them, changing the teaching philosophy for students to participate in the teaching process, using a variety of teaching methods to develop students' interest in learning, attention to the basic principles of teaching, emphasizing the convergence of civil law course and follow-up courses, teachers emotional investment, etc., which is the key element to enhance the civil law teaching quality.

Keywords: diversification of teaching methods; diversify teaching methods; the process of teaching students to participate; to teach the basics

民法课程是法学本科学生的专业必修课,是学位课。同时,该课程目前上师大放在一年级下学期,它是之后学习商法、经济法、国际私法、国际经济法、劳动法等实体法以及民事诉讼法、仲裁法等程序法的前置课程。所以,民法学习得如何,直接影响到法学本科学生的专业基础以及上述后续课程的学习。为此,提高民法课的教学质量意义重大。本文主要从上师大全日制法学本科专业的民法课程①教学实践的现状、存在的问题、整改的措施以及一些问题的思考四个方面展开讨论。

---

① 完整的民法课程应该包括:民法总论(3节)、物权法(2节)、债法(2节)、人格权法(2节)、侵权法(2节)。这种课程的设置目前全国高校基本呈现二种情形:一是通称为民法课,将上述内容分二个学期和三个学期上完,且全部作为专业必修课,学位课;一是按上述名称分别罗列,但基本均属于专业必修课。上师大基于选修课设置的需要,只有民法(包括总论、人身权、民事责任)(4节)作为专业必修课,其余物权法(2节)、债法(2节)、侵权法(2节)均作为选修课。目前笔者担任的课程是:民法(4节、一年级下学期上)、物权法、债法(各2节,放在二年级上学期上)。由于本次项目主要是研究专业学位课,所以,本报告是围绕民法(4节)展开讨论。

一　民法课程教学实践的现状

笔者从事民法教学多年,从最初的 90 年代中期,上师大招生自学考试法学专业上课开始,然后 2002 年上师大全日制法学本科专业开始招生起进入了一个比较正规的高校本科教学阶段,之后同步地上了几轮成人高校、第二专业等民法本科课,应该说就现有的高校民法本科教学的形式而言,自己基本上均摸索过来。在这个过程中,笔者从最初教学过程中仅关注教学内容本身,到开始关注教学形式以及教学效果,直至逐渐意识到本科民法课程教改的意义。尤其这几年,基于高校发展的需要,课程改革的呼声愈来愈高,民法课程也是其中之一,在这个过程中,自己正逐步在调整。

近几年民法课程的教学,笔者是沿着教改的思路在探索,其主要表现在以下几个方面:

(1) 教学理念的转变——由教师单独讲课到师生共同参与教学过程

基于民法是一门法学本科的专业必修课,其地位重要;其次,该课程主要介绍民法原理,而这些原理,内容比较深奥,不易理解,而大陆法系的教学重视理论培养,倾向培养学生理论批判思维和科研能力。所以,课堂上的基本情形是,由教师讲授比较抽象的民法基本理论为主,学生基本处于被动的听课状态,然后学生一知半解地将这些理论强行记忆以应付考试。整个教学过程,教师是教育的组织者,学生是被动接受的对象,教师的观点是唯一正确的标准。学生习惯于被动地思考而不是主动地思考,他们很少会形成自己的观点,他们习惯于服从教师讲述的答案,习惯于寻找标准答案,而不会想到所谓的标准答案常常并不存在。这种枯燥无味的理论学习,比较适合坐得下来、愿意理论思考的学生,而我们当代的不少学生活泼好动,对理论研究不是很感兴趣。"如果一个学生无法接受却又必须记住教授的演讲内容来应付考试,他是在丧失学习兴趣的情况下,痛苦地磨炼记忆力。"①与此同时,课堂上,教师为了能使民法的原理深入人心,常常是全堂课十分耐心地将民法的基本原理,尤其是民法概述、民事法律关系、民事主体(自然人、法人、非法人组织)、民事法律行为、代理和诉讼时效等部分进行仔细讲解,并通过案例作分析说明。

从笔者多年的教学实践看,满堂灌的教学方法,教师体力上很辛苦,虽然花费了大量课时,一般每周需要三节课②,但是学生接受的程度并不理想。往往是学生一听就懂,一懂就做,一做就错。从期末考试成绩看,即便教师所出试卷比较容易,卷面成绩始终不理想,③几乎很少有"优",大部分是"中"或"及格","良"也极少;从司法考试看,学生感觉这是一门不易考好的课程。上述情形可以讲是目前许多高校民法教学的常态,在各门法学专业学位课中,民法的学习比较累,民法考试的不及格率也比较高,上师大法学专业的学生中,民法的重修率一直比较高。据此,反映了民法课程内容较难,学习过程比较辛苦。

---

① 方流芳:《中国法学教育观察》,《比较法研究》1994年第2期。

② 今年暑期,北京某高校一位资深民法老师告诉笔者,他的法学本科民法课,每周三节课,讲一学期,上述内容只能讲到"法人"结束。

③ 笔者所出的期末民法试卷,一般情形下,一半的题目(主要是简答题、论述题、部分选择题)都是书上的直接内容,未延伸、未拐弯,但得分率是三分之一学生得分三分之二,余下学生得分学生只有二分之一,甚至还有少部分学生得分不足二分之一;30分的选择题,学生的得分率一般只有二分之一或三分之一,甚至更低,个别几位学生得分率为零。

为改变这种情形,培养学生的学习兴趣,笔者认为,必须改变教学理念,即有教师单独讲授到师生共同参与整个课堂教学过程。即强调以学生为中心,调动学生学习的积极性、主动性,使学生真正能够开动脑筋,发挥其应有的作用。课堂教学中,教师不是简单地给学生一个标准答案,而是应该多采用启发式、引导式、提问式的方法组织教学,推进学生创造性法律思维与能力的培养,使学生不但掌握从法律角度观察问题的方法和特有的法律推理技巧,而且养成及时吸收新知识的灵活反应能力、获取新知识的大胆探索的能力、创造性和多思路地解决问题的能力,以应对将来在立法、司法实践中可能面临的各种复杂问题。为此,笔者在每学期民法课的第一堂课都会将自己的讲课理念告诉学生,让学生有一个参与课堂教学的意识。在课堂上,笔者让学生消除顾虑并鼓励他们积极思考[1],大胆表达自己的观点,对于学生发言中所有的亮点部分给予充分肯定。同时,笔者摆好自己的心态,做一个认真的聆听者。对于自己之前没有关注的问题,但学生提及的内容,能积极采纳。通过这个过程,不少学生进入了自主学习的状态,引发了对民法课程学习的兴趣,避免了被动地学习,即只听不思考、看书缺乏主动性或根本不看书。

可以说,作为一所二本院校,有相当一部分学生的学习是比较被动的,这种习惯会影响到他们今后的工作习惯,即工作被动、缺乏创新意识等。故学习上被动的习惯成为了我们学生走上工作岗位后职业发展的障碍。改变这种被动习惯,不仅仅是为了

---

[1] 多年来,笔者一直采用"多讲多记分,讲对给分,讲错不计分"的原则,只做加法,不做减法,课堂发言作为平时成绩的一个重要组成部分,这对鼓励学生上课主动发言起到比较好的效果。

今天的课堂教学效果,更是为其未来的职业生涯奠定良好的基础。

(2) 教学方法——多元化的方式

一堂课的教学,既需要教师课前的认真准备,更离不开学生的课前认真预习。因为是师生共同参与,所以仅仅是教师一人做准备是不够的,学生如果没有事先看过书,对基本理论缺乏前期的认识,教师讲得再好,学生不一定容易入门。何况民法的课程本身理论性非常强,一遍讲下去,听的时候可能会懂,但只是机械记忆,没有真正地理解,内容在头脑中存续不了多久就忘了。

基于师生共同参与课堂教学的理念,笔者在教学方法上采用了多元化方式:首先,预习,即课前布置回家作业,即下一堂课的内容让学生先回去看;其次,检查预习作业,即课堂上先让学生分别介绍每一部分的具体内容,在介绍的同时,笔者会根据内容进行提问,甚至在学生回答的基础上进一步追问,这么一来,也督促学生在课前预习时不能走马观花,必须认真看并且对内容有个基本认识;其三,教师讲解,笔者在学生讲解的基础上再作归纳、梳理、总结;其四,学生提问,即经过上述三个环节后,笔者问学生对该部分内容是否还有疑问,这时,学生还会将自己对这部分知识的疑惑提出来,笔者再做解答;其五,巩固,即一章内容结束后,笔者会让学生自己设计案例并分析以达到巩固学习内容的目的。上述五个环节是连贯的。除了这些之外,笔者常常根据教学内容需要布置学生做以下工作:

第一,市场调研。如讲到民事主体部分的法人组织和非法人组织时,笔者发现,学生对其中的"经营范围"概念不宜理解,对社会组织的设立和成立没有感觉,对"主体资格"这个问题缺乏感性认识。于是,笔者便布置市场调研作业,即要求学生到校门口或自己家里附近①的各类店铺去看看店堂里有否挂营业执照？所挂的营业执照所标示的经营范围与其店铺里出售的商品是否一致？等等。调研完之后，笔者让学生们将所拍的内容进行展示、交流。其中有不少学生提出，不少店铺除了营业执照还有"烟草许可证"、"税务登记证"等各类行政许可证，于是结合法人的设立原则——许可主义、特许主义、准则主义等，笔者对此作了分析。结果，笔者不需要用更多的语言解释，学生很容易就理解了。

第二，收集案例。民法是部门法，部门法的学习必须有众多案例。为了巩固学习内容，提高学生的学习积极性，除了笔者会在学期之初将一本自己编辑的"民法案例选"发给学生外，还要求学生自己收集案例并在课堂上做交流。每次期中检查时，学生会将自己收集的案例通过多媒体展示并自己分析，效果还是比较好的。

第三，期中交流。每学期期中，除了布置书面作业，笔者还额外增设一个环节——让学生上讲台放多媒体课件展示自己的作业，并且讲解给其他同学听。这个环节不仅让笔者可以了解学生的学习情况，如基本概念是否真正理解？还有那些偏差？如有偏差，笔者当场给予纠正。这样，不仅是某一位学生，其他学生也会受到启发；同时还可以让学生们分享各自的学习成果，从而丰富课堂教学的内容。另外，笔者发现，学生制作多媒体的过程也是将自己的作业内容进一步消化的过程，而且基于多媒体的制作过程学生比较有兴趣，所以这个学习、消化的过程不会让学生有思想负担。

第四，阅读课外书籍和论文等。古语说："授之以鱼，不如授之

---

① 外地学生到校门口的店铺，上海学生周末回家去家附近店铺，总之学生完成该作业形式上不会很困难。

以渔。"教师在"教"的过程中传授给学生的不应是死板的理论,而应该是灵活的学习方法,这样才能适应时代的不断变化。读书指导是一种学习方法传授,即教师有目的、有计划地指导学生独立阅读教材和参考资料而获得知识的一种教学方法,并且不仅仅将知识学习局限于课堂教学。

民法学的内容体系十分庞大,内容多而琐碎,没有十分清晰的条理,初学者是很难把握的。因此,笔者在讲授民法之初,会向学生推荐一到两本非常简明、清晰的优秀民法学教科书,使学生对民法的基本概念、规则、制度、体系有一个初步的了解。然后,随着教学内容的一步步深入,笔者便向学生介绍一些法学名家并让学生去翻阅国内高端的核心期刊(如《中国法学》、《法学研究》等),或阅读网上(如"中国民商法网"等)一些著名民法学者(如王利明、杨立新等)的代表性文章,同时也会将国内外有代表性的民法著作(如王泽鉴的《民法学说与判例研究等》或论文推荐给学生,让学有余力或对民法感兴趣的同学加以阅读。学生经常去浏览这些书、论文、网站,能了解民法学界的一些信息,拓展视野。

(3) 教学手段——多样化

教学理念的转变,必然会引发教学手段的多样化。目前,笔者在民法课程教学中采用的教学手段主要是:

第一,课堂讲解。这是必不可少的环节。有一个误区,认为师生共同参与,就是教师减负。如学生讲,教师可以少讲一些;多手段教学,如放视频,教师可以休息一会。笔者认为,如果实践中真是这样操作的话,那是教师的失责。教学手段的多样化,是为了提高学生的学习积极性,达到比较好的教学效果,而不是让教师偷懒。所以,即便为了改进教学方法,采用一定的教学手段,教师必须把控整个课堂秩序并进行必要的讲解。这个讲解内容包括教学目的、教学内容的具体归纳和总结、整个课堂教学的构思等等。课堂讲解是课堂教学过程的基本形式,由全部讲解改为部分讲解,不是让教师少作为,而是为了增加学生参与教学的程度。

事实上,若是一位对学生负责的教师,其只在一堂课中部分时间讲解比在整个一堂课讲解,其备课花的时间不仅不少,甚至会更多。因为对本科教学而言,满堂讲,教师只需要按照常规的、一般的、基本的内容讲,不需要很深入;而如果学生课前看过书,而且是比较认真地看书之后教师再进行课堂教学,同时教师还要准备学生会随时对基本内容提出问题的话,这种课堂的讲解要求就比较高。即首先,教师的备课必须有较多的准备,内容上要有一定程度的深入,不是就事论事地敷衍过去,因为学生至少是部分学生比较认真的,是带着问题进课堂的;同时,教师还要一直关注社会现实中的热点问题,目的是能更好地理论联系实际,学生对这部分内容也会非常感兴趣。其次,教师回答学生问题必须在逻辑上行得通,不能前后矛盾,尤其像民法这种原理性比较强的课程,基本理论的把握必须十分到位。如此这般的课堂讲解,笔者认为,不仅对教师的专业水准是一个很好的提高过程,而且最重要的是对学生的基本理论的学习、理解、掌握和应用都具有较好的效果。这与一般的满堂灌的讲解相比,内容的深度加大了;同时学生的学习兴趣提高了,甚至课后,有一部分学生基于课堂教学的兴趣会进一步看书和思考。

第二,多媒体教学。目前,从教学信息量、教学的效率看,多媒体教学的效果远比非多媒体教学的效果要好,而且教师讲解的内容由单纯地听转化为听、看两种方式,所以学生对内容更容易接受。

多年前,笔者从最初不愿意采用多媒体形式上课①到逐渐接受,并且在每学期的教学中不断完善民法课程的多媒体课件。目前笔者民法课程的多媒体课件已经达到600多张,应该讲做得还是比较完整的,而且每学期一直在调整、不断完善,其内容包括了基本原理和案例分析等等,据此也得到了学生比较好的认同。

第三,问卷调查。教师随着课堂教学时间的长久,教师的身份烙印越来越深并逐渐形成习惯,慢慢会不重视学生的一些特点、需求和学习的接受程度,逐渐地开始从自己的角度关注课堂教学,而忽视从学生角度去关注课堂教学。另外,笔者感到,现有的本科课堂教学虽然有学生打分、督导听课,但是,学生打分仅仅是结果,具体问题看不到;督导基于其专业的背景限制以及对课堂内容了解的局限,有时候有些问题的指向性不一定准确或具体化,对于教师课堂教学真正存在的问题以及如何纠正这些问题缺乏建设性意见。为此,要提高教师自己的教学水平,笔者主张,教师自己可以通过自己设计问卷的方式来了解自己的教学中的问题。

为了了解自己的课堂教学情况,近几个学期,笔者基本上在学期近三分之二的时候会将问卷发放给学生,主要是想了解学生对民法课教学的看法,并且了解学生的需求,当不能满足这些需求时,笔者会与学生沟通。比如,有学生希望老师多讲案例,笔者便告诉学生,讲案例的目的是为了理解基本原理和基本概念,不能为了增加课堂的可听度而忽视基本知识的传授。通过问卷调查,笔者会不断发现自己教学中的问题,如形式上如何更贴近学生?内

---

① 因为当时笔者认为,非多媒体讲课形式教师可以放得开,课堂上可以即兴讲内容,且思路连贯;而课件内容是课前预设好的,内容无法展开,思路受局限,故形式比较刻板。但是,在几轮多媒体形式上课之后,笔者逐渐转变了观念。

容上如何更容易被学生接受？有哪些方面需要改进的？笔者感到，问卷调查形式对于提高教师的教学水平、提高课堂教学质量、改进教学方法是一个比较行之有效的形式，值得推荐。

以上是目前笔者在上师大法学本科专业民法课程教学实践中所进行的主要工作。笔者认为，作为一位有一定年资的民法教师，自己在教学岗位上还是比较尽责的，尤其是近几年，动了不少脑筋想方设法地促进该课程的教改。但是，基于各种原因，笔者的民法课程目前还是存在不少问题需要给予关注。

二 目前民法课程教改中存在的问题

（一）多媒体制作关注了详细、完整，但生动性、可接受度不足

多媒体讲课形式能使学生对教师的讲课内容一目了然，且加大课堂内容的信息量，特别是一些仅仅依靠口头讲难以表达清楚、但若黑板写非常花费时间的内容做清晰的梳理、归纳。为此，多媒体讲课形式无论从教学内容上还是教学形式上更容易被学生接受。就此，笔者花了许多时间和精力制作民法课程的多媒体教学课件，从情形看，这与一般的口头讲授加写黑板相比，教学效果要好得多。另外，笔者的多媒体课件每一周上课前都重新过目，且根据需要不断进行调整。所以，笔者的民法课程的课件内容已经比较完整，且达到600多张并在不断增加。

但是，从另一方面看，毕竟课堂教学时间比较长，目前民法课程是每周4节课、2节课连上、90分钟不间断，仅仅依靠大部分都是文字形式、少部分是表格形式的多媒体课件让学生观摩，形式上还是比较单调，从一定程度上缺乏生动性，可接受度还是弱一些。

造成这个问题的原因是:一则,笔者的多媒体制作水平不高,花样繁多的制作没有尝试过;二则,民法的内容比较多,课件的内容一直在调整,每周4节课备课时间一般要整半天甚至一天,这个工作量完成下来已经没有时间再去考虑课件制作的多样性。

可是,从民法课程的教学发展考虑,笔者现在也逐渐感觉到,多媒体制作不仅仅是梳理内容、传播信息,如何从形式上吸引学生的眼球,让学生在90分钟的课堂教学中尽可能地不疲劳且能保持思想集中,在坚持教学内容的科学性、严谨性的前提下,让多媒体的课件能生动些、可看性强些,这是极其必要的。而且,若能实现这一目标,从教学内容方面观察,其可以兼顾详略,即这中间可以通过多媒体形式展现出重点内容,并将其详细讲解;一般内容让学生看书并简单讲解。

笔者观摩过网上或其他教师的多媒体课件,发现一些课件形式除了一般的文字罗列,还有一些内容图文并茂,做到了生动性、多样性,非常能吸引听课者的注意力。笔者认为,这是今后自己在民法课程教学实践中,从教学形式可以努力的方面。

(二) 布置作业注重量,没有预设问题, 且复习环节的投入时间不足

为了能够让学生参与课堂教学,笔者一般每节课结束时都要求学生回家完成复习(已经讲过的课堂内容)和预习工作(看未讲内容的20页书)。从教学效果看,事先看书比不看书要好得多。

但是,笔者也发现,自己的布置作业工作有时还是停留在比较简单、粗糙的层面,不够细化,且作业的检查不到位。如,复习和预习的作业是布置了,但是没有预设问题,这样学生看书针对性不强,看书方向不明确,注重了量,忽视了质;另外,复习作业布置了,

之后经常就没有了下文。虽然这种情况有客观原因即课时紧,难以挤出时间再进行复习环节的提问,但后果是不能及时了解学生的学习结果。实际上,如果平时课堂知识学习的巩固环节缺乏或不到位,期末考试的不良后果便显而易见。即学生对民法知识的掌握一知半解,缺乏体系性呈现碎片化,概念理解不透,考试时基本概念表达不出来或张冠李戴,简答题、论述题记忆不完整,语言的表达不能完全做到用法言法语,基本概念和基本原理的运用根本达不到要求。所以,成绩就比较糟糕。

(三) 多媒体课件向学生开放,滋长了一部分学生学习上的惰性

多媒体形式的授课虽然优点不少,但是缺点也是明显的,一是部分学生不做笔记,其实记笔记的过程也是理解课堂内容的一个过程,但有些学生并未意识到这个问题;二是上课不专心听讲,以为讲的内容课件都有,无需再听课,于是便做与课堂内容无关的事。所以课后准予学生拷课件,由此也导致一部分学生惰性越来越重。但是,如果教师不允许学生拷课件,课件内容比较多,学生上课就无法专心听讲,只会不停地抄或拍课件,这样多媒体教学的效果就会减损。

为此,笔者常常比较纠结,既感觉到,有些老师不允许学生拷多媒体课件有点不顾及学生的学习困难,不够通人情;但是,也意识到向学生开放课件似乎害了学生,滋长了他们学习上的惰性。

三 民法课程教学实践问题的整改措施

针对上述所罗列的问题,笔者认为可以采取以下整改措施:

（1）多媒体课件逐步改进，关注生动性

基于多媒体形式的授课形式是目前民法课程的基本形式，且优点不少，所以该形式应该坚持下去。但笔者在这方面的制作技术需要不断改进，自己应该多学习一些多媒体制作技术。虽然多媒体的制作有一些商家可以帮助完成，但是其民法专业却是外行。因此，这个工作只能依靠笔者自己的学习逐渐摸索，但目前还难以一部到位。在课件的改进中，尤其要体现生动性，使其更加有吸引力。

（2）布置作业尽可能预设问题，且加强复习环节的监督

虽然布置学生预习、复习作业对提高听课效率、培养学生的民法意识和民法理念是一个非常有效的方法，但是其还需要加强以下环节：一是布置预复习作业尤其是预习作业要预设思考题，这样学生看书会有的放矢；二是加强复习环节的监督或检查，即学生经过预习—听课—复习之后，在下次课开始时用几分钟时间提问，这样则既可以督促学生复习，达到课堂教学之后的巩固作用，也可以发现学生学习中存在的问题，即复习环节应该有一定时间的投入，这样效果才能更好、知识才能巩固、基础才能扎实。

（3）拷给学生的课件，教师应做删减

基于目前学生拷课件的愿望强烈，为了帮助学生做到上课既认真听讲，课后又能借助于课件自己复习，笔者考虑，可以将上课的课件内容做调整。即拷给学生的课件只有基本思路或纲要，课堂讲解的详细内容尽量让学生当堂消化，讲课的课件与拷的课件有区别。这样，上述的问题就可以一定程度地避免。

四　民法课程教学实践的进一步思考

笔者基于多年的教学实践，提出对民法课程教学的进一步思

考,具体如下:

(1) 民法课程需要注重课堂讲授的过程

① 课堂讲授是培养学生民法理念的重要途径之一

我国法学教育改革探讨了很多年,教学中一直保持着课堂讲授式的模式。课堂讲授的方法作为传统的教学模式常因其"填鸭式"教学而受到批判,甚至有人提出废弃这种教学方法。但从我国目前状况看,课堂讲授仍是培养人才的重要环节之一①。其实,教学方法本身并无优劣之分,关键在于如何运用。课堂讲授方法的明显优点是,它有助于抽象概括和理性思维,有助于培养学生清晰的洞察力,有助于灌输学科系统知识。民法学是一套概念、原则、制度和理论的体系,掌握民法的思维框架必须掌握这些概念、原则等。虽然,近年来有人提出,我们应该多仿照英美法系国家的做法,课堂上多采用判例讨论教学方法。但客观上,我国的大陆法系传统与英美法系不同,英美法系概念原理的形成是一个"从具体到抽象"的过程,而大陆法系则是"从抽象到具体"的过程。因此在实际教学中,教师必须注意具体法律条文背后的原理、原则、概念的阐释,注意阐述民法的体系。

上述所提的学生参与课堂教学必须是在教师完成基本内容讲授的基础上,或在教师的带领下完成。在课堂教学中,学生参与讨论不能开无轨电车,教师应该自始至终是课堂的主导者,其是在引导学生思考问题、讨论问题并纠正问题。

课堂讲授的方法有两种形式:一是,满堂灌,此方法弊端比较

---

① 我国高校的本科生,尤其是刚刚完成高考填鸭式训练的一年级本科生,其自学能力都比较弱,其专业基础知识的灌输一般只能依靠课堂讲授方法完成。

明显,因为课堂的效率会呈现从高到低的曲线图,一旦学生听课效率进入低的走势,教师再好的内容、再精彩的讲授也会使一部分学生甚至更多的学生走神,所以满堂灌只能间歇性地用,不能是整个学期;二是,一堂课或一次课部分使用,如前述笔者谈到学生参与课堂教学的五个阶段,当进入第三个阶段——教师总结、归纳、梳理阶段,教师就应该好好利用这个阶段进行课堂讲授,这个时间段至少应该占据整节课的二分之一甚至三分之二左右的时间,因为学生基于前面两个阶段的基础,他们会非常专心地听教师讲授。比起满堂灌的形式,这种形式既能调动学生的学习积极性(让其发言、讨论、尊重其意见,回去看书后有个检查),又能保持比较好的学习状态。

② 把握民法原理,使课程的讲解进一步深入浅出

目前,上师大"民法"课程中,主要内容是"民法总论",其次是"人身权"和"民事责任",其课时的三分之二甚至更多是用于讲解"民法总论"。"在民法学诸领域中,民法总论最不易学,本科生上了一个学期民法总论之后,往往只能在脑海中留下一个朦胧的印象。"[1]之所以如此,是因为民法总论涉及民法的一般原理与原则,这些原理和原则是对民法各领域具体制度、规则的高度概括,是这些制度和规则的价值基础,这些原理、原则都具有抽象性,与具体社会生活关系存在一定的间距,与我们的日常思维存在某种隔膜,为此,人们会觉得其难以把握。[2] 借助于教与学双方的共同努力,才能缩小民法总论中一般原理、原则与学生思维的间距。事实上,只有扎实掌握民法总论中的一般原理、原则,才能学好民法的其他

---

[1] 杨代雄:《民法总论专题》,清华大学出版社2012年版,"序言"。
[2] 参见杨代雄:《民法总论专题》,清华大学出版社2012年版,"序言"。

课程,包括物权法、债法、侵权法等,并为民法理论的自如运用奠定好基础。除此以外,即便人身权和民法责任部分相比民法总论具体,但是内容的理解也不容易。

笔者在长期的教学实践中一直有一个简单的想法,即学生能听懂自己所讲的内容。为了达到这一结果,笔者尽可能用最通俗的语言和生活化的例子讲解抽象、深奥的民法原理,应该说有一定的效果。但是,随着国内外学界民法理论的不断发展,新的民法规则会不断涌现。所以,关注民法原理讲解的通俗性应该是自己的一个努力方向之一。要做到通俗性,教师必须吃透教学内容,在内容上不断钻研,深化理解,才能深入浅出。笔者观察过法学界一些名教授,如台湾地区的王泽鉴、大陆地区梁慧星等,他们的学问做得很好,他们的课都是通俗易懂。华政的民法学教授张弛曾经说过,民法理论深奥无比,越踏下去,越心中无底。为此,要使自己的民法课程教学一直保持一种比较好的教学状态,除了在教学形式上要不断研究、不断调整外,对民法理论的深入钻研尤其是科研能力的不断提高应该是民法教师的重要工作。

(2) 将民法课的基础与后续课程有机衔接

基于民法课程的重要地位,如何将民法课程的内容与前述的后续课程有机联系,使其在学生头脑中知识能系统化,相关问题一旦在后续课程中出现,学生能将有关民法原理反映出来并加以运用,这一点是判断学生民法基础是否扎实的标准。

笔者常常听见后续课程的一些老师反映,学生的民法基础非常差,教师提问,学生基本对所学的民法知识没有印象。笔者认为,解决这个问题的方法需从两个方面着手:民法教师须为学生打好基础,后续课程的教师须就相关民法原理给学生进行简单复习或回顾。通过这两个步骤,学生的民法基础会逐渐扎实,并且逐渐进入能自觉运用基本原理的境界。

当然,要做到前一项课程与后一项课程的有机衔接,需要整个法律系教师的配合。另外,笔者认为,法学十六门主干课程,彼此既独立,同时在某种程度上又有一定的关联。如民法与商法和经济法、民法与民诉、刑法与刑诉、国际公法与国际私法、国际私法与国际经济法等等,课程的衔接是一个系统工程,这一系统工程完成得好,对于法学本科学生打好扎实的专业基础,无论是在校参加司考、考研,还是今后从事司法实务(司法实务往往是法律知识的综合运用)都具有重要意义。

(3) 适当地运用案例教学法

著名美籍德裔法学家博登海默先生认为:教授法律知识的院校,除了对学生进行实在法规和法律程序方面的基础训练以外,还必须教导他们像法律工作者一样去思考问题和掌握法律论证与推理的复杂艺术。这说明,对于法学专业的学生而言,能力的培养比知识的传递更为重要。能力关乎学生的整体素质,民法教学应当以能力的培养为主,这些能力其中最重要的就是法律思维能力,它是法律职业能力结构中的决定性因素,是学生能在将来的职业中进行具有创造性的法律实践活动,对所学民法学知识进行精确运用的基础条件。而案例教学法对于巩固所学的知识,培养学生的理论运用能力具有积极作用,尤其在法律思维能力方面的训练至关重要。

如何理解案例教学法?很长时间以来,笔者一直认为,案例教学法就是上课根据内容需要由教师介绍案例,即举案例并进行分析。今年6月,笔者参加了全国法律硕士教指委在深圳举办的"法律硕士教学案例库建设培训班"之后深受启发。原来真正的案例教学法与之前笔者自己的认识有很大差异,其特点是:其一,教师准备案例,引导学生共同参与讨论分析,而非教师自己介绍、自己分析;其二,案例是深入讨论,一般一个案例会在一次(一般是三节课)至三次课完成,而非一堂课讲几个案例;其三,不预设答案,因为是学生讨论、老师引导,所以答案是开放的,目的是鼓励学生积极思考;其四,讨论的案例往往是现实生活中真实的案件,而非虚构的。这种教学方法对于培养学生的分析能力、法律的运用能力非常有作用。笔者认为,如果能够在民法学课程的教学中适当运用真正的案例教学法,对于提高教学质量、增加教学效果具有积极的意义。

当然,这里的问题是,因为的案例教学法所花的课堂时间较多,如果这样讲课,大部分的教学内容讲不了多少,正常的教学任务无法完成。故建议,一是调整案例讨论时间,如可以调整到二节最多三节课左右,且案例教学法每学期只能用二至三次,不能在整个学期多次运用;二是开设专门的案例分析课,这样民法课程的正常教学时间就能够得到保证。

(4) 教学的过程应该是教师感情非常投入的过程

在教学过程中,教师必须充满热情,甚至是激情才能感染学生,并逐渐影响学生对该课程的兴趣。学生在此兴趣中会渐渐自己去了解和认识该课程的基本内容,并去探究相关学术问题,甚至考研以某一个法作为自己的研究方向。所以,本科教学的老师是不少学生某一个专业方向的启蒙者、引路人。

当然,教师对某一课程的感情投入是建立在自己对该课程涉及的专业有较浓厚兴趣的基础上。其次,教师必须对其职业有一种热爱和敬畏而不是厌烦,只有内心充满对本职工的热爱,才能激发出教师的热情与潜能,并用教师的热情去感染和激励学生学习的热情和兴趣。《论语》有云:"知之者不如好之者,好之者不如乐之者。"即只有对某个事物热爱,我们才能更好地完成这项事务。民法教学工作得到学生的认可与尊重,可以极大地满足教师的职业自豪感,树立教师的职业自信心,从而实现一个完整的良性循环链条。其三,笔者主张,一位教师的任课门类不易过多,数量适可而止,只有这样,其上课时才能以饱满的热情进入状态。

以上内容是笔者多年以来的一些体会和认识,其中,有些方面已经积累了一定的经验,但不少方面还需要不断思考、实践并努力去改进。

参考文献

1. 方流芳.中国法学教育观察.比较法研究[J].1994年第2期.
2. 杨代雄.民法总论专题[M].清华大学出版社2012年版,"序言".

浅谈 HR 统计与信息处理教学设计与实现

苏 萍

摘 要:本文针对当前人力资源管理过程中所面对的统计软件及信息处理技术的高速发展所引起的教学目标再定义、教育教学手段再建构、教育教学情景再营造等话题,讨论了如何进行人力资源管理的统计与信息处理课程的教学设计与实施,以期达到良好的教学目的。

关键词:HR 统计与信息处理 教学设计 PASW Excel

How to Design and Deliver the Course on Statistics and Information Processing of HRM

Abstract: This paper focuses on the redefining of teaching target, reconstruction of teaching method, recreation of teaching situation and some more topics of today's human resource management (HRM) which faces high-speed development of statistical software and information processing technology, then discussing how to design and deliver courses on statistics and information processing of HRM, in order to get a better teaching goal.

Keywords：HR statistics and information processing；teaching design；PASW；Excel

在信息及科学技术高速发展的今天,现代企业或组织需要的人力资源管理人员应具备一定的运用专业统计软件、现代的信息处理等综合运用能力,这些应用能力也越来越成为高校人力资源管理类毕业生最基本的就业生存能力。因而要求这类毕业生能结合自己的专业需求,首先熟练地运用专业统计软件,能够针对实践中具体的事务主动分析并挖掘员工信息,以切实完成组织分派的工作任务;其次,能够针对具体的企业业务数据,快速有效地进行相关信息处理,以期达到良好的管理控制目的。

HR统计与信息处理课程是人力资源管理专业的必修技能课程之一,是一门强调理论、注重实践的基本能力素质课程。本课程综合运用多学科知识介绍专业统计与信息处理技术,将专业统计领域知识、计算、信息处理及相关统计分析工具的使用等学科和知识进行合理融合,为人力资源管理专业领域的统计数据信息化处理与分析提供一定的理论与实践指导,不仅能使学生了解HR专业统计领域中的统计方法、统计指标及指标计算,还能使学生熟练地运用数据处理及统计分析软件中的相关功能,实现上述指标的分析。信息技术的发展速度非常快,新的理论和技术层出不穷地涌现,还使本课程被赋予了鲜明的时代特征。

一　HR统计与信息处理教学内容的设置

HR统计与信息处理课程作为一门应用性很强的课程,学生通过本课程的学习,能了解不同软件的特点及运用条件,帮助学生形成高效、正确地处理人力资源管理事务的现代化思维方式,以及选择并运用恰当有效工具及方式解决处理人力资源管理实践中的相关问题。

目前,大多数院校人力资源管理专业的学生是文科生,尽管在学生 HR 统计与信息处理课程之前,会通过学校开设的统计学课程学习统计学的基本概念和知识,但学生的数学及概率论知识仍旧比较薄弱;同时,我校大学生的生源已扩大到全国的各个省市,不同地区的高中计算机教育水平不等,有些偏远地区的学生在中学阶段甚至没有开设过计算机课程,学生的计算机应用水平参差不齐。基于以上因素,笔者结合自己多年来的教学研究经验,将教学内容确定为 Excel 信息处理和 PASW 统计两个部分,每个部分包括实验教学各 16 学时,课程总学时为 32 学时,基本章节为:①HR 资料数据快速收集与高效处理;②统计数据的整理与基本分析;③统计推断。

Excel 是 MS Office 软件包中的电子表格处理软件,具有十分强大数据处理功能,能对大量的数据进行统计、分析,并可以根据具体数据创建各种美观实用的图表,掌握 Excel 的使用技法与技能,则可事半功倍地完成繁琐的人力资源数据处理,从而提高信息的利用效率。本课程涉及 Excel 中关于人事数据处理的函数及数据分析工具中的部分统计分析功能,以助学生了解如何运用电子表格实现薪酬管理、培训、招聘等实际专业事务。

PASW 原为 SPSS(Statistical Package for the Social Science,社会科学统计软件包),2009 年更名为 PASW(Predictive Analyties Software,预测分析软件),它是一款集成化的数据处理软件,包括统计分析、数据挖掘、数据收集、企业应用服务四部分。PASW 是国际上最流行、最具权威性的统计分析软件之一,它的操作简便、界面友好,大部分的统计分析可以借助鼠标通过菜单完成;PASW功能强大,可以解决组织中的人力资源管理中的统计分析问题。

二 HR统计与信息处理课程教学存在的问题

纵观统计与信息处理课程的教学,可以发现存在着以下几方面的问题。

(1) 适用的教材太少,内容讲述不到位

当前,统计与信息处理课程在高校中没有统一的教学内容及教材,大部分高校本科阶段主要讲授SPSS软件,虽然有关SPSS软件的书籍非常多,但是主要分为两类。一是以统计模型、计量经济模型应用为主介绍相关统计软件的使用方法;二是有关软件的具体使用教程,主要是介绍和讲述软件的各种功能,相当于软件的使用手册。

尽管PASW软件的数据处理功能比较强,但相对Excel而言,其在数据处理能力上不如Excel的处理来得简单方便,而国内针对人力资源管理的Excel教材要么借用VBA进行实务讲解,对于不懂编程的文科生来说这类教材如同天书,要么就是介绍Excel功能的使用手册类教材,其内容相对人力资源管理的信息处理来说又略显简单。目前,适合人力资源管理本科生的并将PASW与Excel有机结合的统计与信息处理教材几乎没有。

(2) 教学设计不完善

教学方法上,该课程的授课主要是采取课堂讲授和实验教学环节相结合的方法。通常的过程是,首先教师讲解PASW软件和

Excel 的某个功能分析模块或一些函数,并在课堂上使用软件进行操作示范,然后学生进行实验操作。这种未能完全摆脱传统的教学模式是一种机械式的学习方式,不能充分调动学生的积极性和主动性,从而导致学生个人的智力潜能和优势都不能有效发挥。学期末对学生学习状况评价时,多采用作业、统一命题的考试形式,评定重成绩而轻学习能力、学习策略等因素。

(3) 重教学内容呈现,轻学习环境设计

学习期间,由于缺乏系统和实训环节,课程教学过程仍强调"教",强调知识的传授,一讲课就开始知识教学,而没有给予一定的情境导入,缺少一些让学习者去解决的现实问题和一些完整的案例分析,没有充分体现学习者的主动性,大部分学生很难达到灵活应用软件的水平,解决实际问题的能力就更差。同时因为教学方式方法及教学手段的不到位,从而无法有效地达到学生学习思维的启迪、学生学习兴趣的培养、学生探究型学习方式的形成、合作学习、终身学习的学习习惯等第一教学目标。

(4) 部分学生的学习主动性不足

一些学生在做有关实验时准备不充分或没有准备,或者对有关实验的目的和要求了解不够,不知道做什么、如何去做,以及部分学生时常迟到、缺课。

实验时,大部分学生基本上能按照教师讲的或实验指导书上写的实验步骤按步照搬地做实验。但不太注重实验过程,不善于主动思考、质疑,不能积极探索实验本质并动手设计实验,只是初步掌握了一些基本操作就算大功告成,不能有效体现学生积极活跃的创新精神和创造力,许多实验做后即忘。离开了教师的指导和教材的帮助就很少能独立完成实验,更谈不上自行设计实验,根本达不到实验课的教学目的和效果。

(5) 学生对教师实验指导依赖性强

部分学生在实验过程中,一旦出现问题就等待教师来处理,不会利用学过的理论知识,冷静地分析、判断,把异常或出错的原因找出来,没有把它看作是提高自己独立分析问题、解决问题的能力和实验技能的好机会。

针对上述问题,如何有效地展开此类课程的教学与实践,使学生主动克服上述问题,高质量地完成课程学习,掌握课程体系中所要求的教学内容,则成为每位教师应该认真研究的问题。

三 HR 统计与信息处理教学设计及其实现

(一) 确立开放性、综合性的课程教学目标

本课程的教学目标除了培养学生应用统计及信息处理软件的操作能力之外,更应该注重培养学生高效解决人力资源管理日常事务问题的基本能力,调动学生学习的主动求知欲、综合处理的实践技能。因而,在确定 HR 统计与信息处理课程的教学目标时,首先要充分分析学生原有的知识经验和能力水平,分析教学内容及教学方式。还要考虑到由于各软件的迅速发展造成的各项技术指标在短时间内不能形成一种稳定的规范,及各种用作教学范例的软件版本也不断地推陈出新等原因,确立教学目标时,一定要求其具有弹性和开放性,切忌概念化、教条化;其次,确定的教学目标还应该是综合设计型的,使不同层次的学生能够根据所学内容,主动并综合运用相关技能技巧迅速解决一些实践问题。

(二) 课程体系设计要体现计算思维

计算思维最早是麻省理工学院(MIT)的 Seymour Papert 教

授在1996年提出的,美国卡内基·梅隆大学周以真教授认为计算思维是运用计算机科学的基本概念去求解问题、设计系统和理解人类行为的思维活动,她认为计算思维是21世纪中叶每一个人都要用的基本工具,它将会像数学和物理那样成为人类学习知识和应用知识的基本组成和基本技能。计算思维包括了涵盖计算机科学领域的一系列思维活动。计算思维强调问题求解的操作过程和机器实现,形式规整、问题求解和人机共存是其本质特征。计算思维在海量信息处理分析、复杂装置与系统设计、大型工程组织、自然现象与人类社会行为模拟等方面具有重要的意义和作用。

计算思维反映了运用计算机进行人力资源信息管理的本质特征和解决问题的核心方法,要改变以往简单地把信息处理软件看作一种工具,只是教授学生如何使用这一工具的错误做法,而应该将"计算思维能力培养"作为HR统计与信息处理课程教学的核心内容,注重计算思维能力的培养和训练,以提高学生的信息素养和创新能力为目标。

因此,HR统计与信息处理课程体系的设计要以计算思维为导向,采用面向能力培养的教学方法,围绕计算核心原理的内容梳理与组织教学内容,明确什么是学生需要的,什么是不需要的。必须建立科学的课程架构,以计算思维为导向,对教学的各个环节如何融入计算思维进行深入细致的研究,并通过教学实践,不断完善课程体系。如分层次组织设计知识结构和知识元,教学目的要从以前仅着眼于工具软件的使用,转向计算机学科思想和方法的体现;如在课程体系知识点分解及构建时,综合考虑培养学生的思维与技能,突出思维方法的训练,真正使学生熟练掌握工具软件的运用,并在专业统计与信息处理水平上获得一个质的飞跃,为他们日后的工作、学习和科研提供保障和服务。

（三）运用案例教学法组织设计教学情景

案例教学法是运用案例进行课堂教学的一种方法。它通过对具体教育情境的描述，引导学生运用所学的理论知识对这些特殊情境进行分析讨论的一种教学方法。案例教学法是一种理论联系实际，启发式教学见长的教学方法。因此，HR统计与信息课程教学内容的设计与展开应该从精心设计的教学情景开始，教师应主动设计出与学习内容相关的、尽可能真实的情境，并利用生动、直观的形象有效地激发学生的学习兴趣，启发学生研究实际问题，提出见解、做出判断和决策，培养学生分析、解决问题能力及创造能力。

案例的精选是案例教学法成功的关键，要根据教学内容和教学目标。针对学生的知识水平和接受能力选择案例，选出的案例要重在实践性、突出针对性的典型性，并力求综合性。教师可以根据教学内容选择不同的案例，对于新知识点和新技能的讲授，可以选择一些针对性的小案例，以激发学生的学习兴趣，使之尽快掌握新知识和技能；对于设计制作及综合分析可选择包含所有知识点的模仿性综合案例，教师适当讲解，学生模仿学习中加深对理论知识的理解，提高设计制作及分析能力。

例如在进行Excel统计汇总的应用教学中，可以根据教学内容，设计一份公司薪酬管理实务的模仿性综合案例案例，选择适当的数据文档，使其包括格式编排、分类汇总、查找、排序、筛选等相关技术的综合应用，课堂演示中时只需输入部分内容，就可以得到薪酬管理所需的各种信息，学生先是赞叹，继而想通过学习掌握这些技能的运用。当我讲解完这些技能后，要求学生设计完成一份招聘管理的数据处理，要求设计新颖、有创意，知识应用全面深入。

学生在完成该任务的过程中,要对招聘管理的数据进行设计、规划及排版,既要利用 Excel 所提供的函数进行计算,还要运用一定的分析工具进行图表编排,还要创意性地将一些效果组合到一起。这就要求学生既要充分发挥想象能力和原创能力,又要根据教师设计的目标需求寻找问题、形成问题、解决问题。一次招聘管理的过程完成之后,学生的知识经验范围被扩大,想象能力、观察能力、提出问题、解决问题等能力都得到了有效锻炼。

(四)自主学习与协作学习相结合

建构主义学习理论认为,课程的教学模式应表现为自主学习和协作学习两种模式。自主学习模式是指学生能根据教师给出的教学目标,自行提出问题、分析问题及解决问题,并且通过书写学习日志或者项目总结的方式来对自我进行反思和反馈。协作学习是在自主学习的基础上,通过小组讨论、协商,以进一步完善和深入对所学内容的意义建构。当然,协作也包括老师与学生之间的交流、学生与教学资料的交流。交流的形式可以是个体之间的,也可以是群体性的,比如集体性的讨论和总结。在实施的过程中,可以根据学生基础、能力的不同,依照以强带弱的基本原则分组进行。比如在问卷发放及回收数据基本处理的教学中,将学生以 3—5 人组成一个项目小组,并以项目小组为单位策划实施各自的问卷设计、发放、回收处理,通过小组成员的分工协作,不仅完成了各知识点的学习和应用,还增强了学生的团体协作意识、组织管理意识。

(五)编制符合人力资源管理专业的学习、实验教材

根据学校人才培养目标和学生的实际情况,以及现有教材的特点和不足,筹划并编撰针对人力资源管理专业的统计与信息处

理教学、实验教材,教材结构及内容设计上应体现最新的人力资源管理专业数据处理技术,以确保学生能及时了解到专业信息处理领域的最新知识和动态,适应社会发展的需要。如可以用最新的Execl 2012软件作为数据处理工具,运用PASW最新中文版进行数据分析的讲解。同时针对这两款软件的特征,精心设计准备教学及实验数据,使学生清楚基本概念,熟悉各种数据处理及分析的基本方法,并引导学生运用所学方法及工具有创新地解决实际问题,提高学生专业实务能力。

(六) 采取过程化及多元化的效果评价方式

对于HR统计与信息处理课程的教学效果评价,若仅通过期末的考试得出学生的学习效果,则会导致学生只关注于考试结果,不能形成对学习的过程性评价,从而忽略对学生观察能力、创新能力、想象能力等方面的评价。

期末考试结果作为一门课程的最终评价,由于其评价方式的单一性,对学生而言不能形成一种反馈,学生无法在学习过程中根据最后的考试结果获得对自我知识经验构建的外部评价,导致无法修正自我认知上的一些缺陷,从而失去修正和提高的机会。建构主义教学理论认为,知识的构建通过学生的自我反应、自我调节完成,由于每个人都是独立的个体,都有自己的一套最佳学习方式,因而各人的知识建构方式不一定相同。

因此,教学与评价不应该是分离的。评价应该体现于过程化和多元化,过程性评价的具体体现可为:①设计作品评价(设计作品的创意、设计作品完成进度、技术应用广度与难度等);②项目总结评价(态度、兴趣、认知)。评价的多元化则可体现为:①对学生设计项目的口头评价与激励;②适当安排竞赛活动,比如数据处理比赛等;③组织灵活地上机测试。

四　结　语

　　现代计算机技术、统计信息处理技术发展迅速,各种新技术新观点的诞生给统计与信息处理课程的教学改革带来新的机遇与挑战。教育的目的是"授人以渔",教会学生怎么学,即教会学生怎么在自己现有的知识经验基础上进行新的意义建构,这是新时期教育赋予我们的职责,需要广大教师深入实践,勇于探索,更需要广大教师认真学习有关教学思想和教育理念,完成教师身份的自我完善和自我提高。只有对教育的不断思考和改革,才能深刻影响受教育者的知识特征和能力特征,反过来,也会深刻影响教育者本人的思维模式和行为模式。

参考文献

1. 张璇.张小慧.统计软件课程教学改革的探索与实践[J].科教文汇.2013(13):51—53.
2. Jeannette M. Wing. Computational Thinking [J]. Communicatiom of the ACM, 2006, 49(3):33-35.
3. 冯博琴.对于计算思维能力培养"落地"问题的探讨[J].中国大学教学.2012(9):15—19.
4. 李廉.计算思维——概念与挑战[J].中国大学教学.2012(1):7—12.
5. 王金玲.浅议案例教学法在"文字信息处理"课程中的应用[J].科技信息.2011(31):37—38.
6. 卢玉桂.案例教学法在《抽样调查》课程教学中的应用[J].高等教育.2015(2):104—105.

统计学在人力资源管理中的作用和使用
——以二手数据为例

肖 薇

摘 要: 二手数据是相对于一手数据而言的。本文以二手数据为例,首先,回顾二手数据在人力资源管理研究文献中使用的传统和所做出的贡献;接着,通过对组织与人力资源管理领域文献梳理,分析二手数据使用的分布特征和优越性;最后,讨论中国本土研究中二手数据使用的情况。以上结论对于正确认识和充分利用二手数据在人力资源管理研究中的作用和价值具有重要指导意义。

关键词: 二手数据　人力资源管理　组织管理

Contribution and Application of Statistics Used in Human Resource Management
——Based in Secondary Data

Abstract: Secondary data is relative to first-hand data. This paper takes secondary data for example, starting with a review of tradition and contribution of secondary data used in human resource management research literature made; then through the organization and human resource management literature review, it analyzed the distribution and secondary data superiority; finally, discussed the secondary data used in the local Chinese study. All the above findings would play a role of guidance for correct understanding secondary data's role and value, also make full use of secondary data.

Keywords：secondary data；human resources management；organizational management

所有统计数据追踪其初始来源，都是来自调查或实验。但是，从使用者的角度来看，统计数据主要来自两条途径：一个是数据的间接来源，即数据是由别人通过调查或实验的方式搜集的，使用者只是找到它们并加以使用，对此我们将这种间接来源的数据称之为二手数据；另一个是通过自己的调查或实验活动，直接获得第一手数据，我们将这种直接来源的数据称之为一手数据。因此，二手数据的定义是相对于一手数据而言的。

一　二手数据的使用形式及其特征分析

在组织与人力资源管理研究文献中，二手数据的使用一般有以下几种形式：

1. 作为辅助性的数据来源，旨在增加对实证背景的理解和把握，或者用于对样本选取和数据可靠性的确认；

2. 作为案例研究方法的数据收集方法，例如，Mintzberg 和 Walters(1982)研究的是一个连锁零售公司 60 年的成长历史，研究者对跨度 60 年的媒体资料和公司内部记录进行了系统的搜集、整理和分析；

3. 作为问卷数据的补充数据,比如通过二手数据获得 ROA 和 ROE 等客观性绩效指标,以此来补充问卷数据中的主观性绩效指标；

4. 作为基本的数据来源和形式。

概括起来,一手数据一般具有以下特征：

1. 数据由研究者或研究者训练和委托的研究助理(或机构)直接收集数据；

2. 数据直接用于研究者自己的研究项目；

3. 在数据收集过程中研究者通常与被研究对象发生直接接触。

与一手数据相对应,二手数据则一般具有如下特征：

1. 原始数据是他人(或机构)收集的；

2. 原始数据的收集是为了其他目的；

3. 研究者在使用二手数据时通常不与被研究对象发生直接接触。

比如：我们常见的上市公司数据、专利数据、工业企业普查数据、世界银行提供的国家和城市年鉴数据、联合国跨国公司署提供的各国的 FDI 流入和流出数据等,都属于具有上述特征的二手数据。更一般的比如报纸、期刊、杂志等,都可以成为获得二手数据的重要来源。

二　二手数据的贡献、局限性及其评估

1. 二手数据的贡献

我们知道,经济学和社会学的研究主要依赖于二手数据。微观层面的组织及人力资源管理研究继承了这一传统,在组织及人

力资源管理研究方面,采用二手数据的例子举不胜举。比如:Baum 和 Oliver(1996)从组织生态学和社会学的制度化理论视角来研究组织创立(organizational founding)问题。他们的实证分析所采用的数据是从 1971 年 1 月到 1989 年 12 月的多伦多城市地区的白日看护中心(Day Care Center)。他们的数据主要有两个来源:一个来源是多伦多社区信息中心所提供的 Directory of Day Care and Nursery School in Metropolitan Toronto,这是一个包含所有白日看护中心有关信息的年鉴;另一个来源是加拿大安大略省的社区与社会服务部所提供关于白日看护机构和业务的信息系统(Day Nurseries Information System),这个系统保存了安大略省所有白日看护中心的获得经营权的记录和一些其他信息。作者利用这两个二手数据资源创建了实证样本和恰当的分析变量。

在绩效管理研究领域,PIMS 数据的贡献是一个非常具有代表性的例子。PIMS 数据实际上来源于 Profit Impact of Market Strategies 项目,最初由通用电气(General Electric)发起,旨在对企业战略和绩效的关系进行深入的研究和理解。该项目后来转移到战略规划协会(Strategy Planning Institute),由该协会进行协调管理。按照 Hambrick、MacMillan 和 Day(1982)的说明,大约有 200 家公司每年向 PIMS 项目提交设计大约 2000 个业务单位的信息,这些信息涉及企业的业务所处的环境、战略措施以及绩效之间的关系的一个宝贵的资源。后来,PIMS 数据向学术界开放,在一段时间内炙手可热,基于 PIMS 数据的研究成果对绩效管理、战略管理领域的发展,尤其是早期的发展起到了非常重要的推动作用。

另外一个人力资源管理研究的典故可以说明二手数据对促进学术研究的特别意义。Amihud 和 Lev 在 1981 年的 Bell Journal of Economics 上发表了一篇论文,他们提出这样一个论点:跨行业的合并行为是由于管理者为了减少自己的"雇佣风险"而出现的。他们利用Compustat数据库对20世纪60年代309家公司的跨行业兼并行为进行了研究,实证结果支持了他们的假设。他们的这项研究把多元化战略与公司治理层面的代理成本联系起来,其观点和实证结果对后来的研究影响很大。然而,在1998年,Lane、Cannella与Lubatkin三位学者在Strategy Management Journal上发表了一篇文章,指出有必要重新检验Amihud和Lev(1981)研究的假设和结论。首先,他们利用Amihud和Lev(1981)论文所采用的同样的数据再次进行了验证,两项验证的结果均未支持Amihud和Lev(1981)所得到的结论。基于新的研究发现,Lane等人指出,跨行业兼并是非常复杂的组织管理学现象,使用单一的代理理论无法说清楚蕴涵在复杂现象中的因果关系。他们同时指出他们的研究结果与Amihud和Lev(1981)的研究结果的显著差异是由于Amihud和Lev(1981)对多元化的不恰当衡量以及合并分类的不细致所致。针对Lane等人(1998)的质疑,Amihud和Lev在1999年的Strategy Management Journal上发表文章,通过对大量文献的回顾,再次重申了自己的观点。同年,Lane等人也再次发表文章,坚持认为Amihud和Lev(1981)的研究是基于金融经济学的研究视角,其假设、方法、逻辑和解释与战略管理的研究方法是不同的(Lane et al., 1999)。2005年,Boyd等三位学者在Strategy Management Journal上发表论文对这一学术争论进行了总结。Lane等(1998,1999)与Amihud和Lev(1981,1999)的争论应该说部分地"归功于"二手数据的高度可复制性。

在国际商务研究领域,二手数据的贡献同样也是巨大的。Raymond Vernon教授所创建和领导的哈佛跨国公司项目为此作出了尤其重要的贡献。1965年,在哈佛任教的Vernon教授担任该项目的主任,这个项目的设立是为了更好地研究美国和外国的跨国公司的全球运营。为此,Vernon 所领导的团队决定创建一个系统的数据样本,他们选择那些至少在 6 个国家有直接投资和运营的大企业,系统搜集了这些企业的财务、组织、生产、营销等信息,到 1976 年,他们的数据库已经包含数百家企业的系统数据。这在当时几乎是唯一的关于跨国公司投资和经营的大样本数据库。到 1976 年,基于这个数据库所产生的学术成本包括:19 本专著、28 本博士论文和 184 篇期刊论文。

另一个值得一提的例子是加拿大西安大略大学的 IVEY 商学院所创建的 Toyo Keizai 日本企业对直接投资数据库。Toyo Keizai 是日本的专业数据公司,该公司系统搜集、整理和出版多种数据,其中,有一套数据是基于日本公司在全球投资和运营的年度信息汇编而成,每年以纸质发行。1994 年,Paul Beamish 教授注意到这个数据库的价值,于是着手通过手工录入的方式把纸质数据变成电子版的数据格式,然后进一步编码和创建一系列可供理论分析的变量。后来,Paul Beamish 和他另一位博士生以及现在在新加坡国立大学任教的 Andrew Delios 教授,对此数据库进行了持续的更新、补充和改进。根据 Paul Beamish 教授的统计,到 2007 年 9 月,IVEY 的教授和博士研究生们(包括毕业的和在读的)一共发表了 72 篇学术期刊论文、4 本专著和 17 篇书的章节。

2. 二手数据的局限性及评估

尽管二手数据的搜集比较容易,采集数据的成本低,并且能尽快得到,搜集二手资料是研究者首先考虑并采用的,分析也应该首先从二手数据开始。但是,二手数据也有很大的局限性,研究者在使用二手数据时要保持谨慎的态度。因为二手数据并不是为特定的研究问题而产生的,所以在回答所研究的问题方面可能是有所欠缺的,比如:资料的相关性不够,口径可能不一致,数据也许不准确,也许数据已经过时了,等等。因此,在使用二手数据之前,需要对二手数据进行必要的评估。

对二手数据进行评估可以考虑如下一些内容:

(1) 资料是谁收集的? 这主要是考察数据收集者的实力和社会信誉度。例如,对于全国性的宏观数据,与某个专业性的调查机构相比,政府有关部门公布的数据可信度更高。

(2) 为什么目的而收集? 为了某个集团的利益而收集的数据是值得怀疑的。

(3) 数据是怎样收集的? 收集数据可以有多种方法,不同方法所采集到的数据,其解释力和说服力都是不同的,如果不了解搜集数据所用的方法,则很难对数据的质量作出客观的评价,数据的质量来源于数据的产生过程。

(4) 什么时候收集的? 过时的数据其说服力自然要受到质疑。

综上,使用二手数据要注意数据的定义、含义、计算口径和计算方法,避免错用、误用、滥用。在引用二手数据时,应注明数据的来源,以尊重他人的劳动成果。

三 二手数据使用的分布特征和优越性

在当前的学术研究中,二手数据的使用仍然占有重要的地位。我们采用方便抽样,通过对这个小样本的分析,粗略但却近距离获得对二手数据的了解。需要说明的是,我在这里报告这个小小的"调研"还有另一个用意,即借用此示例二手数据的使用,因为我这样做的方法本身即是在使用二手数据资料。

我首先选择的四手边的 2007 年头 4 期的 Strategy Management Journal,然后对这 4 期 SMJ 发表的论文进行一个简单的回顾。这 4 期 SMJ 发表的论文一共有 22 篇,去掉 3 篇理论和文献回顾文章,一共有 19 篇实证论文。在这 19 篇实证论文中,有 14 篇论文的主要数据来源和分析基础是二手数据,而只有 5 篇论文不是。这说明在战略管理层面的研究中,二手数据的使用具有主导性。在这 14 篇使用二手数据的论文中,有 9 篇论文使用了 compustat 数据,比如:Short 等(2007)从 compustat 提取 1165 家从事单一业务的企业作为样本,样本覆盖 12 个行业,时间跨度从 1991 年到 1997 年,作者基于这个样本研究企业层面、战略群组层面和产业层面因素随企业长期和短期绩效的影响。Morrow 等(2007)从 compustat 选取 178 家从事单一产品制造的企业在 1982—1994 年间的数据,用来分析面临绩效下滑的企业如何采取战略行动以满足投资者的期望。

我还随机抽查了另外两本重要的管理学期刊:American of Management Journal(AMJ)和 Journal of International Business Studies(JIBS),这两个期刊所包含的学科领域更为宽泛。比如,AMJ 上发表的很多论文很多属于微观管理层面(比如团队、小组和个人层面),JIBS 则会发表国际营销方面的研究论文。为了减少工作量,作者决定在 2007 年的 AMJ 和 JIBS 期刊中各选择一期,旨在管中窥豹、略见一斑而已。既然如此,按照时间的顺序分别抽取该年度的第 1 期便可以达到目的,本身不应具有任何系统偏颇。由于 AMJ 在 2007 年的第 1 期专题发表了一些定性研究的论文,所以我顺眼选择 AMJ 第 2 期,相应地,JIBS 也选择了 2007 年的第 2 期。AMJ 第 2 期一共有 10 篇实证分析的论文,其中有 5 篇采用的就是二手数据;JIBS 第 2 期除了一篇理论性文章以外,一共有6篇实证分析的论文,其中3篇论文采用的就是二手数据。仅仅就这两期来看,这两本期刊上二手数据的"采用率"似乎没有SMJ那么高,但是仍然达到了50%。有趣的是,在AMJ和JIBS这两期中的8篇采用二手数据的实证论文中,一共有4篇论文使用了Compustat数据,4篇论文采用了美国专利数据。

通过对着三本著名期刊22篇使用二手数据的研究论文的回顾和分析,我们对二手数据的使用得到了一些较为深刻的印象,这些印象也许能概括使用二手数据的优点:

1. 基于二手数据的样本量通常很大,样本可以具有时间跨度以获得纵向数据

我们知道,如果采用一手数据的研究方法,因为研究者个人资源的有限性(时间、经费和人手),通常情况下,样本量难以做到很大。要做到跨时段采样就更加困难了。从我回顾的使用二手数据的论文来看,采用二手数据在样本大小和时间跨度上具有明显的优势。这22篇论文所采用的样本数量都很大,Miller等(2007)的样本量最大,含有211636个观测值,Hoetker和Agarwal(2007)的样本包含10万多个观测值,Kotabe等(2007)的样本含有56027个观测值。这22篇论文中只有一篇是采用截面数据的,其他21篇论文的样本都是具有时间跨度的,其中,Lounsbury(2007)的时间跨度最大,包括1944—1985年期间所考察的企业的年度信息。Lazzarini(2007)的样本虽然只有75家全球航空公司,但因为数据跨度为1995—2000年,使得样本量增加到300多个观测值,这使得计量回归分析的效率和回归分析的说服力都大大增强。

二手数据之所以有这样的优势,是因为有资源和示例的数据机构通常在系统搜集数据和长时期维护数据库。拿Compustat数据来说,它是由美国著名的信用评级公司Standard & Poor's 所发行的,主要收录北美公司的运营和财务状况,该数据库收录了近20年美国和加拿大共25000多家的公司资料,其中约12000多家公司为在 NYSE、NASDAQ、Toronto Stock Exchange 等地上市或者上柜的公司。数据库的来源包括公司的财务年报、季报、公司按照要求提交给美国证卷交易委员会的 10 – K 表等,以及其他各种有关企业经营活动的公开资料,经过系统的搜集、清理和整合,Compustat 数据具有信息丰富、覆盖面广,数据系统"干净"、客观可靠等优越性,因此深受学者们的青睐,这也就不奇怪为什么在我考察的这个小小的方便样本中,利用该数据库的论文占了大多数。

2. 二手数据通常具有较高程度的客观性

通常被研究者使用的二手数据库都是以反映组织特征、企业经营活动情况和客观指标为主,基本上不包含主观臆断,或者较少程度地受到主观臆断的影响。所以,二手数据与通过问卷调研获得的数据相比,通常具有较高的可靠性。以 Lazzarini(2007)为例,该论文报告的是一项关于航空业多伙伴联盟参与对该航空公司运营绩效的影响的研究。该研究对航空公司运营绩效的测度是基于每个公司的乘客运载系数(passenger load factor),而这个系数是用航空公司的收入乘客里程(revenue passenger kilometers)与全部可供使用的座位里程(available seat kilometers)的比率计算的。仅就运营绩效而言,这是一个完全客观的指标,它能比较可靠地衡量不同企业间运营绩效的差异。在解释变量方面,该研究也都是采用客观指标进行测量的。

3. 二手数据具有高度的可复制性

前面讲述的 Lane 等(1998)与 Amihud 和 Lev(1981)的学术争议已经说明了二手数据的可复制性的意义。理论上说,对任何一篇采用二手数据的实证文章,只要它对数据的选取和变量的设置描述得清楚,我们都可以复制它。而对于采用一手数据的论文,除非拥有原来一手数据的研究者愿意分享数据,否则我们不会给你做到对该研究的"原样"复制。当然,必须说明的一点是,从统计学的道理上讲,不同的样本只要符合一定的"品质"和设计要求,对理论问题的说明都是有效的、具有说服力的。换言之,科学研究的实证基础是有效的样本,而不一定要求完全相同的样本。因此,基于一手数据的研究也是可以"复制"的。但是,二手数据具有高度的可复制性,这对推动研究的发展颇有好处。这种好处可能在复制研究数据的研究发现与文献研究中报告的研究发现不相一致时更能够体现出来。这是因为在技术层面,影响二手数据复制质量的变数较少——不论样本是否完全相同。

四 中国本土情境下二手数据的使用问题

中国情境下的二手数据资源非常丰富,如果能够得到很哈偶的开发和有效利用,这些数据资源会为推动基于中国本土的组织及人力资源管理研究作出贡献,进而为国际主流研究作出贡献。

为了初步了解中国本土学者利用二手数据的情况,研究者选择《管理世界》2007 年前 11 期作为一个考察的窗口,阅读了每一所发表的论文,识别了组织及人力资源管理领域的实证研究的论文。为了聚焦,本人对该领域做了严格的限定,把经济学、国际贸易与投资、财会金融、信息系统和营销等领域的研究论文都排除在外。统计描述性的研究报告和案例研究不被当作实证研究,这样本人一共收录 19 篇实证论文,其中 6 篇论文的实证基础是二手数据,而且论文全部都是基于上市公司的数据,数据来源均为中国股票市场研究数据库(CSMAR)。在这 6 篇论文中,有 4 篇论文对样本的选取进行了不同程度的说明,其中还有两篇论文指出了数据坑内存在信息偏差并说明了如何克服或者修补信息偏差的问题。

这个调研结果也许能说明,中国上市公司数据恐怕就其维护的系统性、信息指标的完备性和可靠性以及获得便利性而言,在中国本土目前可利用的二手数据资源中尚无与伦比。当然,这里说的是上市公司数据的几个方面的性能,实际上有一个逐步提升的过程,这实际上反映了中国资本市场逐步发育和完善的过程。近两年来,随着监管制度的逐步晚上和监管力度的日益增强,上市公司的信息可靠性得到了很大的提升。

上市公司的"一枝独秀"引起了两个值得讨论的问题,一个问题关于上市公司数据的挖掘,另一个问题关于其他公共数据资源的开发和利用。就第一个问题而言,大量的已经发表的论文集中在金融、会计学研究领域。在组织及人力资源管理领域,研究主要集中在公司治理结构问题,只有少部分研究涉及多元化和并购等战略问题。但是总的来看,这些研究大多数停留在简单复制西方早已检验过的理论假设水平上,能深入挖掘反映中国特点的新的理论维度的研究仍然较为少见。

就第二个问题而言,尚有大量的中国本土的二手数据资源有待进一步开发和利用。首先,其他一些数据资源的价值还没有被认识到。比如说,对研究创新和知识产权有关的战略投资行为来说,中国专利数据就具有特别的价值。当然必须说,与上市公司数据相比,即使像专利数据这样的其他二手数据资源的开发和利用还存在很多的障碍。最根本的问题是,研究者尚没有正常渠道获得大样本数据。专利数据虽然通过网站公开,但是网络查询和下载存在一定限制,研究者很难通过这种方式得到大样本的专利数据。类似地,中国国家统计局和各级地方统计局都存在多种基于企业层面的普查数据,但是,对于一般的研究者而言,这些数据基本上是可望而不可及的。同时,还没有像日本 Toyo Keizai 和 SDC 这样的具有非常专业水准的数据公司,能进行系统创建、维护并为组织及人力资源管理领域研究者这个"市场"提供有价值的数据。

五 结 论

Weick(1989)曾经把研究过程比作船在夜海上航行。这是一个探索过程,要依靠雷达发出信号,再接受反射回来的信号,进而分析信号、做出调整,最后选择航向。Weick 说我们的研究在一定意义上就像那个雷达一样,它所接受到的信号只是环境的代表,而不是环境本身。二手数据,不论是哪种形式存在的二手数据,其实就是我们所研究对象的代表性。我们研究的目的是要透过二手数据的表象获得对本质的认识,但是我们有时会像雷达一样被表象迷惑,做出有偏差的判断。避免这些挫折和错误的根本在于系统地改善我们自己的"雷达装置",提高在夜海探索的能力。我们也许首先得具备提出关键问题的能力,这好比雷达发出信号;我们还要在研究方法方面他不断提升自己的水平,使自己拥有一套先进的"雷达装置",具有功能强大的数据处理和分析能力;最后,也是最重要的,我们还需要力求学术的严谨性,谨慎使用二手数据,不要急功近利,以确保航向无误。

参考文献

1. Mintzberg, G. and Walters, C. M. Entrepreneurship in the large corporation: A longitudinal study of how established firms create breakthrough in-

ventions [J]. Strategic Management Journal, 1982, 22: 521-543.

2. Baum, J. and Oliver, C. Toward an institutional ecology of organizational founding [J]. Academy of Management Journal, 1996, 39(5): 1378-1427.

3. Short, M. and Miller, D. Competitive attacks, retaliation and performance: An Expectancy-Valence Framework [J]. Strategic Management Journal, 2007, 15(2): 85-102.

4. Morrow, T. and Zhou, C. R&D co-practice and "Reverse" knowledge integration in multinational firms [J]. Journal of International Business Studies, 2005, 36(6): 676-687.

5. Hoetker, G. and Agarwal, R. Death hurts, but it is not fatal: The postexit diffusion of knowledge created by innovative companies [J]. Academy of Management Journal, 2007, 50(2): 446-467.

6. Kotabe, M. Dunlap-Hinkler, D., Parente, R. and Mishra, H. Determinants of cross-national knowledge transfer and its effect on firm innovation [J]. Journal of International Business Studies, 2007, 38(2): 259-282.

7. Lounsbury, M. A tale of two cities: Competing logics and practice variation in the professionalizing of mutual funds [J]. Academy of Management Journal, 2007, 50(2): 289-307.

8. Lazzarini, T. W. Real options in multinational corporations: organizational challenges and risk implications [J]. Journal of International Business Studies, 2007, 38(2): 215-230.

9. Weick, K. E. Theory construction as disciplined imagination[J]. Academy of Management Review, 1989, 14(4): 516-531.

第二部分

应用导向、职业发展:专业实习实践教学研究

基于实验教学模式的应用
文科创新型人才培养探讨

李旭旦

摘　要：应用文科的创新型人才是中国未来人才结构中十分重要的力量,高校应用性人才的培养实验教学模式被公认为是加强学生实践能力和创新意识的合适途径。中国的传统教育理念使文科从本质上缺失了实践教育和实验教育的基础。本文试图从培养创新型人才的紧迫性、创新型人才的能力素质特征和应用型文科教学方式的变革这几个方面来论述应用型文科实验教学模式的重要性及可能性,为后期构建实验教学应用体系打下理论基础。

关键词：创新型人才　应用型文科　实验教学

Experimental Teaching Model for Developing the Talents Specialized at Applied Liberal Arts

Abstract: The applied liberal arts innovative talents is very important force in China's future talent team. Promoting experimental teaching model is regarded as the appropriate way to strengthen students' practical ability and innovation consciousness. China traditional education makes liberal arts missing the basic of practice education and experimental education essentially. This article tries to discuss the importance and possibility of the application of liberal arts experimental teaching mode from the following aspects: the urgency of cultivating innovative talent, the competence characteristics of innovative talent, and reforming of applied liberal arts teaching methods, just for constructing the theory foundation of application system of experimental teaching.

Keywords: innovative talent; applied liberal arts; experimental teaching

创新是人类发展不竭的动力,创新也越来越成为国家的核心竞争力,创新人才培养在我国的受重视程度也愈来愈高。高校是国家人才培养的重要平台,培养创新人才是高校落实国家创新战略的重要责任。其中文科类创新型人才的培养模式值得研究和尝试。所谓应用型文科,是指不同于传统的以人类社会的政治、经济、文化等为研究对象,而是以解决社会实际问题为研究对象,与人类的社会实践关系更为紧密的一门学科。应用型文科的人才培养也成为近年来高校研究的热点,而要使得应用型人才在高等教育人才培养中脱颖而出,与一般职业教育有明显差异,则还是应从当今强调的创新型人才的要求出发来对应用型人才的培养进行全面设计与整合。

一 培养创新型人才的必要性和紧迫性

目前谈到人才培养与人才发展问题,从管理学界到人才学界,从企业家领域到高等学府,无不关注与强调人才的"创新"问题。2013年3月4日,习近平主席在与科技界人士座谈时,强调要走中国特色自主创新道路,不断开创国家创新发展新局面。要增强创新自信,变"要我创新"为"我要创新"。[①] 2013年9月11日,大连举办了主题为"创新:势在必行"的夏季达沃斯论坛,国务院总理李克强发表了《以改革创新驱动中国经济长期持续健康发展》的开幕致辞,提出"改革创新是一个国家发展的不竭动力。"中国国际经济交流中心咨询研究部副部长王军说,从发达国家走过的历程看,人均GDP 5000美元以下时,主要靠技术引进消化吸收实现发展,在此之后要靠技术创新来实现飞跃,而技术创新要靠相关体制创新来推动和保障。[②] 可以看到,国家领导人已经把创新提到了空前未有的高度,并且具体提出,原始创新能力和集成创新能力,就是核心竞争力。

我国在2010—2020的《国家中长期人才发展规划纲要》中,也明确强调十年人才规划中人才队伍建设的首要任务就是"突出培养造就创新型科技人才"。相比于2003年《人才工作决定》中对人才的界定,这次人才规划明确提出:"人才是指具有一定的专业知识或专门技能,进行创造性劳动并对社会作出贡献的人,是人力资源中能力和素质较高的劳动者。人才是我国经济社会发展的第一

[①] 习近平. 变"要我创新"为"我要创新". 中国青年网 http://www.youth.cn,2013—03—05.

[②] 新浪财经. 2013夏季达沃斯. 2013.9.11.

资源。"这个定义赋予了人才概念以新的时代内涵,对于促进我国创新型人才的培养与发展具有重要意义。在"统筹推进各类人才队伍建设"中,《纲要》提出党政人才队伍要"勇于创新";企业经营管理人才队伍要具有"管理创新能力";专业技术人才队伍要以"提高专业水平和创新能力为核心",同时一并提出创新人才培养模式的主要举措。

无论从政府规划层面还是从企业实战层面,都把创新作为国家核心竞争力的重要因素,但同时创新型人才的培养并不乐观。正如《纲要》中指出的,"必须清醒地看到,当前我国人才发展的总体水平同世界先进国家相比仍存在较大差距,与我国经济社会发展需要相比还有许多不相适应的地方,主要是:高层次创新型人才匮乏,人才创新创业能力不强,人才结构和布局不尽合理,人才发展体制机制障碍尚未消除,人才资源开发投入不足,等等。"

专家指出,长期以来,我国的原始创新和集成创新奇缺,我们的制造业中源于本国技术的典型产品只有43%,而发达国家源于本国技术的高达98%。同时,我国发明专利的总数是日、美的1/30,是韩国的1/4,我国发明专利申请,国内申请仅占18%,而且技术含量低;来自国外的申请则占82%,且技术含量高。其中,我国发明专利转化为生产力者约有15%到20%。[①] 在这一连串数字背后,中国的传统教育模式可能是一种桎梏,是中国产出创新人才的主要瓶颈。培养中国创新型人才,必然要打破传统教育模式的束缚,寻求一种适合创新型人才成长的土壤。

---

① 贺淑曼. 第四届中国青少年网络发展论坛. 我国缺乏创新型人才. 人民网"新闻论坛". 2009—12—21.

二 创新型人才的能力素质特征

（一）创新的提出

创新（innovation）一词，来源于拉丁语"innovare"，具有"更新"、"改造"的含义，据《美国传统词典》的解释，在日常生活中，创新一词意指"引入某种新东西的行为"。从原词解释的角度，创新可以被理解为在前人基础上的一种超越。作为一种理论，经济学家熊彼得在1912年的《经济发展理论》中，第一次把创新的概念引入经济发展领域，认为创新是指建立一种新的生产函数，即把一种从来没有过的关于生产要素和生产条件的"新组合"引入生产体系。到了20世纪50年代，管理大师彼得·德鲁克把创新的概念又引入了管理领域，他认为，创新就是指赋予资源以新的创造财富的能力的一种行为。直至今日，创新已被各国政府普遍认为是国家可持续发展的重要机制。

（二）创新型人才的理解

英国的创新与创业学教授约翰·贝赞特认为，创新是在整个机构内有组织地发挥人的创造性。所有的变革与创造都离不开人的创新性思维，我国在20世纪80年代中期开始倡导培养创新型人才。国外对创新型人才的理解，基本是在强调个性的自由发展、人的全面发展的同时突出创新意识、创新能力的培养。英国的大学深受19世纪教育家纽曼（John Henry Newman）的教育理念的影响，把"探测、挖掘和开发学生的潜在能力，激励个人的创造性精神"作为大学的指导思想。德国大学以"完人"和"全人"的教育理念，强调大学的探究性，培养人才的创造性、独立性、主动性，继而成为个性和谐、全面发展的人才。美国大学有着自由教育的传统,优秀大学人才培养的目标是全面发展的人、有教养的人,同时鼓励学生成为创造性的智力探索者。联合国教科文组织在一系列报告中也要求培养创新型人才,在教育目的方面坚持全人或完人的培养目标。[①]

可以看到,国外强调的是在全面发展的基础上培养创新精神和创新能力,对创新人才的理解基本是把当代社会对创新的需要融入到培养全面发展的人才的理念中去。归根结底,这也是国际竞争力对体系内的人才的统一要求。我国作为国际竞争体系中的新生力量,对创新人才的理解,同样遵循这样的理念:创新型人才,就是具有创新精神、创新思维、创新能力并取得创新成果的人才。

(三) 创新型人才的素质模型

以"创新型人才的基础是人的全面发展"为理念,结合国内外创新型人才素质体系的研究,可以把创新型人才的素质特征构建为立体模型:塑造创新性人格的同时,培养创新性思维,发展创新性实践能力。(图1)

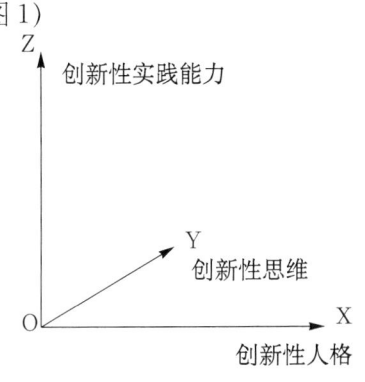

图 1 创新型人才素质特征

[①] 联合国教科文组织国际教育发展委员会.学会生存:教育世界的今天和明天.教育科学出版社.2006 年版.

关于创新性人格的研究,英国的纽曼认为创新型人才应是"会思考、推理、比较、辨别和分析,情趣高雅、判断力强、视野开阔的人"。德国的雅斯贝尔斯认为其应具有"基本的科学态度、独立性和个人责任感、广泛的知识、适宜的个性特征"。我国心理学专家林崇德在教育部重大课题研究中,将创新性人格概括为五个方面:(1)健康的情感;(2)坚强的意志;(3)积极的个性意识倾向;(4)刚毅的性格;(5)良好的习惯。① 中西方学者的表达方式虽有差异,但可以看到,创新性人格的品质核心一般都是围绕着积极的人生价值取向、坚毅的品质和出众的探究精神。

创新性思维包括创新意识和创新思维能力。创新意识要求人才具有广泛而稳定的兴趣,敏锐的感知力和思考性,强烈的变革性。创新思维能力要求人才将发散思维和聚合思维有机统一,思维活动自主、变通、独特、流畅。同时,有效的创新思维应建立在博、专结合的知识体系上。没有一个单一的科学领域可以构成整个真理,创新型人才应该具备宽厚的文化积淀,同时掌握高深的专业知识,才可能将学问转化为智慧,实现真正意义上的创新。

创新性实践能力即是创新性思维在创新实践中转化为成果的能力。运用创新思维,把理论形态的创新进一步与实践相结合,使其转化为新技术、新工艺、新设计,转化为直接的生产力,是创新过程的重要环节,是推动整个生产力发展的直接动力,也是创新型人才素质结构的关键要素。日趋激烈的国际竞争,不仅要求人才的思维创新、理论创新,而是更为直接地要求转化为物质性成果的创

---

① 林崇德.创新人才与教育创新研究.经济科学出版社.2009年版,P28.

新,这也可以理解为创新的最终目的。

我国的教育历来注重基础教育,思维能力的培养和人格的塑造都可以通过合适的或经过改良的传统模式加以塑造和强化,各种学习能力也可以通过教育体制得以迅速提高,唯有成果转化这项实践能力难以通过传统教育模式得到改善,而这恰恰较大程度影响了我国的国家竞争力,从政府到民间,都在为这一发展瓶颈而探求教育的变革,这种变革的突破口,往往不仅停留在理念转变的层面,更需要是切实的行动变革。

三 创新型人才(应用型文科)培养需要高校教学方式的变革:从建立文科实验教学体系入手

(一) 文科实验教学是理论与实践的有机结合

高校的文化是以创新为价值取向的,集人本性、开放性、科学性、超越性为一体。在充分尊重学生本性的基础上,开发并全面发展他们的创新思维和能力,开放地接受他们的各种思想,并使得这些信息交汇、碰撞,产生新的想法,符合人们未探索到的科学规律,甚至超越当前的社会文化和主流,推动和引导社会文化的变革。纵观中国的高等教育,刘经南院士认为,我们的教育理念还不能适应创新型人才的培养,我们偏重的是塑造学生,这种塑造往往会抹杀孩子的天性,而天性是创造力的源泉。[①] 天性是什么? 就是通过动手、实操、实践,使学生从现实或仿真的实验环境中,通过活动、对话与合作,获得对理性知识的全面理解,提升个体在相应社会情境与共同体中的整合。通过这种互动维度的学习途径,可以

---

① 刘经南.培养德才兼备的创新型人才.光明日报.2008年3月15日.

使学生的社会性发展取得进步。社会性在全视角学习理论中被解读为:"是一种逐渐恰当地卷入和参与进入到人们多种社会互动形式的能力。"①社会性能力,是在介于个体和社会之间的张力领域中得到发展的,在实验教学构建的社会情境中,个体逐步对塑造他们的社会和世界反过来发生作用,即创造性的萌芽。

被马克思称为"英国唯物主义和整个现代实验科学的真正始祖"的弗朗西斯·培根说过,"没有实验,便没有科学。"科学实验是我们获得客观知识的最重要途径之一,不论是自然科学还是社会科学,都需要实验来提取客观的科学信息。从任何角度而言,实践是检验真理的唯一标准,缺乏实践的理论是没有说服力的。

对于实验的作用,教育部高等教育司实验处的观点是,"要强化实验室在人才培养中的重要作用,积极倡导教育新理念,使实验室真正成为高校学生掌握所学理论知识、训练实践能力、培养创新精神的重要场所。"并且,教育部强调"要重点加强人文社科相关类别的实验教学中心的建设,加强文科学生实践能力的培养,推进人文社科相关类别人才培养模式的改革。"②

应用型的人文社会科学的实验教学的意义与自然科学在根本上是相同的,都是通过实验来加深对理论的理解,甚至在深刻认知与融会贯通的基础上产生一些新观点和新规律。但其实验的手段、方式、环境和设施与自然科学大相径庭。归根结底,文科的实验教学是以模拟实践的方式,从感性认识的角度来深化对理论的

---

① 伊列雷斯、孙玫璐. 我们如何学习——全视角学习理论. 教育科学出版社. 2010 年版, P28.
② 于黎明、董晶. 建设实验教学示范中心,促进高校创新人才培养——访教育部高等教育司实验室处处长孙丽为. 中国教育信息化. 2009 年 9 月.

抽象认知,综合渗透对理论的理解,最终产生新的观点。这种模拟实践与理论教学的有机结合,更能有利于塑造创新型人才的综合素质。

(二) 实验教学培养学生的创新型能力素质

1. 开放实验培植学生的创新型人格

科学实验的过程是不断探索、不断积累经验的过程,文科实验以模拟实践为主,尤其是开放实验,由学生自主确定实验主题、自主策划实验方案、自主进行实验实施,这必然需要自身突破封闭的性格敢于在实践中尝试、反复实验、不畏失败,屡次尝试不同的实验方法和修改实验方案。由于模拟实践往往没有固定的模式,也没有统一的经验可以借鉴,学生在实验过程中塑造的就是创新性人格所需要的坚韧不拔、百折不挠、勇于探索的品质特征。这恰恰符合创新型人才所需要的好奇心、求知欲、独立性、意志力等特质。

课堂教学以外的开放实验,以自主性、探究性、独立性为主,开放的实验环境为学生提供一个自由宽松的学习情境,释放应试教育给他们带来的诉求约束。从学习心理学的角度而言,实验教学尤其是开放实验的模式和环境符合学生的认知发展规律,整个过程是在一个开放的螺旋式上升的学习周期中进行的。学生在重新定位自己兴趣的基点上,求知欲、洞察力、独立性、意志力、探究精神等都随之被激发与磨练,在这种螺旋式上升的认知通道中,学生的创新性思维和创新性实践能力也随之得以培养与发展。

2. 实践与理论的充分融合发展学生的创新思维能力

美国著名教育家约翰·杜威认同兴趣是最好的老师,他曾提出,"当学习是被迫的,不是从学习者真正的兴趣出发时,有效的学习相对来说是无效的。"① 而大学诸多的文科专业较强的理论性对于缺乏阅历的学生而言,往往很难从一开始就在理性认识的高度诱发对学术的兴趣,这也可以被认为是目前高校培养模式难以产出创新型人才的一个不可忽略的原因。高等教育的专家认为,课程内容的选择主要依据有三种,包括系统的学科内容、学生需求和社会需求,而在选择时,最重要的核心应考虑课程在学生素质能力发展中的作用。要达到这样的效果,文科类课程仅仅依靠单纯的理论讲述,对思辨思维能力的培养确实有一定作用,但这并不直接促进社会发展所需的创新思维和实践能力的培养,与当前社会所需的创新型人才的要求存在一定的距离。而以模拟实践以及开放实验为主的文科实验教学模式,按照学习认知规律,更能够促使学术标准和学生兴趣产生合力。课堂教学中,学生以符号性语言为媒介,以听觉、视觉为通道,通过讲解、讨论和书面表达来学习,这种学习模式是个体性的学习,个人通过动力、情绪、意志(Hilgard,1980)获得知识、理解、技能。从个体而言,习得的内容是一种个人完整的学习结果,但要获得社会生存发展意义上的"持久性的能力改变",必须通过活动、对话与合作提升个体在相应社会情境与共同体中的整合。从全视角学习理论角度而言,个体与环境应以一种整合性的方式进行运动来实现学习的三个维度:以动机去学习内容、学习内容反之影响动机,与社会环境发生互动,最终提升人的社会性。② (图2)

---

① 王晓阳.大学社会功能比较研究.高等教育出版社.2003年版,P10.
② 伊列雷斯、孙玫璐.我们如何学习——全视角学习理论.教育科学出版社.2010年版,P26—P28.

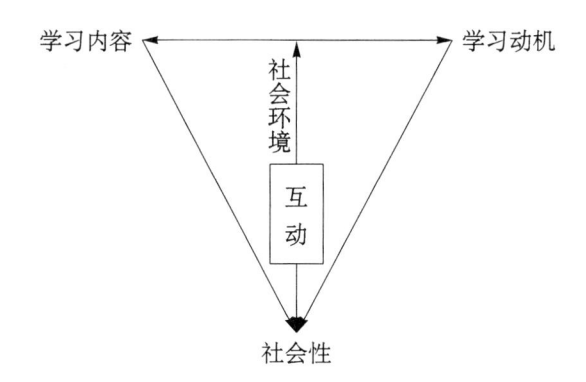

图 2　个体与环境整合性运动方式的学习三维模型

当前心理学家研究的学习理论与我们探讨的文科实验教学模式的原则有着基本的相同点。实验教学模式的设计,充分考虑学生在以课程内容为核心的、科学的模拟实践环境中,把理论和实践进行充分的磨合,在社会情境中不断探求科学规律,在没有标准答案的探索尝试中,敏锐的感知力、自主的思考力、强烈的变革性必然会逐步得到提升,创新的意识和思维能力继而不断得到强化。

3. 仿真环境和实验设备培养学生的创新实践能力

学生在不同类别课程的实验教学过程中,通过仿真环境、模拟软件或实训沙盘的操作来学习理论知识的实践运用,这种软件的设计往往迫使学生必须把书本上分散的知识点有机地统一到实践的综合运用中去,通过这样的长期学习,学生不仅容易激发兴趣,在实践中达到感性认识和理性认识的辩证统一,而且在校外实习条件不充分的环境下,也能够培养理论转化应用的能力。文科实验较多的是仿真性环境的创设,配以模拟或真实的实验设备,学生置于高效的仿真环境中,更能够把自己定位于社会所需的现实角色,客观上有利于学生从社会需要和可行性的角度进行实验方案的设计与论证。对于应用型文科,这样的学习与思考超然于书本上的标准答案和思维定势,在一个相对开放的情境中,聚合思维与发散思维相结合、归纳思维和演绎思维相结合、目标思维和逆向思维相结合、形象思维和抽象思维相结合,更有利于摆脱束缚而产生变革与创新,并且这种变革不是空洞的想象,而是在反复的实验推敲与寻求最佳可行性方案的过程中,逐步发展创新实践能力。同时,在实践中进一步对理论进行反复的检验,继而可能在理论与实践的螺旋式磨合中,最终形成一种客观而科学的基础创新。

(三) 构建不同于一般职业教育的文科实验教学体系的思路

高校的文科实验教学体系是以模拟实践的方式来设计和构建的,在实验教学模式的落实与实践过程中,对于一些应用价值大于理论价值的新兴学科,这种实验实践的功能容易被夸大、强化,最后甚至本末倒置混淆了理论教学与实验实践的关系。在学生通识教育缺失、专业理论没有夯实的基础上大幅安排实验实践环节,容易导致高等教育的应用型学科培养方向偏向简单的职业技术教育范畴。为避免把高校文科学生实践能力培养狭隘化为知识—技能—就业的简单短视模式,在实验教学体系的设计上就必须把握一定的层次比例关系:低年级的通识教育打破专业壁垒,学生接触的专业跨界促使知识融会贯通,并激发创新意识和发展创新思维能力。进入中高年级的专业学习阶段,理论与实验教学并行,以模拟实践的实验项目,包括开放实验项目的设计来强化并渗透对专业理论的认知与理解,最后通过同化与顺应(皮亚杰的认知学习理论)的过程,不断完成专业知识的"平衡——不平衡——新的平衡"的建构。这种能力的建构不是普通的职业技能的训练,而是突破已有认知结构的创新能力的建构(心理学专家称之为超越学习)。同时,在模拟实践的社会情境与人际交往情境的互动学习中,学生的创新型人格品质得到相应培养与发展。文科实验教学体系贯穿于整个高等教育学制，在课堂实验与开放实验的综合架构中，学生的创新型实践能力在累积学习—同化学习—顺应学习的认知过程中得以提高，最终在真正的社会行动中使这些能力的成功迁移成为可能。

实验教学符合学生的认知规律和学习原理，符合创新型人才所需的人格、思维和能力的培养规律。高校可以根据各文科专业的优势特点，构筑理论与实践有机结合的、以开放实验为主导的、以创新型人才培养为核心的文科实验教学模式。

参考文献

1. 傅进军等. 创新人才培养的教育环境建设研究[M]. 科学出版社. 2011年版.
2. 郑家茂、熊宏齐等. 开放创新——实验教学新模式[M]. 高等教育出版社. 2009年版.
3. 伊列雷斯、孙玫璐. 我们如何学习——全视角学习理论[M]. 教育科学出版社. 2010年版.
4. 钟秉林. 中国大学改革与创新人才教育[M]. 北京师范大学出版社. 2008年版.
5. 林崇德. 创新人才与教育创新研究[M]. 经济科学出版社. 2009年版.
6. 周立山、魏抗美. 创新教育与素质教育[M]. 华中师范大学出版社. 2002年版.
7. 王晓阳. 大学社会功能比较研究[M]. 高等教育出版社. 2003年.

人力资源管理专业实验课程模块化教学体系的设想

张　清

摘　要：我国传统的学科型课程体系构建模式还存在许多问题，弊端日益显现。根据人力资源管理专业学生毕业后可能进入的工作领域所必须具备的技能和能力，构建出具有针对性的模块化教学体系，可以增强学生的实际就业能力，以提高学生对工作岗位的适应性。

关键词：实验课程　模块化　教学体系

Discussion on the Teaching System about HRM Modular Experiment Course

Abstract: In our traditional subject system, a lot of problems exist, and it's disadvantages gradually emerge. According to the competency of HRM graduate, this paper constructs a teaching system about HRM modular experiment course. It is intented to enhance the students employ ability and improve their's job adaptability.

Keywords：experiment course；modular；teaching system

人力资源管理专业旨在培养在管理、经济、法律等方面具有较宽知识面,了解现代人力资源管理领域的最新成果,掌握现代人力资源管理基本理论与方法,具备一定的解决实际问题能力,能在各类工商企业和其他组织中从事人力资源开发与管理工作的应用人才。

本专业学生如果最终进入企业组织从事实际管理工作,所要承担的职责包括:在恰当的时机为组织提供合格的人才及储备;发展和提升组织和员工战略执行的相关能力;及时发现组织中的潜在危机,并提供综合性的解决问题方案,等等。凡是涉及人才、劳动者的问题,都需要人力资源管理专业的人才来支持解决。

上海师范大学法政学院于2003年开设了人力资源管理本科专业,经过十多年的发展,对人力资源管理专业的培养培养进行了多次反复修订,逐渐增加了实验课程的所占比例,使本专业的毕业学生在就业中的竞争力有了显著的提高。

一　人力资源管理专业实验课程的主要目的

大学生实验课程教学是高等院校教学计划的重要组成部分,是理论和实践相结合的重要环节。实验课程教学一方面可以培养学生的运用专业知识的能力、分析和解决问题的能力、创造能力;另一方面,可以保证和提高人力资源管理专业教学质量的有效手段,对于培养高素质人才和实现教学目的具有重要意义。

（一）通过实验教学激发学生学习兴趣

我国的教育比较多的是一种传统的教育方式，即重理论轻实践。这种方式重视知识经验的传授，其优点是获取知识效率较高，可以掌握学科的系统、体系和框架。但不足是僵化学生的思维，不利于学生学习主动性、创造性的发挥，一定程度上抑制学生的学习兴趣。

而实验课程以培养学生创新精神和实践能力为价值取向的教学方法，从传统的知识传授到知识、能力、思维、素质的综合素质培养。人力资源管理实验课程教学通过学生亲身的、直接的参与来学习，把教学过程处理成师生间、学生间信息传递的互动过程，进行多角度、多层次的交流，充分发挥学生的积极性和创造性，培养学生运用专业知识来处理解决实际问题的能力，也有利于掌握专业知识。

（二）通过实验教学提高学生实际操作能力

人力资源管理专业本科教学要求是培养掌握一定人力资源管理理论和技能的应用型人才。人力资源管理的学生一般都具有较系统的专业基础知识，但缺乏实践能力，缺少对人力资源管理专业技能的感性认识。不能用所学的专业知识来解决工作中的实际问题，对于人才培养来说，显然是与教学目标相违背的。

实验课程可以通过互动式、研究式、合作学习等教学方式，采用情景模拟、角色扮演、无领导小组讨论、案例分析等教学方法，提升学生对管理实践行为的认识和了解，拓展学生的思维，提高学生的实践意识以及分析问题、解决问题、创新等各种能力的培养。

二 人力资源管理专业实验课程的教学现状

(一) 应用能力培养体系不完善

目前,由于许多高校根据自己的专业培养目标来进行实验课程体系的设置,侧重点和差异性很大,尤其是能力培养的体系很不完善,效果也难以保证;同时,人力资源管理专业相对来说还算是一门新兴学科,人才培养的方法和手段尚处于探索阶段,现有的课堂教学培养模式以及短暂的、碎片化的没有系统规划过的实验教学,与人力资源管理本身能力培养的初衷和要求还有很大的差距。由于没有完善的实践应用平台,实验教学无法有效实施,能力培养就成为一句空话。

(二) 应用能力培养资源匮乏

人力资源管理能力培养所需的相关资源积累不够,尤其是信息化的发展,实验教学在人才能力培养中作用越来越大,但由于缺乏相关技术的支持。目前,人力资源管理专业的实验课程仅仅是一些产品化人力资源管理软件的使用,其他诸如案例库、多媒体资源等实验教学资源严重匮乏。

(三) 应用能力培养与管理实践脱节

人力资源管理是一门应用性学科,其理论与实践的关联十分紧密,但目前人力资源管理能力培养与实践脱节,缺乏针对性和实用性,没有充分架构起培养与应用之间的桥梁,尽管市场对专业人才需求在不断增加,但实际培养的人员却不能在工作中迅速使用,无法满足各类组织的需求。(张清、李旭旦《基于实习、实践、实验的人才培养模式》,华东理工大学出版社 2013 年 11 月,P234。)

三 模块化实验教学模式界定

教育部(教高[2005]8号)下发《关于开展高等学校是实验教学示范中心建设和评审工作的通知》中指出,"从人才培养体系整体出发,建立以能力培养为主线,分层次、多模块相互衔接的科学的系统的实验教学体系,与理论教学既有机结合又相互独立"。按照这个要求,实验教学应以本专业的人才培养目标为主线,分层次、分目标、分模块地构筑实验教学体系,培养学生成为"宽口径、厚基础、强能力、高素质"的应用型创新人才。

模块化的教学模式注重根据社会需求的变化,不断调整实验课程的设计,体现一种动态的课程设计理念。目前,模块化教学主要有两种模式:一种是CEB(Competency Based Education)模式,主要以加拿大、美国为代表,它是以知行能力为依据确定模板,以从事某种职业应当具备的认知能力和活动能力归纳出教学模块,制定教学大纲,并以此施教,CBE实施的技术路线为:职业分析→工作分析→专项能力分析→教学分析→完善教学条件→实施教学;另一种20世纪年代初由国际劳工组织研发的MES(Modules of Employable Skills)模式,它是以岗位任务为依据确定模块,以从事某种职业的实际岗位工作的完成程序为主线建立工作描述表,通过分解、组合,用代表每个工作任务的模块和获得每个单项知识和技能来建立学习单元。MES实施的技术路线为:岗位→职能→工作任务→模块→学习单元。(卢卓,陈平《职业教育模块式课程体系设计的思考》,河南职业技术师范学院学报(职业教育版)2008(4):102—104。)

人力资源管理专业模块化的实验教学应当与组织的具体岗位相联系,将教学内容、教学目的和教学手段结合起来,组建模块实

验,加强和提升学生的能力为导向。这种模块化的实验教学模式具有如下优点:

(1) 实验内容能力化

传统人力资源管理专业的实验教学内容多以验证知识为目标,模块化实验教学内容更注重能力化,所有实验内容的设计都是以人力资源管理专业毕业生就业后工作所需要的具体能力(素质)为依据。

(2) 实验项目模块化

模块化实验教学将人力资源管理专业的所有实验项目模块化。因为每个模块都是完整、独立的实验项目,所以每个实验模块既可独立进行又可灵活组合,增强了实验教学的灵活性。

(3) 实验方法多样化

模块化实验教学法由于将繁杂的实验项目模块化,便于灵活运用案例讨论、情景模拟、实操设计、对抗等多种实验教学方法。

(4) 实验过程系统化

人力资源管理专业的模块化教学设计,依据企业人力资源管理流程各模块对操作者所需要的能力,细化到各实验子模块。同时,注重各子模块的整合,保证能力培养的连续性、完整性、系统性。(杜恒波,崔沪《人力资源管理专业实验教学体系模块化设计》,《知识经济》2008(12):123。)

四 人力资源管理专业实验课程模块化教学体系的设想

根据学生在不同学期掌握知识内容的不同,把教学计划中的实验内容按七个模块进行规划。七个模块的实验内容和理论教学体系的课程相互结合,根据教学计划内容的先后次序规划设计实验内容,使学生通过七个模块的实验掌握专业的基本技能,同时又实现对理论知识的巩固和运用。这七个模块分别是:工作分析与岗位评价、胜任特征评估、履历分析、心理测量技术、面试实施与评价、评价中心操作、绩效考核设计和薪酬设计。每个模块又包含若干个实验项目,并且确定每个实验项目的能力训练。(见表)

模板序号	模板名称	目标实验项目
模板一	工作分析与岗位评价	工作分析方法的训练;工作分析问卷表的设计;工作说明书撰写;岗位评价方法训练;岗位评价指标设计;岗位评价序列图训练
模板二	胜任特征评估	BEI行为访谈技术训练;建立胜任特征评价指标体系
模板三	履历分析	应聘者简历实施编码训练;设计工作申请表;根据应聘者递交的简历整理出Excel电子文档;运用简单记分法和加权记分法等方法计算出应聘者的得分;掌握获取个人正确信息各种方法;掌握简历核查法寻找个人简历疑点
模板四	心理测量技术	心理测验实施前的准备工作训练;心理测验指导语训练;正确实施运用各种心理量表(16PF、MMPI、EPQ、CPI、MBTI等);
模板五	面试实施与评价	面试表制作;熟悉和合理安排面试流程;能确定结构化面试的测评要素并设计表格
模板六	评价中心操作	能依据无领导小组讨论、公文筐、角色扮演等,讨论确立测评要素和指标;设计相关测试题;熟练掌握各种方法的测评流程;根据指标和测试对象的表现进行评分;撰写测评报告
模板七	绩效考核设计	绩效考核制度设计;绩效考核指标设计;掌握绩效考核流程;能对绩效考核出现的问题进行诊断和修正
模板八	薪酬设计	复习模板一的内容(岗位评价方法训练;岗位评价指标设计;岗位评价序列图训练);掌握薪酬调查的方法和内容;掌握薪酬制度;掌握薪酬设计的流程

五　人力资源管理专业实验课程模块化教学体系的支撑平台

（一）人力资源管理实验室的建设——硬件平台的建设

1. 实验室建设

人力资源管理实验室是依据人力资源管理流程和手段构建的实验环境，由于空间资源、资金资源、人力资源等原因的制约，整个实验室不一定能一次建成，这就需要通过总体规划、分步实施来实现。

2. 网络教室建设

网络教室提供的接入因特网的计算机为实验教学中的实验软件提供了操作的硬件平台，同时拓展实验室的空间，一方面可以将网络上的其他资源在实验中实现共享，也可以通过网站等形式方便外部对了解和使用。因此，网络教室是人力资源专业相关软件运作的基础平台。

（二）信息化实验教学软资源的建设

1. 人力资源实验教学网络管理平台

实验教学网络管理平台以实验为中心集成网络实践培训的基础环境，可以包括众多支持实验教学的功能。

支持实验课程，将实验课程的目的、内容、要求、流程等内容置于该网络管理平台，可以根据需要选择教学实验的课程自主地进行学习，减少实验过程中理论内容的介绍，只需提醒实验要点即可，有利于提高实验效率和培养自主性。

2. 人力资源教学实验课件

教学实验课件一般分成两种：一是普通实验课件，借助PowerPiont 制作简单的实验课程课件,通过课件简单地介绍实验课程情况。二是交互实验课件,借助 Authorware 等多媒体制作软件制作的具有交互功能的实验课件,既有基本的实验介绍,也有实验过程的演示,甚至包括实验中常见的错误等现象的视频演示。

3.人力资源管理仿真软件

仿真管理软件是置身于虚拟的企业人力资源管理的现场,通过 4—6 人扮演企业的不同角色,参与人力资源管理的整个流程管理和实施,最终达到企业高绩效和员工高满意度的目标。通过整个软件的应用,了解企业人力资源管理的目标、意义、实施流程、管理方法和原则,掌握相关的技能等。

4.人力资源管理系统软件

人力资源模拟系统包括个人管理、人事管理、招聘管理、培训管理、保险管理、绩效管理、薪酬管理和系统管理模板。通过该系统,可以接受人力资源管理方法和技巧方面的基本训练,学习掌握分析和解决人力资源管理问题的基本能力。(张清、李旭旦《基于实习、实践、实验的人才培养模式》,华东理工大学出版社 2013 年 11 月,P236—238。)

实验教学是高等院校培养高素质人才的主要手段,也是高等院校教学工作的重要组成部分。我们要对传统的教学模式进行变革,依据教育部的精神,进行分层次、模板化的实验教学体系的改革,建立有利于培养学生创新精神和实践能力的实验教学体系,使人力资源管理专业的教育和未来的就业体制相适应,和未来对学生的素质教育要求相适应。才能培养出有能力、竞争力的人力资源管理人才。

参考文献

1. 李成彦. 人力资源管理[M]. 北京:北京大学出版社,2011.5.
2. 郭巧云. 基于能力的人力资源管理课程体验式教学体系的研究与实践[M]. 教育与职业. 2011(12).
3. 高毅蓉. 人力资源管理专业实践教学及其学习评价的探索与实践.[J]. 人力资源管理. 2011(12).
4. 傅建军等. 创新人才培养的教育环境建设研究[M]. 北京:科学出版社,2011.
5. 郑家茂,熊宏齐等. 开放创新——实验教学新模式[M]. 北京:高等教育出版社,2009.
6. 张培德,等. 职业发展实验教程[M]. 上海:华东理工出版社,2010.
7. 张清,李旭旦. 基于实习、实践、实验的人才培养模式. 华东理工大学出版社,2013年.
8. 卢卓,陈平. 职业教育模块式课程体系设计的思考. 河南职业技术师范学院学报,2008年.
9. 杜恒波,崔沪. 人力资源管理专业实验教学体系模块化设计. 知识经济,2008年.

浅析视频案例在教学中的应用

冯立平

摘 要：本文对传统案例教学中的口述案例和文字案例进行深入分析，揭示其特点及不足，并与视频案例进行比较。作为科学技术发展的产物，视频案例以其独有的优势，越来越普遍地运用到教学之中。视频案例在信息传播中主要有个特点：传播的全面性、传播的真实性、传播的生动性和传播的一致性。视频案例的制作分为选题、剧本撰写、素材采集或拍摄、剪辑合成四个过程。一个好的视频案列内容上必须主题明确，包含教学所要求的知识点；形式上具有生动性，能够营造身临其境的感受，能够持久保持学生求知兴趣。

关键词：视频案例　口述案例　文字案例　信息传播

Analysis on the Video Case Applied to Class Teaching

Abstract：This paper provides a deep analysis on oral and written cases in traditional case study teaching. The paper illustrates its advantages and disadvantages, and compares it with video case study. As a result of the development of new science and technology, video case study is more and more popular in practical teaching with its unique strengths. Its strengths for information dissemination includes: comprehensiveness, authenticity, vitality and consistency. The production process contains four steps: topic selection, script writing, video material collection and editing. An excellent case study must have clear topic which includes knowledge points; it also should provide vivid feeling and increase the learning interest from students.

Keywords: video case; oral cases; written cases; information dissemination

人们的认知是一个从感性到理性、从直观到抽象、从现象到本质的过程。因此，创设一定的教学情境，置学生在情境中去观察、思考、分析，符合人们的认知规律。案例教学就是一种被普遍采用的情境教学，尤其在应用性学科的知识传授中，显得尤为重要。

传统的教学案例一般分为口述案例和文字案例两类。从教学理念上均试图创设一个真实情境，学生在事件情境中获取感受，并对信息进行分析，从中掌握知识要点。与传统满堂灌式的教学相比，有利于营造逼真的气氛，调动学生的学习积极性，培养学生解决实际问题的能力。

口述案例是运用声音向学生传播。具体说来，就是以声音作为媒介，教师通过言语向学生讲述一个与教学内容相关的事件。而文字案例是以文字作为信息载体来描述事件。学生通过阅读将文字信息传入脑中解码，然后形成理解信息。口述案例和文字案例最大的优点在于制作与使用方便。无需借助专业人士与专业工具便可独立完成制作,无需借助专业设备仅凭言语与文字就能进行传播。案例教学的成本优势十分明显。

传统的案例教学的一个主要特点是通过口述或文字描述在学生眼前呈现一个事件图像。由于口述案例和文字案例无法直接呈现这种事件图像,所以学生必须对听觉所获取的言语信息或视觉所获取的文字信息进行解码加工,然后在脑中形成一个主观构造的事件图像。由于人的理解力存在差异,故最终产生的事件图像就必然会有差异。信息传达的准确性就有影响。这是口述案例和文字案例的天生缺陷。除此以外,口述案例的传播效果还受到教师言语表达技能影响,言语表达清晰生动与学生接受信息的准确性与积极性紧密关联。口述案例为现场传播,教师的情绪也会影响表达效果。即使表达出色的教师,如果授课不在状态也会降低学生接受信息的意愿。文字案例的传播质量依赖于案例的写作水平。案例写作通常问题是案例表述信息不全,给学生分析判断带来困难甚至会误导。信息不全主要是文字表述无法承载全部信息,一方面是看到的无法全部记录下来,词汇数量永远小于信息数量;另一方面受到阅读时间与阅读习惯的限制,看到的通常要求记录主要方面而忽略枝叶末梢。

无论是口述案例还是文字案例,传播过程只能作用于单一感官。人接受外界信息主要通过视觉。据专家研究,人对于知识的获取85%来自视觉、10%来自听觉、5%来自其他。可见,直观的视觉形象在知识传播中具有很大优势。虽然文字案例传播作用于人的视觉,但学生接受的并不是直接的事件图像,需要通过头脑主观构造。这种主观构造的事件图像与原本的事件图像存在差异。

随着科技的发展,多媒体制作和运用越来越方便,以视频影像为主要载体的视频案例越来越多地出现在课堂上,并以其独有的优势受到教师与学生的青睐。

视频案例一般是以动态影像作为传播载体,呈现与教学内容相关的事件,运用多媒体手段编辑而成的影视作品。视频案例可以导入动画、图片、声音、文字等,这使得视频案例不仅具有口述案例和文字案例特点,而且比二者具有更多的表现手法。信息传播是一个"信息编码—选择信息载体—信息发送—信息解码"的过程,其中不同的信息载体对传播效率与效果具有不同的影响。由于视频案例汇集多种表现手法,故在传播上具有很大优势。概括起来,视频案例具有如下的一些特点。

1. 传播的全面性

在相同时间段内,视频案例传播的信息载量要大于口述案例和文字案例信息载量。例如面对一所房屋,用说或写的方法来描述房屋外观,由于词汇无法直接呈现所见情境,需要用表意符号作为媒介,人接受后通过人脑加工最后形成房屋外观信息。这期间一方面受到词汇表意的有限性影响,造成人脑不能获取全面信息;另一方面受到时间限制,描述房屋会做详略取舍,造成信息的丢失。而一幅呈现房屋的视频图像,所有的房屋信息都得以保留,学生不需经过人脑加工而直接获取。由此看出,人的视觉所获取的信息量要超过人的其他感官所获取的信息量。

2. 传播的真实性

由于说与写无法呈现全部信息,故在传播中对信息会有所选择,这种主观选择对学生信息加工会有提示或导向作用,常常会主导学生的判断。例如说到或写到:"一位衣冠不整的人走进面试室……",其中"衣冠不整"就具有提示或导向作用,自然会对学生产生判断导向,这可能与他内心的实际判断有出入。而在视频画面中出现"一位衣冠不整的人",由于是一种自然客观呈现,即没有强调"衣冠不整",故不具提示性,能为学生提供最真实的情境,有利于培养他们的分析判断能力。此外,口述案例的传播有时会渗透人的表达情绪,文字案例的词汇选择有时含有褒贬之义,这些主观因素同样会起到引导判断作用。再有,无论是口述还是文字都不能产生直接的事件图像,需要通过头脑加工处理,最后形成的是间接的事件图像。这种间接的事件图像与直接的事件图像会有不同,而且受到人的解码主观差异影响,这种解码主观差异最后形成事件图像差异,对事件图像还原的真实性造成不同程度影响。视频案例由于借助现场画面直接传播,没有主观加工处理环节,相比在传播上更加真实自然。

3. 传播的生动性

有效传播不仅需要信息完整客观,同时还包括信息接受者的解码积极性。如果接受者消极被动解码,就有可能造成信息获取不全甚至有误。也就是说,案例传播的生动与否会对学生认知的积极性产生重要影响。视频案例在表现手段的多样性,包括动画、图片、声音、文字等,诉诸人的听觉、视觉,对事件描绘也就更具表现力。视频案例的多媒体手段运用能对接受者产生多感官刺激,提高学习效果。

4. 传播的一致性

视频案例与口述案例相比,由于采用现代录制技术,故在每一次重复播放时所呈现的案例事件能够保持绝对一致,即传播的信息量前后能够完全等同。口述案例由于受到环境及个人情绪影响,在传播的量与质方面前后重复表述会有所不同,尤其是在不同人叙述同一案例时,这种差异会更大,直接影响教学效果。文字案例以文字作为媒介,由于文字不像画面那样直观,表意上具有不精确性,例如名词"红"在意义上只是一个粗略表达,到底是什么程度上的红,个人有个人的理解,最终所获得的信息与所传播的信息会有差异,呈现信息接收的不一致性。而画面中的"红"会将深浅程度直观呈现,不受主观理解干扰,故要比文字上的"红"精确得多,且反复传播均能保持准确一致。视频案例所具有的不管何时何地何人播放都能保持信息传播一致性的特征,有利于对案例教学的标准、要求、质量等方面进行规范。

视频案例的制作分为选题、脚本撰写、素材采集或拍摄、剪辑合成四个过程。

(1) 选题

选题主要根据教学内容来选择合适事件。所谓合适是指该事件能够包含教学内容所涉及的知识点,能够反映教学主题。事件应来自真实,但真实的事件不一定能够覆盖教学所要求的知识点,可以在不违反真实的基础上对情节或细节加以添加。视频案例与其他影视片的最主要区别:视频案例中的事件与教学主题及知识点密切关联。

(2) 脚本撰写

脚本撰写是一个通过事件描述来展现教学主题的过程。根据素材来源不同,分为客观描述与主观编写两类。客观描述是指对现成获取的素材进行加工设计,使其符合教学要求。主观撰写是指在不违背真实的基础上,根据教学要求进行事件编写,使其包含教学所要求的知识点。这里要强调的是,这种编写事件来源于生活,是真实生活的客观反映。

(3) 素材采集或拍摄

视频案例所需要的素材可以通过两种方法获取:一是从现成的视频中获取。现在的网络储存着丰富的视频资源,几乎包括所有门类,视频搜索与下载也越来越简便,是取之不尽的资源海洋。

此外,电视节目中的许多专题栏目更是获取教学资源的极好路径。如《今日说法》《法制在线》《中国法制报道》等,能为法律专业的视频案例提供鲜活的视频素材。还有些反映职场情境的电视剧,可以为管理专业提供视频案例情境。从现成视频中获取的素材具有成本低的优势,是制作视频案例的首要选择。二是通过拍摄来获取素材。由于现成素材毕竟不是为教学度身定制的,有时不能满足或完全不能满足教学要求,这就需要通过拍摄来获取必须的素材。另外,有时搜索现成视频素材需要花费大量时间成本且无法预测搜索结果时,也需要通过拍摄来解决。拍摄素材虽然成本相对较高,但可以满足任何教学需求,因此就有存在的必要性。在有现实事件存在的情况下,可以采用记录式的拍摄;在无现实事件存在的情况下,可以通过事件模拟的方法客观真实再现事件。这样,就可以有效解决视频素材缺乏、不足或不匹配的问题。一般而言,主观撰写和现成素材难以满足教学要求的情况下,都需要通过拍摄来获取素材。

(4) 剪辑合成

剪辑合成就是运用软件对所获取的素材进行编辑,并融入解说、字母、图画、音乐等表现元素,最终输出成为视频案例成品的过程。剪辑合成不是被动地进行素材堆砌或排列,而是在脚本的引导下根据教学要求主动进行整理、加工、编排等创作活动。即使从网络或电视节目中获取的现成素材,也并非可以拿来就用,一般也需要进行编辑,通过解说词的调整或重配、文字的添加、图片的补充等,使之更符合教学主题。较为复杂的是对拍摄素材的编辑,镜头选用不仅涉及脚本,也涉及编辑人员的艺术处理眼光。这也就意味着不同编辑人员所编辑的视频案例会有质量高低之分,会影响视频案例传播效果。从这点上来说,视频案例制作难度要大大超越口述案例和文字案例。根据人的接受承受度,视频案例的剪辑时间一般应控制在 10 分钟以内。

一个好的视频案列首先必须主题清晰明了,符合教学要求,涵盖必须的知识点;其次事件具有典型性,叙述客观真实,没有人为设计及主观引导痕迹,能够引起学生思索或争论;再有事件的展现具有生动性,能够营造身临其境的感受,能持久保持学生观摩兴趣。

从传统的黑板加粉笔到现代的多媒体教学,科技的发展为教学提供更多更好的方法。其中最具发展潜力的视频案例教学,由于融合了多媒体展现及多感官接受,且有信息量大,表现生动,重复一致性,突破教师时空限制等特点,受到教师与学生的欢迎,相信会对未来的教学改革产生巨大影响力。人们的认知是一个从感性到理性、从直观到抽象,从现象到本质的过程。因此,创设一定的教学情境,置学生在情境中去观察、思考、分析,符合人们的认知规律。案例教学就是一种被普遍采用的情境教学,尤其在应用性学科的知识传授中,显得尤为重要。

参考文献

1. 齐振国. 视频教学案例设计与制作[J]. 沈阳师范大学学报. 2009 年 1 月.
2. 赵曙明、于静. 视频案例教学在管理学课程教学中的应用探析[J]. 管理案例研究与评论. 2012 年 8 月.

"择业文献阅读"课程中的实践教学探索

刘晓春

摘　要：大学生就业一直是一个热点话题，近些年来很多学校针对其开设了就业指导课程，但效果并不好。将评价中心技术的演练作为实践环节引入到就业课堂是一项新的探索。结合国外就业指导文献的阅读，在课程中加入大量的实践环节，运用了演讲、无领导小组讨论、单独面试、团体面试等多种环节，让学生以参与者、观察者的角色多角度地体验，对提升学生的就业能力有很大的帮助。

关键词：就业　文献阅读　实践课程　评价中心

Exploration of Practice to the Course of "Employment Literature Reading"

Abstract: Graduate employment is always a hot topic in the university education. In recent years, many universities have set employment orientation course for the students, but the effectiveness is not very good. Assessment Center technique used in employment orientation course is are new exploration. Combined with the employment literatures reading, more practical parts are put in classes, like speech, no-leader group discussion, individual interview, group interview etc. Students could join in the practices both as participants and observers. It would be very helpful for graduates in improving the competencies in obtain employment.

Keywords：employment；literature reading；practical course；assessment center

大学生就业的形势多年来一直很严峻,无论对于大学生本人还是校方管理者来说,"就业"都是个永恒且具有挑战性的主题。近些年来,很多学校针对大学生的就业开设了就业指导课程,以正规的授课形式进入大学生的课堂,但在课程的教学过程中,多以讲授为主,学生缺乏亲身体验,往往达不到预想的效果。"择业文献课程"的设置是从拓展学生阅读的角度,让学生了解求职和个人职业发展方面的广泛信息,开拓学生的思路。笔者在文献选择中,大量地选择了国外高校就业指导咨询机构的材料,并结合以往及企业招聘的实践经验,设立求职实践体验环节,从内容上将知识和实践相集合,从人力资源管理技术上将评价中心技术和学生的求职体验相结合,不仅从知识方面拓展学生对择业的认知,并通过丰富的感官体验突破学生的心理壁垒,提升学生的求职技巧,在实践教学上做出探索。

一 传统授课模式中的不足之处

虽然很多学校都为学生开设了就业指导课程,但是大多数课程还是传统的授课模式,以课堂上的讲授为主,内容和形式都比较陈旧,收效不佳。学生也把这样的课程当成和其他必须要求上的课一样来"应付",真正的收效不大,窥其原因,这些授课方式存在以下的问题。

1. 理论讲述较多,实践环节较少

担任就业指导课程授课的老师大多为辅导员或专业其他的老师,不具备对于就业方面实践的经验和人力资源管理招聘方面的扎实理论与实践基础,他们对于课程准备的资源还是书面的理论或是相关的文件、网络资料等等。在课程内容上,很多教师授课往往先从就业市场、宏观政策来讲,虽然这些内容对学生理解就业形势有帮助,但大多数学生的兴趣度却不高,而在如何与就业单位面对面接触,赢得一个就业岗位的实战上,往往只是肤浅的语言或教条上的总结,没有针对性的演练,对学生实际技能的提升帮助不大。

2. 缺乏切身体验,学生难以突破心理壁垒

学生要就业,需要从简历准备、求职岗位检索、简历投递、面试、综合考评、录用单位的选择、入职前的准备等环节进行全面准备。中国的大学生是在高压的高考制度下成长起来,对社会的接触和人际交流比较缺乏,而求职过程是他们成长到二十岁后第一次真正地与社会接触,对于那些绝大多数生活局限在校园的学生来说,不具备与社会上不同的人交往的技能和心理条件,尤其在求职过程中,很难表现出积极、主动、优秀的方面。而课堂内的就业指导,缺乏学生的切身体验,缺乏经验丰富的教师给予他们行为上的训练,难以对学生的就业技能有提升。

3. 课堂人数众多,参与性有限,一般教室环境,难以实施互动性的体验活动

虽然有些学校和老师也经过一些设计,加入了如面试体验等

环节,但在传统的教室环境和课时的限制之下,往往参与体验的只是很少部分的同学,不能做到人人都参与。在授课实践中,敢于尝试的往往是那些积极活跃的同学,而就业中有困难、有问题的恰恰是那些不善于表达、各种表现都比较平庸的同学,这些同学比较羞于作为样板参与体验。另外,传统教室的环境局限性很大,对于企业情景的模拟远不到位,企业多样化的选聘手段难以实施。

4. 应聘训练的形式陈旧,跟不上企业招聘人员技术手段的变化。

近些年来,企业越来越重视招聘技术的提升,对于校园和应届生的招聘往往有一套精心设计的流程和训练有素的专业人员。人员的选聘不仅仅是面试一种方式,很多组织引入了评价中心技术,有情景模拟和多个测试环节,如心理测试、案例分析、无领导小组讨论、管理游戏等等。在选拔过程中,很多企业往往采取层层淘汰制,即每个环节都会筛选掉一批人,因此对于应聘者来说,不仅仅能够应付各种测试还要有较好的抗压和抗挫的心理素质。而大多数的就业指导课,老师对学生的辅导还是停留在简单的简历准备和面试准备上,俨然对多种方法的甄选技术不了解,更谈不上引领学生去训练了。

二 评价中心技术应用于择业实验课程的设计思想

笔者经过多年在人力资源管理领域的理论研究和实践,尤其是近些年来参与过各种企事业单位高中低各层次的招募、考核的人力资源管理活动,积累了丰富的管理实践。笔者将评价中心技术与择业指导结合起来,创建就业技能实验课,以在就业技能和心理素质方面对学生进行指导,帮助他们成功就业。

评价中心最早起源于德国,1929年德国建立起一套用于挑选军官的多项评价程序,由军事心理学家设计出包括书面智力测评、任务练习、指挥系列练习、对物管功能和感觉运动协调进行系统测验等。经过多年的发展,在现代的企业管理中,近些年来较为广泛应用于高级管理人员能力和潜力综合的测评,被认为是最有效的测评方法。评价中心技术是对被测试者运用包括心理测验、面试、无领导小组讨论、文件筐处理、管理游戏、案例分析、角色扮演等情景模拟测验等一系列的方法进行测评,测评结果是在多个测试者系统观察的基础上,综合得到的。通过评价中心技术,能够较为全面地了解应聘者得能力和素质,从而提升人才选拔的信度和效度。除了人员选拔,很多组织把评价中心技术应用于员工培训和开发的领域,通过测评,了解员工个体以及团体的特征,根据组织和岗位的需求,可以制定切实可行的培训和员工职业发展方案,并且可以通过再次测评的比较检验培训的效果。

综合各类型企业在应届生招聘中使用的选拔方法,笔者对就业指导实验课进行设计,以达到学生求职知识认知和求职技能提升的目的。实践课的主要设计思路有以下几点:

1. 实践课程的设计和安排要有利于全体学生的参与

在大学的教学中,实践课以实验课程的形式来安排,实验是学生对理论知识验证,强化和实践的形式,以往的实验课大多数安排在理工科等自然科学领域,文科实验较少。随着笔者所在学校文科实验室的建设的大力推进,我们有条件将就业指导课程安排到实验教学课程中去,在实验课程中,有实验准备、实验步骤的设置、实验报告的撰写等环节,这些形式可以让所有的学生都能够参与到体验中去。而成熟实验室的环境建设为课程环节的设置提供了有力的保障。

2. 注重学生的练习和体会，多种方法的运用，让每一名学生都参与到其中

在就业实践课上，模拟企业就业选拔的手段，设置多个环节，让学生切实地体验多种选拔方式，消除学生对选拔方式的陌生感，提升学生稳定的应对心理素质。很多体验环节都可以有多名学生参与，如无领导小组讨论，可以安排十名同学共同参与，团体面试同时可以让二十名同学参加，管理游戏可以安排多名同学共同参与。这些设置可以保证每位同学都可以参与到体验和观察中。

3. 通过互动评价和反馈，让学生真正得到心理和技能上的提升

和理工科实验不同，就业实践课很多内容是行为的体验，在一部分同学参与测试的同时，安排其余的同学参与评判、观察的工作，这些角色虽未参与测试，但对同学的启发作用往往胜过自己参与。俗话说：旁观者清。通过观察自己同龄人的举止行为，可以折射出自己在行为方面的缺失，这些观察、评价往往比老师的说教更有说服力。另外，通过让同学担当面试官、评审员，有利于同学从企业选人的角度思考问题，从而更理性地理解企业用人的标准，也能通过这种体验增强自己的信心。

三　就业实践课程的设计

1. 对象和环境的设计

（1）对象：通常，根据学制的安排，就业指导实验开设在三年级下学期和四年级上学期较为适合，在此阶段，大多数大学生面临专业实习和就业，对课程的重视程度和需求的都较高。在具体操作过程中,可以结合各专业特点,招聘各专业对口的岗位。通常一个授课班级不超过 40 人为宜,这样的人数可以保持每个同学有 2—3 个环节的体验。最适宜的是 20 人左右的小班级,可以保证每个同学有多个甚至所有项目的体验。

(2)环境:开放、灵活安排空间的教室较为适宜,可以安排团体面试(可以方便模拟安排面试官位置和应聘人位置)、小组讨论、轮流演讲、管理游戏等方式,并有空余的空间安排其他不参与的学生在现场的观摩与点评。教室中需配备具有办公软件的电脑、投影等设施,以方便展示、交流和老师的讲解。

2. 课程内容

评价中心的测评方法很多,根据实验室的条件、测评的目的、学生的参与度、实施的便利程度,选择一些适用的测评方法。一些便于实施的测评方法及能够考察的能力素质如下表。

测评方法	考 查 点
心理测验	性格特征、职业兴趣
团体面试	沟通能力、语言表达能力、应变能力、计划组织能力、综合分析能力
无领导小组讨论	沟通能力、抗压能力、应变能力、团队协作能力、计划组织能力、综合分析能力
倾听测试	沟通能力、抗压能力
主题演讲	语言表达能力、抗压能力、应变能力、综合分析能力
管理游戏	沟通能力、抗压能力、应变能力、团队协作能力、计划组织能力、综合分析能力

以在前阶段的授课实践中,结合文献阅读的内容,除了在老师的指导下阅读择业文献之外,针对 40 人班级的就业课程,笔者设计了 12 课时的求职技能训练的实验课,设置了三个不同的授课单元,让同学全方位地参与到求职体验中去。

单元一：心理测验，此课程为 4 课时的单元。运用实验室机房的机测系统，安排学生进行 MBTI 测试和霍兰德职业兴趣等测试，在获得测试结果后，以小组为单位，展开讨论，分析每位同学的特点，并用 SWOT 分析的方法，对每位同学面临就业的优势、劣势、机会和威胁进行分析，商讨出行动方案，通过小组同学的集思广益，帮助同学进行有效的职业定位。

单元二：管理游戏＋演讲＋无领导小组讨论体验，此课程为 4 课时。在这个环节中，针对大学毕业生普遍沟通能力不足、演讲和表达技巧欠缺、抗压性不足、动手能力欠缺等弱点，安排了两个环节的实验。前面的环节包括管理小游戏和演讲，实施时间为 30 分钟，安排 24 名同学参与，分为两个步骤。步骤一，1 分钟名牌制作，要求学生在 1 分钟时间内制作会议名牌卡，设计名牌内容，并正确摆放位置，这是一个短平快的小游戏，通过游戏的过程可以观测出应聘者的动手能力、应变能力、沟通能力和综合思维的能力。这个小游戏可以帮助鉴别出那些夸夸其谈而动手能力缺乏的应聘者。步骤二，1 分钟即席演讲。即每位被测者随机抽取一道演讲题目，每位有一分钟的准备时间和一分钟的演讲时间，演讲的主题包括社会问题解析、行业问题分析、待人处事方法、价值观解读等方方面面，在如此短暂的时间内要做成有深度、有逻辑、表达精彩的演讲对每一位应聘者来说都是一件很有挑战的任务，因此，能较好地测试应聘者的综合分析能力、语言表达能力、应变力、抗压能力。步骤三，无领导小组讨论。安排两个讨论小组，每个小组 8 人，每组讨论时间为 35 分钟，本环节的测试是结合了角色扮演的小组讨论，小组成员模拟公司的会议，就既定的主题展开问题分析与讨论，参与者每个人都有角色定位，讨论中营造出一个互动、逼真的场景。这样的小组讨论参与者之间比较性较强、互动性强，能有效地鉴定出职位所需的计划协调、团队合作、分析判断、应变力等能力,由此也能较好地预测应聘者的发展潜力和在未来岗位上的表现。

在进行测试时,不参与的同学被选定作为评委,为参与的同学打分,并在结束后作出点评。此课程可以保证全班同学以不同的方式全方位地参与。

单元三:面试体验。包括团体面试和个体面试,此课程为4课时。

个体面试环节面试时间为30分钟,采取多面一的形式,即任课老师担任主面试官,再选6名同学共同组成面试小组,选取一名同学作为应聘者。需注意的是,在实验课前准备时,要求同学准备好面试问题。面试中,任课老师发问为主,同学发问为辅。

团体面试环节一轮的时间为60分钟,采用多对多的面试形式,即任课老师担任主面试官,再选6名同学共同组成面试小组。根据情况,被测试的群体可以安排10—20人不等。提问可以要求每个人回答,也可以指定某人回答、小范围人员回答、抢答等方式。团体面试的竞争性和压力感更强,对于平时不善言辞和做事被动的同学会有较大的冲击,同时,这种形式更能够让同学体会到职场的竞争压力。

在两个环节中,不仅仅同学被测试,体会到选拔的各个环节,那些担任面试官、观察团的角色的同学通过观察发现同学在求职中普遍存在的问题,并且由于体会的角度不同,更能激发同学的换位思考。同时,通过观察自己身边同学在求职中的表现,便于同学更清晰地认识自己的不足,对同学自我改进、求职技巧的提升,以及细节上的把握都有很大的帮助。

四　实施体会和总结

以上课程的设计是在很多次授课当中总结梳理出来的,该套实践课程实施以来受到了学生的广泛好评,不仅仅是帮助学生提升了求职技能,更重要的是使很多学生突破了害羞、怕竞争、怕受挫、盲目自信等心理壁垒,让学生在真正步入求职之路时信心倍增。但笔者也总结出以下几点需要注意的问题。首先,阅读材料的选择很重要。阅读材料选择易于理解,实践指导性较强的资料。其次,授课老师要有充分的准备。授课老师要熟悉招聘和职业生涯发展的理论和实践,熟悉各类测评方法,有条件的学校可以安排老师参加专业的培训或通过校企合作让老师参与实战的体验。第三,前期相关知识的授课很重要。在进入实验实施之前,需要相应的求职知识作为铺垫,有助于学生在实验课之前有知识的准备。第四,督促和鼓励学生做好课前的实验准备。在实验课上,学生或参与应聘的体验,或作为面试官、评审员,这些角色都需要在学生有充分准备的前提下才能够较好的发挥作用,能够保证课堂效果。最后,各环节结束后的点评很重要。每个环节结束后,授课老师都要对学生的表现、需要注意的问题以及技巧如何提升等方面给出评价,同时,同学相互的点评效果非常好,对同学很受用,当然,课后一定要学生根据体会写出实验报告以督促同学课后思考和总结。总之,结合先进的人力资源管理技术和实践课的形式,精心设计授课方式,让同学更多地参与,一定能帮助这些莘莘学子走好踏出校门的第一步。

参考文献

1. 孙卫敏. 招聘与选拔[M]. 山东人民出版社. 2004 年 5 月.

2. 冯立平. 人才测评方法与应用[M]. 立信会计出版社, 2006 年 3 月.
3. 吴志明. 员工招聘与选拔实物手册[M]. 机械工业出版社, 2002 年 1 月.
4. 熊超群. 人才甄选与招聘实务[M]. 广东经济出版社, 2003 年 6 月.
5. 朱冽烈等. 大学生求职测评手册[M]. 中国城市出版社. 2002 年 10 月.
6. 费秋英: 管理人员素质与测评[M]. 经济管理出版社. 2004 年 6 月.
7. Mathis & Jackson. Human Resouce Management Essential Perspectives [M]. Thomson Learning, 2004.
8. 张培德等. 职业发展实验教程[M]. 华东理工大学出版社. 2010 年 2 月.

提升高等学校自主招生成效
构建高中学生能力素养模型

相正求

摘　要：自2003年以来，中国教育部开始推行自主招生，结束了此前高校只能在每年同一时间招考的历史，也改变了高中学生一考定终生的格局，这一举措引起了社会各界的强烈反响和广泛关注，由于各高校自主招生的标准不统一，内容不够规范，也容易产生权力腐败、关系腐败，为此研究高中阶段学生能力素养的分布情况，进一步规范面试内容，显得尤为必要。本文以此为研究目的，对高中在任老师进行调查访谈，了解高中生在高中阶段应该拥有的能力和素养并对其进行分析统计，得出高中阶段高中生的能力素养模型，为高校自主招生面试题的设计奠定基础。

关键词：高校自主招生　　高中生　　能力素养模型

Improve Effectiveness of University Autonomous Recruting and Establish Ability Quality Model for High School Students

Abstract：Since 2003, Chinese Ministry of Education began to carry out university autonomous enrollment, ended up the history of annual enrollment for colleges and universities, also changed the once-a-year lifelong pattern of high school students. This move has aroused a strong repercussion among people from all walks and widespread concern in the community. Due to the standard of independent enrollment in colleges and universities is not unified, the content is not standardized, it is easy to generate power corruption, relationship corruption. Therefore, studying the distribution of high school students' ability in high school stage and furthering standardize the interview content are particularly necessary. In this paper, the purpose of the study is to interview and investigate the high school teachers in teaching, to understand the ability and quality that high school students should have in the high school stage, then to analyze and count the data to conclude the senior high school students' ability of literacy model and lay the foundation for the design of autonomous enrollment interview questions.

Keywords: university autonomous enrollment; senior high school students; ability quality model

近年来,高校通过面试自主选招优秀高中毕业生这样的方式已经越来越普遍,但是如何规范面试内容,怎样才能更为精准地找到最优秀最合适的学生却是摆在各高校招办老师面前的难题。要想找到优秀合适的学生必须要用专业科学的手段和方法,人力资源管理测评方法中比较经典的方式是心理测验、面试和评价中心技术,心理测验运用已经非常普遍,久而久之它的信度和效度大大下降,而评价中心技术实施难度又比较高,所以面试方式成了高校自主招生中最常用的方法。本研究通过调查高中任课老师对高中生所拥有的能力素养了解,进而对调查数据进行分析,得出现在的高中生应该拥有的能力素养分布,并对这些能力素养进行梳理,搭建出高中阶段学生能力素养模型,为高校自主招生面试内容设计及其能力素养的差别辨识建立一个可供参考的标准,更加规范自主招生的程序和内涵。

一 研究背景、研究方法及研究对象

(一) 研究背景

高校自主招生又称自主选拔,是高校选拔录取工作改革的重要环节。包括国家重点大学自主招生与高职自主招生两大类。2003年,中国教育部开始推行自主招生,结束了此前高校只能在每年同一时间招考的历史。2014年11月,根据国务院考试招生改革整体精神,2015年起,自主招生考试应将安排在全国统一高考后进行,自主招生试点高校或将仍允许安排笔试环节。

通过高考自主招生笔试和面试之后,可以得到相应的高考降分政策,通常学生通过考试后,招生学校会与其签订招生考试合同,签订合同后,一般可享受降低10分至几十分录取的优惠政策,另外还有专业选择方面的优惠。2015年起,所有试点高校自主招生考核统一安排在高考结束后、高考成绩公布前进行。

国家提倡高校自主招生,彰显了21世纪国家不拘一格选人才的魄力,但战略上的宏伟决策未必能完全弥补战术上的缺陷,现在很多高校在招生面试时的试题出现了不规范、随意的现象,甚至有的高校之间还互相抄袭,对学校自身的发展造成一定的潜在问题,也对许许多多考生造成一定的不公平,久而久之会扼杀众多参加自主考试考生的积极性,也会对自主招生事业的发展造成极大的不利,因而有必要对高中阶段学生应该拥有的能力素养做一定的分析和研究,以便高校在自主招生面试题的设计上有一个比较客观具体的参照。

(二) 研究方法

采用调查问卷、访谈、统计分析、专家研讨及文献检索等方法。

(三) 研究对象

公办教师 29 名,民办教师 11 名。包括语文教师 7 名,数学教师 7 名,英语教师 8 名,物理教师 6 名,化学教师 7 名,其他课程教师 5 名。

二 高中生能力素质统计分析

(一) 能力

表 1 关于能力的调查统计

能力	人数	重要性加权排序
语言表达能力	21	7
应变能力	24	5
沟通能力	32	1
学习能力	35	2
领悟能力	26	6
创新能力	10	8
执行能力	29	3
承受压力能力	33	4

超过 70% 的教师在对高中生重要能力的调查中选择了学习

能力、承受压力能力、沟通能力和执行能力。在所有相关能力中，沟通能力和学习能力在教师眼中最为重要，执行能力和承受压力能力次之，创新能力在其中最不重要。

（二）人格素养

表2 关于人格素养的调查统计

人格素养	人数	重要性加权排序
出众的能力	30	4
良好的个性	28	3
真诚的态度	37	1
良好的品质	35	2
精湛的专业知识	23	5

在教师眼中，几乎所有人都认为与出众的能力和精湛的专业知识相比，真诚的态度和良好的品格对学生最为重要。由此可见，人格素养比专业能力知识更加重要。

1. 个性

表3 关于个性的调查统计

个 性	人 数	重要性加权排序
开拓进取	26	3
创新意识	21	5
乐观开朗	11	8
真诚善良	24	6
宽容随和	14	9
善解人意	8	10
踏实稳重	28	1
可塑性强	20	7
合作意识	30	2
做事有恒心有毅力	32	3

超过半数的教师选择做事有恒心有毅力、合作意识、踏实稳重、开拓进取和真诚善良作为高中生重要的个性,在他们眼中,踏实稳重最为重要,合作意识、开拓进取和做事有恒心有毅力次之,最不重要的个性是善解人意。

2. 态度

表4 关于态度的调查统计

态　度	人数	重要性加权排序
积极主动	31	3
责任意识	37	1
敬　业	32	2
吃苦耐劳	30	4
乐于助人	16	5

80%的教师认为责任意识、敬业和积极主动的态度对学习来讲很重要,其中责任意识最为重要,敬业次之。

3. 品德

表5 关于品德的调查统计

品　德	人数	重要性加权排序
忠　诚	34	1
自律意识	34	2
尊重规则	33	3
不计较得失	26	5
尊重他人	27	4

教师普遍认为以上品德对学生都是重要的,其中,忠诚和自律意识作为优良的品质对学生来说最为重要。

(三) 结论

由教师观点统计可知,高中学生的个人能力和素质在所有有

利于学习和适应社会的因素中最为重要。由此,进一步提炼得出以下核心素质:

表6 高中生核心素质调查说明

素质族	排序	素质项目	项目定义
态度	1	责任意识	对外界所赋予自身责任的认识、情感和信念,以及与之相适应的遵守规范、承担责任和履行义务的自觉态度,把实现团队的目标当成是自己的目标
	2	敬业	具有使命感,热爱学习和工作,认可自己的职责,可以全身心投入到学习和工作中去,尽心尽力采取行动去完成学习和工作任务
	3	积极主动	在学习中自觉地付出超出预期和原有需要层级的努力,在没有他人鼓励的情况下善于发现和创造新的机会,提前预计到事情可能有的障碍,并有计划地采取行动避免问题的发生,提高学习和工作成效的能力
品格	4	忠诚	认可团队文化、环境,相信团队将为其提供发展的机会和应得的物质回报,全身心地投入到学习和工作中去,把个人的发展融入到团队发展中去
	5	自律意识	在没有人现场监督的情况下,能够自己要求自己,变被动为主动,自觉地遵循规章制度,拿它来约束自己的一言一行
	6	尊重规则	遵从团队运作中的各种规则和组织的整体战略方向,从团队的整体和长远利益出发考虑自身职责,不会为局部小利而轻易打破规则和已经建立的平衡
个性	7	踏实稳重	为人处世切实、不浮躁,处世沉着而有分寸
	8	合作意识	一种为达到既定目标所表现出来的自愿合作和协同努力的精神,努力于调动团队成员的所有资源和才智,充分挖掘团队潜能,互补互助以达到团队最大工作效率的能力
	9	恒心和毅力	为达到预定的目标而自觉克服困难、努力实现并持之以恒的意志品质
	10	开拓进取	在学习和工作中勇于不断探索创新、接受挑战,打开新局面,争取新的成就

(续表)

素质族	排序	素质项目	项目定义
能力	11	沟通能力	主动了解他人的角色和状况,可以有效倾听、理解、体会并做出有效回应的能力。包含着倾听能力、表达能力、设想能力等
	12	学习能力	通过个人有计划的学习和安排时间,增加学识、提高技能,并把它应用到日常生活和工作中以提高个人和团队绩效
	13	执行能力	学习和工作中能够迅速理解老师和上级意图,形成目标并制定出具体可操作的行动方案,通过有效组织各类资源和对任务优先顺序的安排,保证计划的高效、顺利实施,并努力完成学习和工作目标的能力
	14	应变能力	是指能够正确面对环境的变化,并在变化中灵活机动地应对,开展有效学习、生活、工作的能力

三 高中阶段学生能力素养模型的搭建

（一）责任心

1. 基本定义:对外界所赋予自身责任的认识、情感和信念,以及与之相适应的遵守规范、承担责任和履行义务的自觉态度,把实现团队的目标当成是自己的目标。

2. 属性:门槛性指标。

3. 行为等级

表7　高中生责任心能力素养的行为等级定义

等级	描述	备注
0级	责任模糊 对自己的责任定位有些模糊,缺少主动投入的理念,不够担当,较难为团队付出自己的行动和一些利益	职责定位不清,不愿付出

(续表)

等级	描 述	备 注
1级	认识责任 　　对自己的职责有基本的认识,真诚投入,任劳任怨,愿意为实现团队的目标而牺牲自我的部分利益	需要对自身的职责有基本的认识,能够牺牲一部分的个人利益
2级	心系责任 　　懂得自己的职责对整个团队的重要性,尽心尽力做好自己的分内事,并能从尽职中获得满足,能够不局限于职责本身,心怀全局	需要懂得自己职责的重要性,深化自己对团队的责任
3级	倾情付出 　　能够与团队成员共患难,有强烈的使命感,能对学习生活中的问题进行系统的思考,提出合理的建议,在团队需要时愿意作出"自我牺牲"	需要更深层次的责任认识,更大程度地奉献自己
4级	付出所有 　　强烈的主人翁意识,全面深入认识自己职责的重要意义,对尽职尽责几乎狂热、全情投入,在尽心尽责中获得极大的满足与成就,愿意为团队贡献自己的一切	需要更全面更深入地认识自己的责任,为团队奉献自己的全部

（二）理解沟通

1. 基本定义:主动了解他人的角色和状况,可以有效倾听、理解、体会并做出有效回应的能力。包含着倾听能力、表达能力、设想能力等。

2. 属性:门槛性指标。

3. 行为等级

表 8　高中生理解沟通能力素养的行为等级定义

等级	描　述	备　注
0级	自我中心 　　很少从他人的角度思考问题,无法引起对方的共鸣,不愿意倾听;平时不注重沟通,遇到冲突与矛盾以强权或回避来解决,做事不考虑到他人的感受	往往以自我为中心,缺乏沟通意识
1级	积极理解 　　以开放的心态对待他人,尝试从对方的角度和立场考虑问题,体察对方感受;遇到沟通障碍时,能够以积极的心态和不懈的努力对待冲突和矛盾	愿意去听,有换位思考的意识
2级	有效倾听 　　能清楚地倾听及体会到他人已表达或没有表达出来,或是说明不完整的想法、感觉及考量,能够用心倾听,让人觉得被理解,善于通过正式及非正式的形式与他人进行交流	可以真正听懂别人的想法,并适时用自己的话语表达出来以回应对方
3级	互动澄清 　　能够有效倾听,并理解言语中潜在的信息,在交流过程中对不清楚、不了解的问题有询问、明确、澄清的行为;能够清楚地表达自己的想法,并可以预测他人对自己行为的反应,据此适当调整自己的行为,在交流中取得他人的信任	不仅仅是倾听,还有澄清、互动的行为
4级	策略沟通 　　有优秀的洞察力与心理分析能力,能从他人的表情、语气判断他人的情绪;对人际压力有良好的承受力和应对能力;能够针对不同情境和不同交往对象,灵活运用沟通方式和技巧;能够有意识地在组织中搭建沟通平台,通过机制建设确保沟通渠道的顺畅	优秀的洞察力和心理分析能力,可以针对不同的对象采取不同的沟通策略

（三）随机应变

1. 基本定义:是指能够正确面对环境的变化,并在变化中灵活机动地应对,开展有效学习、生活、工作的能力。

2. 属性:门槛性指标。

3. 行为等级

表 9　高中生随机应变能力素养的行为等级定义

等级	描述	备注
0 级	无法承受 　　习惯于既定的学习和生活状态,无法感知、承受或应对外界发生的变化,缺乏一定的适应调整能力	无敏感意识,承受能力差
1 级	接受变化 　　对外界发生的变化有一定的察觉能力,能够认识到自身在应对外界变化时表现出来的不恰当举措,并有加以改进的意愿	尚不能采取有效措施加以应对
2 级	改变操作 　　能够清楚认识到外界环境变化可能带来的影响,通过对学习方法或其他要素等的改变,可以取得一定的积极效果	能在察觉的基础上实际解决问题,在操作层面加以应对
3 级	战略调整 　　通过对变化原因的判断和分析,能够适时从根本上调整既定目标、学习计划、行动方案或对特定项目进行全面修改和调整以适应外界变化,可以应对较为多变的复杂环境,通过事后总结制定简单的应对预案	从变化原因出发全面考虑应对措施,并能总结制定应对预案
4 级	预案应对 　　根据学习和生活经验能够预先制定应对变化的程序和方案,并与他人分享,以预案应对环境变化,减少不定因素对学习和生活带来的影响,同时能够在应对变化过程中发现可能为将来带来的各种机会,并及时做好相应准备	变被动应对为主动预防,在变化中寻找机遇

(四) 团队合作

1. 基本定义：一种为达到既定目标所表现出来的自愿合作和协同努力的精神，努力于调动团队成员的所有资源和才智，充分挖掘团队潜能，互补互助以达到团队最大工作效率的能力。

2. 属性：鉴别性指标。

3. 行为等级

表 10　高中生团队合作能力素养的行为等级定义

等级	描　　述	备　　注
0级	单打独斗 　　团队合作意识淡薄，不懂得以开放的心态对待合作者，不懂得欣赏他人、信任他人；做事往往从个体主观出发，较为强势，与他人互动较为被动	缺乏团队合作的意识，缺少合作行为，即使有也表现为强势和被动
1级	平等合作 　　基本明确自己在团队中的角色；能够与团队成员分享相关有用的知识和信息，能与团队成员有较好的互动并主动配合；以团队利益为重，支持团队决议，帮助团队成员，不以权压人	能够融入团队，清楚表明自己的观点和想法，与团队成员平等合作
2级	鼓励他人 　　能够以欣赏、信任和支持的心态对待团队成员，愿意征求并尊重他人的专业意见，鼓励团队成员参加团队讨论与团队决定，尊重每个人为团队所做的努力，能够用积极的口吻评价团队成员	认可他人的能力和水平，促进团队成员共同为团队作出贡献
3级	促进良性冲突 　　能够自如地、迅速地、心平气和地承认自己的错误、弱点，并进行求助，带头促进团队成员间的信任感；能够识别虚假的和谐，引导和鼓励适当的、建设性冲突，以开诚布公的方式化解团队因个人意见产生的负面冲突	化解个人冲突，促进良性冲突，提高团队信任感和整体成绩

(续表)

等级	描 述	备 注
4级	构建合作机制 　　有领导魅力,强调团队的价值,能进行有效的团队成员角色分析,通过主动营造友好的团队气氛、道德和行为标准、共同目标以及合作精神来解决团队问题,保护和提高团队的声誉,鼓励团队整体行为,形成团队合作机制,能够使团队被外界认同或推崇	能够领导团队,建立高效的团队运行机制

(五) 创新精神

1. 基本定义:运用知识、理论和实践经验,不断提供具有价值的新思想、新理论、新方法等,以提高学习成绩的能力。

2. 属性:鉴别性指标。

3. 行为等级

表11　高中生创新精神能力素养的行为等级定义

等级	描 述	备 注
0级	因循守旧 　　刻板僵硬、不思进取,面对新的事物和新的思想,情绪抵触、不认同,更不会主动探索	缺乏创新概念,更无创新行为表现
1级	创新意识 　　主动关注身边的新事物,有创新的意愿,有质疑传统和常识的胆量,愿意尝试新的方法和接触新的思想,进而对富有挑战性的学习工作有兴趣	具备创新意识
2级	挑战现实 　　经过周密考虑,能够提出与众不同的观点、见解和方法,敢于采取有一定风险的行动,对潜在的危机比较敏感,努力寻找新的方法和途径,积极应对未来的挑战	能够参与创新,有一定的创新性行动

(续表)

等级	描 述	备 注
3级	融会贯通 　　主动为自己设定具有挑战性的目标,并采取新的方法去实现目标,通过自己的判断和实践合理规避创新风险,改进原有的方案,找到更有效的途径,实现创新目标	付诸行动,并合理调整自己行为且主动实现创新目标
4级	组织创新 　　不断学习新的理论和接触新的事物,提升自己的创新意识和能力,能够作为团队创新精神的创导者,积极倡导新思维,营造创新氛围,支持他人的创新行为,鼓励团队其他成员一起创新	发展自己的创新,并且营造创新氛围,鼓励和帮助他人一起创新

（六）学习精神

1. 基本定义:面对新知识、新事物充满好奇,不断学习提高自己,并把它合理运用到学习和生活中去以提高个人学习效率和生活质量的行为取向。

2. 属性:门槛性指标。

3. 行为等级

表12　高中生学习精神能力素养的行为等级定义

等级	描 述	备 注
0级	被动学习 　　不关注形势和环境的变化,不关心新事物、新知识,缺少对知识的渴求,学习动机不强烈,停留在要我学的层面上	缺乏主动学习的意识,没有强烈的学习欲望
1级	敏锐好奇 　　积极关注新知识,尤其是与自己的学习生活有关的各种新事物,对此表示出强烈的好奇心,充满求知欲望,有强烈的学习动机	表现出对新事物的好奇和强烈的学习欲望

(续表)

等级	描述	备注
2级	付诸行动 　　主动寻找各种途径,运用可能的信息和资源进行学习,不断丰富自己的知识,提高自己的学习生活能力,并应用到自己的学习生活实践中以提高个人的各项成绩	把学习的动机付诸学习行动并不断应用提高个人的学习成绩
3级	总结提高 　　对自己学习的新知识、新技术不断加以实践应用,并总结经验教训和成功心得,适时建立知识分享机制,帮助他人一起学习发展,以提高团队整体成绩	总结经验,组织分享以提高团队成绩
4级	追求卓越 　　不断地学习提高自己的知识和技能,把学习作为一种兴趣,为此甘愿付出自己大量的心血,努力把自己由一个学习者转变成为一个专业者,不仅使自己的学习成绩突飞猛进,也促进团队整体成绩更上一层楼	学习已然成为一种兴趣,一种超越自我的内在动力,使个人和团队的成绩紧密结合在一起

通过问卷调查、访谈、统计分析、专家研讨及文献检索等方法,得出了高中阶段学生的能力素养的具体分布情况,并在这基础上筛选出在自主招生过程中须特别关注的六项能力素养,对这六项能力素养进行了建模,每项能力素养分成了五个级别,第0级为最低,第4级为最高。在建设面试题时可参照这五级能力描述建立评分标准,在招录学生时可以根据分数的高低分布进行择优录取。高校自主招生是高校选拔录取工作改革的重要环节,不仅是教育部门、学生家长,也是全社会都应该重视的事情,学校人力资源管理研究者更应该首当其冲,倾力倾为为高校自主招生的方式、内容更加科学有效贡献力量,力求通过建立最合适的体系和方法录取到最优秀、最合适的学生。本研究旨在为学校人力资源管理者对于高校自主招生的进一步改革研究起抛砖引玉的作用,为进一步

研究开发自主招生面试题奠定基础。

参考文献

1. 黄勋敬.赢在胜任力[M].北京邮电大学出版社.2007年10月.
2. 徐畅、庞杰编.大学生基本素质训练教程[M].清华大学出版社.2010年8月.
3. 秦杨勇.能力素质模型设计五步法[M].鹭江出版社.2009年1月.
4. 魏钧主讲.基于胜任力的面试技术[M].北京大学音像出版社.2013年6月.
5. 应届生求职网.应届生求职面试全攻略[M].上海交通大学出版社.2009年9月.
6. 彭剑锋、刘军、张成.管理者能力评价与发展[M].中国人民大学出版社.2005年5月.
7. 江光荣、郑希付.中国高中生心理健康素质调查[M].北京师范大学出版社.2009年5月.
8. 韦秀英.哈佛凌晨四点半[M].北京时代华文书局有限公司.2014年1月.

杜威经验论视角下的多层次实践教学模式探析
——以组织与工作设计课程为例

张燕娣

摘　要：杜威的经验论及其"从做中学"的教育思想为重视和加强实践教学提供了新的视角和理论依据。《组织与工作设计》是人力资源管理专业中理论性和实践性都很强的一门课程，文章以杜威的经验论为切入点，阐述了人力资源管理专业进行实践教学的必要性，并以组织与工作设计课程为例，介绍了在其教学过程中建立的多层次立体式的实践教学模式，对这一实践教学模式的意义、形式、内容及实施中需注意的问题进行了详细阐述。

关键词：经验论　组织与工作设计　实践教学

Multi-level Practice Teaching Mothodology Based on the Dewey's Theory of Experience
——Take the Course of Organization and Job Design as an Eaxmple

Abstract：Experience and the education thought on "learning from doing" provides a new perspective and theoretical basis for the practice teaching. Organization and Job Design is a course of theory and practice in human resource management major. Taking Dewey's theory of experience as the breakthrough point, the article expounds in detail the the multi-level practice teaching mode including its significance, form, content and precautions.

Keywords：theory about experience; organization and job design; practice teaching

人力资源管理是极具应用性和实践性的专业。作为培养人力资源专业人才的高校,把学生培养成既有深厚专业理论知识又有过硬专业技能的人才是我们责无旁贷的任务。而要将这一任务落到实处,就应在我们的专业教学中,既要抓好理论学习,又要同时搞好实践教学。

一 杜威的经验论及"从做中学"的教育思想

美国著名的哲学家、社会学家、教育家杜威十分重视经验在教育中的作用。他认为"一切学习都来自经验",他从实用主义经验论和机能心理学出发,批判了传统的学校教育,并在此基础上提出了"从做中学"这个基本原则。由于人们最初的知识和最牢固地保持的知识,是关于怎样做的知识,因此,教学过程应该就是"做"的过程。杜威认为,"在做事里面求学问",比"专靠听来的学问好得多。"学校课程的真正中心应是儿童本身的社会活动,因而提出儿童应"从做中学",从自身的活动中去学。为此,他提出要以生活化和活动教学代替传统的课堂教学,以儿童的亲身经验代替书本传授。杜威指出,贯彻"从做中学"的原则,会使学校所施加于它的成员的影响更加生动、更加持久并含有更多的文化意义。杜威反对传统教育的"教师中心",他认为,好的教学必须能唤起学生的思维。所谓思维,就是明智的学习方法,或者说,教学过程中明智的经验方法。在他看来,如果没有思维,那就不可能产生有意义的经验。因此,学校必须要提供可以引起思维的经验的情境。尽管他的很多主张都是针对儿童提出的,但他的教育理论对世界教育产生了重大影响。他强调学习者个人的直接的主观经验,提倡学生的个人探索,重视知识的学以致用,培养学生的实际操作能力,而这些都需要靠实践教学来完成。

二 人力资源管理专业进行实践教学的必要性

(一) 杜威的经验论为实践教学提供了理论依据与指导

杜威的经验论为教育实践提供了理论指导。杜威十分重视学生个人的经验,强调教育与个人经验之间的有机联系。由此,他指出教育者的责任就在于,从现有经验的范围内,选择那些有希望、有可能提出一些新问题的事物,这些新问题能激起新的观察和新的判断的方式,从而扩大未来的经验的范围。以经验为基础的教育,其中心问题是从各种现在的经验中选择那种在后来的经验中能够丰满而具有创造性的生活的经验。这样,教育是联结现有经验和未来经验的桥梁。因此,教育必须以学习者已经具有的经验作为起点;这种经验和在学习过程中发展起来的能力又为所有的未来的学习提供了起点。杜威的经验课程观中以"经验"为本质,强调学习者在学习过程中的主体体验。经验论及其"从做中学"的教育思想为实践教学的开展提供了理论依据。当然,在教学实践中也不能因一味强调"经验"而把"从做中学"绝对化,否则必然会导致否定间接的知识和系统知识的价值。因此,在教学中,应坚持以理论教学为基础,在理论学习的基础上搞好实践教学,使二者有机结合,以达到理想的效果。

(二) 人力资源管理专业的特点决定了其专业课程必须重视实践教学

人力资源管理是极具应用性和实践性的学科,适应社会发展需要的人力资源管理人才应该是高素质、实用型、创造型兼具的人才。为了实现这一培养目标,那种理论性、课堂型为主的传统教学模式显然已经不能满足现代社会发展的需要,因此在专业课程的教学中,亟需突破传统教学模式,在理论教学的同时,注重采用多种形式的实践教学,以加强学生对课程的理解,提高实际操作技能。实践教学是巩固理论知识和加深对理论认识的有效途径,是培养具有创新意识的高素质技术人员的重要环节,是理论联系实际、培养学生掌握科学方法和提高动手能力的重要平台。

本文将以人力资源管理专业中的《组织与工作设计》课程为例,详加阐释这种多层次实践教学模式。

三 多层次实践教学模式及其意义

(一) 多层次实践教学模式的含义

所谓多层次实践教学模式,是指在课程教学中,根据教学需要,采用案例教学、情景模拟和亲身综合体验实践等多种特点不同、作用不同的实践教学法相结合的一种综合实践教学模式。在教学中,教学方法的选择和应用直接影响着课程的教学效果,制约着教学质量。实践教学的方法有多种,每一种的特点及作用有别,为了保证实践教学的效果,应结合教学内容与特点综合运用多种实践教学方法。

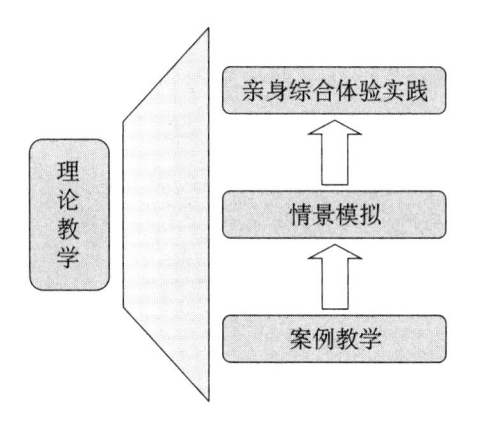

多层次实践教学模式图

多层次实践教学模式首先应以理论教学为基础,配合理论教学加以开展。其次,案例教学、情景模拟和亲身综合体验实践所处的层次不同,其开展的时机也不同。针对具体的知识点,都可以使用处于第一层次的案例教学,如果需要同时运用几种实践教学方法,一般应先运用案例教学,加强对知识点本身的理解,然后运用第二层次的情景模拟,使学生深入掌握单个知识点的应用与操作。如有需要,最后再采用亲身综合体验实践。

(二) 多层次实践教学的意义

从教学内容来看,多层次实践教学能帮助学生切实掌握多项专业技能;从教学效果来看,实践教学的意义体现在以下几方面:

1. 多层次实践教学能增加学生的学习热情,调动其积极性和主动性

传统教学方法往往是灌输式的课堂宣讲,从书本到书本,方法单一,缺乏互动。教学过程中,学生缺乏思考,容易分散注意力,学习效果不佳。实践性教学的形式有别于传统教学,且形式多样新

颖,易于激发学生的学习热情,同时实践教学是以学生为主体,易于使学生对学习变被动为主动,提高学习积极性。

2. 多层次实践教学能帮助学生更好地理解和掌握理论知识

由于人力资源管理专业的专业课程往往具有很强的实践性,要求学生掌握具体的操作流程和方法,并且很多知识点只有在不断的实际操作中才能完全理解和掌握。而对于全日制本科学生而言,他们往往没有工作经验,对课程本身的很多概念、知识和操作方法缺乏直观的认识,因而更加难以理解。实践教学注重学生与教师的互动性、情景的仿真和真实的操作体验,很好地弥补了大学生缺乏工作体验的不足。通过实践教学,能将理论知识与现实相结合,并将所学知识应用于实践,解决实际问题,从而使一些抽象的理论变得通俗易懂,加深对理论知识的理解,掌握实际操作技能。

3. 多层次实践教学能培养和提高学生的人际交往、协同工作及解决问题等多种能力

在实践教学环节中,往往是以团队的方式开展工作和活动,具有丰富的人际关系互动,并需要将书本知识学以致用。为了顺利完成小组任务,不但需要丰富的专业知识,较强的专业操作技能,团队成员还必须分工协作,共同面对,协商解决可能遇到的各种问题,这就需要有良好的沟通能力、人际交往能力、团队合作精神、自信心和灵活性等。在此过程中,这一系列的能力都能得到锻炼和提升。

4. 多层次实践教学有助于实现教学相长的良性循环

一方面,学生通过实践教学更好地掌握专业知识和技能;另一方面,实践教学环节也为教师今后的案例教学提供了很多现实的素材,进一步丰富了教学内容,有助于今后教学质量的提高。此外,实践教学要求教师不仅要熟悉理论知识,更要具有实操经验,因而对教师提出了更高的要求。学生在实践教学中,需要身临其境解决实际问题,有利于促进学生积极思考、主动探索,达到良好的学习效果。而在实践教学中,教师需要承担"指导者"的角色,并对整个过程进行评价、总结,对于学生遇到的各种问题和困难要提供解决思路,这就促使教师不断提升专业素质和技能,积极参与实践性项目和课题,积累实践经验,从而实现教学相长的良性循环。

四 组织与工作设计课程中的多层次实践教学设计

组织与工作设计是人力资源管理专业的一门重要专业课,也是学位课,主要介绍组织与组织理论的基本知识、组织结构的设计、影响组织设计的权变因素、工作设计的理论和方法以及工作分析的有关知识与方法等内容。从教学内容来看,既有浓厚的理论性,又有很强的实践性。

笔者在教学实践中,在讲解理论知识的基础上,将案例教学、情景模拟和亲身综合体验实践等多种实践教学方法综合运用,形成了多层次立体式的实践教学模式,取得了良好的教学效果。笔者认为,这是一种值得推广和不断完善的教学模式。

(一) 案例教学

案例教学法是一种启发式、讨论式、互动式教学模式,20世纪20年代起源于哈佛大学商学院。案例教学,是在学习了基本知识点的基础上,教师将现实生活中具有代表性的事例提供给学生互相学习和讨论,以激发学生的学习兴趣,并鼓励学生主动参与的一种教学方法。其主要特点是把现实问题带入课堂,把枯燥的理论章节变成解决问题的公开讨论,把个人的思路变为集体的智慧,把教师的单向教授变为师生间的教学相长。组织与工作设计是一门理论性和实践性要求都较高的课程,案例教学法较好地适应了该课程的特点。案例是实际工作的缩影和仿真,通过对案例的分析和讨论使学生更好地理解和掌握有关知识,并学习将知识应用于分析和解决问题。案例既可以是企业组织设计或工作分析的整体情境,也可以是其中的某一环节;既可以是成功经验,也可以是失败教训。学生在教师的指导下进行课堂讨论,用所学的理论解决案例中所面临的具体问题,重点是让学生将所学的理论知识活学活用,用来分析问题,提出解决问题的方案。

在组织与工作设计这门课程的教学中,可根据教学内容和进度,穿插各类案例,将案例教学贯穿始终。在讲授组织理论、组织结构及组织设计的权变因素、工作设计等内容时,由于其理论性较强,在讲解基本知识点的基础上,可以广泛、普遍地运用案例教学组织学生讨论,引导学生分析问题、解决问题,进一步巩固、深化对基本知识的理解。而工作分析的相关知识与内容,实操性更强一些,则应适度运用案例教学,更多运用其他实践教学方法。如在讲授工作分析方法一章时,在介绍各种工作分析方法及其优缺点、适用范围、操作等的基础上,可安排一个有针对性的案例,案例可以介绍某企业实施工作分析的背景,具体采用何种工作分析方法进行工作分析,结果如何等内容,要求学生就案例中采用的工作分析方法作出分析和评价,指出案例中哪些方法使用恰当,哪些又是不恰当的,并说明原因。这样,学生能结合案例的具体情境尝试对各种工作分析方法的使用加以分析,从而加深对方法适用范围、优缺点、操作注意事项等有关内容的理解和掌握。

（二）情景模拟

情景模拟法来源于 20 世纪 80 年代发展起来的情境认知理论。该理论认为：人类所有的知识都是人的活动和环境互动的产物，是对世界的索引。情境认知理论强调教学过程的设计，以学生为主体，内容、活动的安排与实践连通，要把知识的获得与学习者的能力发展统合在一起。情景模拟法缩短了学生与社会的距离，情景的逼真与角色的进入不仅使学生的思维、技能、表达以及运用等各个方面的能力得到提高，而且使学生的心理素质得到锻炼，增强了他们的心理承受能力。

通过设置相关的情景，让学生置身其中，在有限的时间和空间里对一些具体操作流程和方法有一些切身的体会，从而加深他们对学习内容的体会和理解。组织与工作设计教学中情景模拟的使用重在使学生掌握工作分析、工作设计的具体操作方法与技巧。

情景模拟有两种实施方式，一种是通过在实验室应用相关软件，完成相关模块的情景模拟实训。如"踏瑞工作分析情景模拟实训软件"中"访谈法"、"关键事件法"、"任务清单法"等工作分析方法模块，以及"工作分析的一般过程"，这些情景模拟模块的使用实施都在教学中取得了较好的效果。另一种实施方法则是把"情景"搬入课堂，现场模拟并指导。以对访谈法的教学为例：由于学生没有工作经验，对社会上的岗位不熟悉，为便于教学指导，可以将工作分析的岗位设定为教师岗位，或者是某个班干或学生会、学生社团的某个职位。这些岗位是他们经常接触的，因而有一定的了解。从自己熟知或有一定了解的岗位入手，对信息的采集和分析都比较方便和容易，也符合教学中由浅入深的原则。将学生分组，组成工作分析小组，由他们事先编写好访谈提纲，由教师本人或某个班干、学干作为访谈对象,在准备工作就绪后,在课堂上由工作分析小组当场实施工作分析访谈,其他同学则现场观摩。如由教师作为访谈对象,教师还可以在访谈中有意识地设置障碍,如扯开话题、回答过于简单或唠叨等,以观察学生是否能较好地掌握访谈技巧,把控访谈局面。访谈结束后,先由现场同学讨论点评,再由老师针对访谈内容、访谈过程中的技巧,尤其是存在的不足和问题等进行有针对性的分析和点评。通过这种角色扮演和情景模拟,尤其是经过学生和老师的点评后,学生会对访谈内容、访谈技巧等有深刻的体会,对一些容易出现的问题也知道如何应对。而对于观摩的同学来说,也起到了一个典型示范的作用。此外,对观察法、主题专家会议法、问卷法等方法的实施操作也都可以采用情景模拟的教学方法。

(三) 亲身综合体验实践

亲身综合体验实践,也就是综合实战,即在前期理论加固和技能实训的基础上,设计某项工作任务由学生全程实践完成。亲身综合体验实践可以运用于"工作分析的实施与结果"教学中。由学生自己选择分析对象,完成工作分析的准备、实施以至最后结果的形成的整个任务,通过自身体验以切实掌握工作分析所需的各项专业技能。案例分析与情景模拟都是对个别知识点或局部知识的巩固和锻炼,而亲身综合体验实践则是对工作分析这项技能的完整体验与训练,也是对学生专业能力、团队合作能力、沟通能力、解决问题能力等各项综合能力的一次锻炼与检验。

在具体操作上,可以将全体学生分成小团队分别进行工作分析的亲身综合体验实践。每个团队首先要选择一个企业或企业的一个部门作为工作分析的对象,然后,制定一个工作分析实施的总体方案,再具体选择两个岗位进行工作分析,制作这两个岗位的工作说明书。在这个过程中,他们会遇到各种不同的问题。例如,有的团队均是外地学生,他们在选择工作分析对象环节就遇到了很大的阻力。为了便于实施工作分析,他们选择了学校附近的一家企业作为分析对象,但该企业根本就不允许学生进入。他们多次上门劝说、讲明情况、反复沟通后终于取得对方的许可,实施了工作分析访谈。在这一过程中,学生的人际沟通能力和解决问题的能力得到了极大的锻炼和提高。在完成工作说明书后,各组需要在课堂上进行交流介绍,内容包括此次工作分析的对象、背景、方法、大致过程、遇到的问题和困难以及收获等,还要将此次工作分析的实施计划及工作说明书展示出来。介绍完毕后,由其他各组予以点评,再由老师进行点评。侧重对遇到的困难和问题如何解决、工作实施计划是否合理、工作说明书的编写质量进行详细的分析和点评。在这样的实践中,学生们要自主地思考,制定工作分析的方案,具体执行和操作,解决实施过程中遇到的各种问题,并可以通过实践操作的结果直接检验自己工作分析方案的效果。通过师生点评,更进一步了解实施过程中的不足与可取之处,切实掌握工作分析的相关技能。

五 实践教学中应注意的问题

(一)以理论教学为前提和基础

实践是理论的源泉,理论是实践的总结和升华,从理论到实践,从实践到理论,是掌握、探索和创新知识的基本规律和基本途径。因此,理论教学与实践教学的关系不是主从关系,而是辩证统一的关系,是相对独立、相互依存、相互促进的同一教学体系的两个方面。实践教学相对于理论教学更具有直观性、综合性与创新性,实践教学需要理论的指导,因此在进行实践教学之前,应先学习相关的理论知识,没有工作分析的相关理论知识,无论是案例、情景模拟还是亲身综合体验实践都无从谈起,也无法实践操作。

(二) 合理选择实践教学方法

每一种实践教学方法的特点不同,适用的情况也不同,因此,应根据课程的具体内容与特点正确选择。如在组织与工作设计这门课中,对于理论性较强的组织理论、组织结构、组织设计的权变因素等内容较适合采用案例讨论与分析;而对于应用性、操作性较强的内容,则更适合采用情景模拟或亲身综合体验实践,如工作分析的操作流程、工作分析中的信息收集方法、工作说明书的撰写等内容。一般来说,情景模拟由于受情景所限,更适于用在对单个知识点的应用教学中,而亲身综合体验实践由于不受场景所限,且耗时多、投入精力大,更适用在需要对专业知识加以综合运用的任务中使用。

(三) 加强过程控制

实践教学环节中,如果学生参与积极性不高、缺乏合作意识或准备不足,则容易造成实践教学的失控,难以达到预期目标。因此,进行实践教学,教师要给学生制定明确的教学任务,善于启发、引导,做好相应的组织准备工作,建立合适的学习考核机制。同时,加强对过程的控制。案例讨论是在课堂当场进行,情景模拟需要事先做好相应准备,具体实施是在实验室或课堂进行,都比较便于过程控制,但亲身综合体验实践则大多是在课外进行的,只有最后总结交流部分才在课堂进行,不便于监督和控制其实施过程,因此,要注意加强对过程控制的设计。现在网络资源比较丰富,如果在亲身综合体验实践中仅要求提交某岗位的工作说明书,可能会出现有的同学不进行实际操作而通过查找资料直接提交结果的情况。为了有效避免这种情况的发生,使亲身综合体验实践达到效果,首先,在设计环节可要求学生提供实践操作的过程性文件。采集岗位信息是工作分析的必需阶段,而采集信息的方法是要根据实际情况加以选择的。因此,如学生采用问卷法收集信息,则要求提交使用的问卷回收的问卷;如采用访谈法收集信息,则要求提交访谈提纲和提纲记录;如采用观察法,则要求提交观察提纲和观察记录等。其次,需要学生提交工作分析对象的具体背景信息,便于教师在总结分析时做到有针对性,也避免学生不经调查而用查找的资料张冠李戴。第三,在总结交流阶段要对实施具体过程加以介绍。此外,还可要求学生对信息采集环节录制视频。这些举措都能较为有效地保证学生在课外所进行的各项操作的真实性。

(四) 做好实践环节的分析和点评工作

无论是案例讨论与分析、情景模拟还是亲身综合体验实践,分析和点评都是决定其效果好坏的重要一环。案例讨论与分析,教师在将案例背景展示出来后,要充分调动学生讨论参与的积极性,启发其思考,在分析和点评环节更要注意答案的准确性与灵活性,防止机械地固化答案,局限学生的思维。在情景模拟环节,尤其是现场的情景模拟,教师要善于观察、灵活应变,针对情景模拟中出现的各种不同问题进行点评。而就组织与工作设计这门课的亲身实践这一教学形式而言,老师无法带领众多学生去完成这一实践环节,只能将学生分组,以团队的形式分别进行,这样一来,老师无法在现场进行指导,因此,事后的分析点评就显得格外重要。对操作环节的分析和点评可从以下几点入手:首先根据所选单位、部门及岗位背景资料的介绍了解分析对象的具体情况,然后根据分析岗位的特点、分析目的来看工作分析计划做得是否合理,方法使用是否得当,再看编制的工作说明书的内容是否合理,形式上是否符合目的要求、结构要求及具体编写要求等。通过这样有针对性的点评分析使学生意识到自己工作分析过程中的不足与问题,真正掌握工作分析的相关知识与技能。

总之,多层次实践教学是一种集多种实践教学方法为一体的实践教学模式,其具体实施还需灵活应用,在实践中根据所授课程的具体内容设计采用不同的方法,以取得良好的教学效果。

参考文献

1. 马国辉,张燕娣.工作分析与应用[M].上海:华东理工大学出版社.2008,11.
2. 李冲锋.杜威论经验与教育[J].宁波大学学报.2006,4.
3. 李淑娟,孙勋成.亲验式教学模式在人力资源管理教学中应用探析[J].商业经济,2011,5.
4. 吴蕊.绩效管理课程实践教学模式研究[J].广东技术师范学院学报(社会科学).2009,3.
5. 刘葵.人力资源管理课程实践教学设计的再思考[J].社会科学教学.2011,2.

先赋因素对大学生就业与职业生涯规划的影响

——基于初职获得的分析

万玲华

摘 要: 近年来大学生就业的结构性问题突出,一方面众多的大学毕业生找不到工作,另一方面一些用人单位招聘不到合适的人才。本文从职业生涯规划的角度研究解决这一问题的途径。职业生涯规划是贯穿于大学生培养和就业问题的一项重要工作。影响大学生就业的因素很多,其中先赋因素是不可忽略的因素之一。大学生职业生涯规划时应注意规避先赋因素的影响。

关键词: 先赋因素 大学生就业 职业生涯规划

The Research on the Influence of Ascribed Factors on College
——Graduates' Employment and on the Occupation Career Planning

Abstract: The structural problems of college students' employment is outstanding in recent years, on the one hand, many college graduates can not find work, on the other hand, some employers do not recruit the right person. This paper studies the way to solve this problem from the perspective of occupation career planning. It is an important work in the training and employment of college students. Among the many factors that affect college graduates' employment, ascribed factors is one that cannot be ignored. College students' career planning should pay attention to avoid the ascribed factors influence.

Keywords：ascribed factors；college graduates' employmt；occupation career planning

随着高等教育的普及化,大学教育已从精英化向大众化转变。自大学扩招以来,大学生就业压力剧增,近几年大学生就业难已成不争的事实,毕业即失业已非个案。在当今社会就业由"卖方"市场变为"买方"市场,接受过高等教育只是进入较高阶层的敲门砖,而不是向上流动的唯一资本。大学生就业难已成为一个棘手的民生问题。

虽然大学生就业压力增大,但是某些大学生身上存在着迷茫和自我价值迷失的现象,有相当一部分学生学习的动力不足,不知道为什么上大学,不知道自己将来干啥? 一些学生大学期间学习不够努力,临毕业找工作时缺乏自信,就业方向不明,甚至罔顾专业背景,迎合就业岗位的需要,只要用人单位接收,就盲目签约,勉强凑合;也有些人仍然抱着"天之骄子"的心态,好高骛远,另有些人高不成低不就,耗费了就业的最佳时机。这些倾向都导致了就业成功率的下降,也埋下了离职的种子,这种不考虑自身条件忽视职位和社会需求的就业并未从根本上解决就业问题。为此,结合大学生个人先赋因素进行职业生涯规划显得很有必要。先赋因素在大学生初次职业获得中究竟起到什么样的作用? 父辈累积的资本通过代际传承如何影响子辈的职业选择? 这是本文所要讨论的内容。

一 大学生职业生涯规划的作用

大学生职业生涯规划是对个人职业发展道路进行选择和设计的过程。其重要性不言而喻,越来越多的高校将职业生涯规划作为学生入门教育之一。入学开始职业生涯规划有助于大学生们培养自我管理的意识,就读期间就能明确若干年内职业发展方向。通过对大学四年的整体规划并为此努力,为以后工作打下基础,毕业时就有能力选择一份自己心仪和喜欢的职业。具体来说,其作用主要体现在以下几方面。

(1) 有助于大学生建立科学的择业观,确定职业目标和职业发展道路

科学择业是指求职者依照自己的职业期望和兴趣,凭自身能力挑选职业,使自身学养能力素质与职业岗位需求相符合的过程。受制于求职者自身条件和职业岗位要求的限制,一方面,求职者不可能具有从事所有职业的兴趣与能力;另一方面,不同职业由于有各自特殊的劳动对象、手段和工作环境,相应地对求职者的技能要求也有差异。

在目前"双向选择,自主择业"的背景下,一些大学生在高考填报志愿时所作的选择往往是被动的或是盲目的,听命于父母以"毕业后好找工作"为选择学校和专业的主要甚至是唯一标准,以致不喜欢所学专业而逃学或厌学。面对与日俱增的就业压力,大学生毕业时又容易出现两个极端:一是不切实际,盲目自信,对求职单位和职业有过高的要求;另一种是跟风,以热门行业作为选择和考虑的目标。这显然不符合科学择业观的要求,科学的择业观倡导的是"人职匹配",而系统的职业生涯规划有利于建立这种观念。

职业规划有助于确立正确的职业定向和职业目标。职业目标反映出个人的职业追求与职业发展道路。根据职业目标确定职业角色,目标不同,职业成功的标准不同。以技术型职业为目标的人,其志向和抱负在于专业技术水平渐趋高级;而管理型的人,其职业成功在于升迁至更高的职位。因此明确自己的职业目标,有助于自己的职业发展。

(2) 有助于提高个人工作技能,提升应对竞争的能力

如今社会竞争十分激烈,要想在竞争中胜出,必须设计好自己的职业规划。一份行之有效的职业规划可以帮助大学生正确认识到自己的个性特点;引导他对自己的综合优势与劣势进行对比分析;有计划、有目的、脚踏实地沿着既定目标努力,不断发掘自己的潜能,拓展完善知识结构,提升技能,逐步积累丰富经验,个人职业竞争力也随之增加,毕业找工作及选择自己愿意从事的行业时,成功的机会增多。

(3) 可避免大学生在初次就业时的盲目性或好高骛远,增强职业发展的目的性和计划性,降低离职率

好的计划是成功的开始,有了目标、做了准备,大学毕业生参加人才交流会投简历就有了针对性,避免到处碰壁。经过系统职业生涯规划的大学生一般都有明确的职业定向,对首次择业往往都很慎重,在真正双选的基础上找到一个相对适合自己的职业,从而降低了因人职不匹配而导致的离职率。很多时候我们的职业生涯受挫就是由于职业生涯规划没有做好。没有做过职业生涯规划的大学生由于职业目标模糊,缺乏自我认知,在某种程度上表现为盲目就业和择业,一旦走上工作岗位做了一段时间就会产生厌倦,接踵而至的就是草率跳槽。跳槽转行不仅对自己的职业发展不利,对用人单位也造成了损失。

二 职业生涯规划的影响因素

职业生涯的确立也有一定的难度,影响大学生职业生涯规划的主要因素:第一,自我认知是否清晰,即对自己的职业性格、特长、兴趣爱好等有没有深刻了解;第二,是否了解外部社会环境特别是就业环境、各种职业的现状及发展前景。其中既有主体内在因素,也有外在因素。本文从影响大学生职业选择的先赋因素入手进行分析。

按照劳动力配置市场化的机制,每个人在就业市场上寻找职业,竞争一个岗位时主要依据的是能力原则,强者胜而弱者败,在竞争中每一个人的机会都是平等的,录用与否主要基于个人的能力。但是目前我国的市场经济体系还不够健全,就业活动中还缺乏公平的竞争机制,先赋因素的影响仍然很大。

影响大学生就业去向的先赋因素有家庭背景、生源地域、性别美丑等因素,父辈累积的资本和占有的资源通过代际传承影响大学生毕业去向。家庭背景、性别、相貌这些先赋因素在目前大学生初职获得中发挥作用逐渐变大,其中家庭因素影响最大,父母职业地位、家庭资本和家庭社会关系对大学生就业的影响明显,职业发展呈"宿命"趋势。

先赋因素引起的各种歧视和职业关卡在社会求职中屡见不鲜。如"本地户籍"、"身高165cm以上"、"限招男性"等这些看似不合理的要求出现在应聘条件中似乎已经司空见惯。然而正是这种日常生活中司空见惯的现象却严重破坏了公民平等的就业权。而因为诸如外貌之类的先赋因素而使得应聘者在应聘时处于明显的不平等位置,获得不平等待遇,这样的做法显然也就破坏了公民的平等就业权。

(一) 个人生理和心理因素

个人生理和心理因素属于个体因素。生理特质包括性别、身体状况、身高、体重以及外貌等。个人的心理特质指个人独特的心理特征和个性,如智能、情商、性格、潜能、价值观、兴趣、动机等一些是主体内部产生的、与自我意识密切关联的影响因素,它们往往是左右大学生职业选择的主要因素,很大程度上决定了一个人的职业生涯和未来走向。

1. 性别和外貌

第一,性别歧视影响职业选择和毕业去向。

男女有别,就业亦有别。如今,女大学生就业面临的最大困难是性别歧视。文凭、才能、经验丝毫不亚于男性,有的还略胜一筹,却在求职过程中遭受歧视。女大学生这一群体总体上就业率低,就业渠道窄,就业质量不高。据了解,大部分公司不愿意录用女性的原因是:女性在职场中的工作状态往往不如男性稳定,特别是生儿育女之后,女性的注意力和精力会较多转移到孩子身上而影响对工作的专注度。女性生理的特殊性,会受到"三期"的影响,目前国内有关法律法规规定,女员工在"三期"内是不允许辞退的,且必须保证其基本的工资待遇,在此期间,用人单位必须另外调配人员来承担其工作,这势必会造成公司人力资源调配上的困扰和财力上的额外负担。这些因素使得用人单位在招聘女员工时产生顾虑。有意无意地拒录女性,在同等条件下,甚至在男性各方面素质能力略逊于女性的情况下招聘单位更倾向于录用男性。就业过程中的性别歧视会给女性造成不小的压力和负面影响。不仅如此,这种性别上的不公正性还造成社会人力资源的浪费,破坏了劳动资源配置的平衡。然而面对社会舆论的压力,各大企事业单位用"抬高门槛"来搪塞大众媒体。消除性别歧视并非一件易事,解决就业中的隐性歧视更是难上加难。

第二,以貌取人破坏平等就业权。

多少年来,学历和能力一直被认为是就业的关键因素。然而,越来越多的招聘实例和心理学理论让人们逐渐认识到相貌美丑这一破坏平等就业权的先赋因素确实存在。颜值在找到一份好工作中所起到的作用不容小觑。据中华英才网题为《毕业生为找好工作忙着整容,你怎么看待这个问题》的调查显示,有超过三成的毕业生认为整容后有利于求职。另有调查显示,超过三分之一的女大学生对求职过程中可能遭遇的相貌歧视表现出了担忧。与此相对应的是,近年来,大学生为找工作整容已悄然成风,而这些整容的学生并非都"其貌不扬",不少要求整容的青年男女,外表并没有什么明显的缺陷,却一定程度上对自己的容貌表现出不自信。

相貌这一先赋因素能在就业中起到重要作用,其原因大致有以下几点:自古以来便有"相由心生"的说法。通俗地说,"相由心生"即内心决定长相,认为内心丑恶的人长得也丑陋,内心善良美好的人长得也好看。基于此,自然不会有人愿意让别人认为自己内心丑恶,而要让别人认为自己内心美好的最好方法也自然就是通过整容来让自己更好看。

2. 个性和兴趣

个性的形成与先天和后天因素都有关,性格、气质是个性当中的稳定因素,性格是人对现实的态度和行为方式中表现出来的稳定的心理特征的总和。性格如何、气质怎样,对大学生的职业选择乃至职业成功发挥着持续作用。职业心理学的研究表明,不同的职业有不同的性格要求。性格决定命运,有些人性格内向,很少与人沟通,人际关系冷漠,久而久之脱离了群体。在当今注重团队精神的职场里,性格孤僻、离群索居之人找工作难度大。只有善于合作,较快融入群体者,才能在职场上左右逢源。否则,孤芳自赏只能孤掌难鸣,往往也做不成大事,永远不能适应变化的时代需求,适应变化的职场需求。择业时要考虑自己的性格是否适合自己要从事的职业。性格内向的人,一般不宜担当需要较多自我表现、能说会道的推销员、公关人员、律师、记者之类角色,他们适合做较少与人交往,需要高度的细心和耐心,需要在安静和孤独中完成工作的事情。如图书管理、理论研究、微机操作等职业。

兴趣在大学生职业选择过程中发挥着重要作用。相关研究表明,选择与自己兴趣、爱好相符的职业的劳动者,其工作效率比不符合要求的劳动者要高。另外一个人做自己有兴趣的工作,就能较长时间不会感到疲劳;反之,对工作缺乏兴趣的人,往往工作效率低,也容易倦怠。

(二) 地域因素

户籍制度、身份等一些制度性安排而造成的地域因素影响就业。对个人社会地位改变影响最为明显也是历时最长的宏观性因素是户籍制度及一些人口管理制度。它不仅造成国民福利待遇的区别,更重要的是极大地限制了各个社会成员的发展机会。户籍制度还具有代际传承性,父母的户口身份一旦确定,子女的户口基本上已定,自然也就一定程度上规定了子女的成长道路。

由于户籍制度和城乡二元结构依然没有完全被打破,城乡户籍问题不仅仅是户口问题,户籍上承载了很多福利待遇,其中也牵扯到就业问题。城乡二元结构影响了来自农村的大学毕业生的就业渠道、去向和质量。一些大城市采用行政手段,将职业分为不同类别:外来流动人口不能进入的职业,优先让本地户籍就业的职位和完全对外来人口开放的职业。这种带有歧视性的就业政策极大限制了就业选择机会。在公务员考试中,不少职位限制户籍,明确招本地常住户口;也有限定学历和政治身份资格的情况,这些因素造成了不同身份的大学生就业时遭遇不公平。

(三) 家庭因素

家庭背景成为就业过程中一道不断升高的"隐形门槛",普通人家子女因其父母缺乏强有力的金钱和权力支持,难以进入社会上升通道,而有着强大社会资源的富有家庭和官员家庭学生可以轻松获得体面而收入较高的工作及更广阔发展的空间。家庭在人生大事上会留下深刻痕迹,其中,大学生职业选择就融合了家长意志。职业选择的前奏是专业选择,许多家长对子女的专业选择的影响更多地通过家庭环境的熏陶,逐渐融入了大学生的心理结构。出身农民家庭的大学生,对父母脸朝黄土背朝天的农作生活有着强烈感受,从父母的言谈举止和谆谆教诲中,作为子女的大学生就会拒绝选择父母从事的职业。艺术家庭出身的大学生,在长期的家庭成员接触中,很可能继承父母的职业价值观,从而走上了父母的职业道路。

大学生毕业之际又面临着具体职业的选择。这时家庭作用又会凸显出来。

第一,家庭经济状况影响大学毕业生毕业后的去向。有调查表明,家庭经济条件影响大学生毕业去向、工作地、就业途径的选择。从毕业去向看,大学生考研、就业和留学的情况与其家庭经济条件有关。来自城市父母为干部、知识分子和家庭经济状况较好的大学生更有可能出国留学或考研。自从研究生教育开始收费以后,家庭经济条件差的学生考研少了。从就业质量来看,家境差的学生就业期望值低,他们没有资本对工作挑挑拣拣,所以就业率相对较高。但其就业质量不高,就业的工作单位、行业和岗位、工作条件等较差。

第二,父母职业地位和家庭社会关系。

家庭出身背景也是影响大学生就业的重要因素。父辈与子辈职业存在着显性的阶层代际复制现象。在代际传承效应下,大学生就业成了父辈所拥有的财富和社会资本之间的角逐,出身于贫困地区和贫困家庭或无权无势的普通家庭的大学生相比富裕家庭或官员家庭的同学就业机会更少。近几年的各项社会调查的结论也验证了这一点,近四成以上的学生坦然承认:通过家庭和个人社会关系,托熟人是最有效的求职途径。如重庆大学相关调查表明:44.82%的被调查者最有效的就业方式是通过家庭、个人社会关系和找熟人。共青团中央学校和北京大学公共政策研究所的联合调查结果与此类似,41.61%的学生认为通过家庭、个人社会关系和找熟人是最有效的求职途径。[①] 而在来自大城市的学生中,这一比例高于半数。而且这一状况在近年来更趋于严重。"知识改变命运"是多少穷苦孩子为之奋斗的目标,却因为家庭背景的差异、机会上的不平等性造成了普通家庭的大学生就业上的劣势。

"富二代"、"官二代"大学生凭借父辈所掌握的资源,在就业市场上能占有有利地位,轻而易举地找到好工作。而"穷二代"大学毕业生在就业时由于自身先天的一些因素,他们缺乏来自家庭和社会关系网络对其在就业方面的帮助,在竞争日益激烈、好工作供

[①] 田华文,崔岩.论大学生就业中的"代际效应".牡丹江师范学院学报.2010年第2期.

大于求的就业市场上处于弱势地位。

家庭赋予个人的先赋角色已经决定了一个人在先天方面与别人不同,种族、性别、家庭背景等已经无法改变,虽然这主要体现的是个人获得角色的被动性,但从另一个角度来说,这也体现出一个人的出身对于其今后的发展的重要性。家庭作为人类社会中最基础的社会化单元,将会影响到个人的性格及各方面的能力,对个人的成长发展也起了很重要的作用,担负了向下一代提供一定的社会地位资源的功能。父辈通过合法的传承渠道,将自己的优势(或劣势)传递给下一代。

家庭对就职资源的利用可以影响子女职业和单位地位的获得。父辈的各类资源,如职业、单位、权力等,以及社会资本对子女的社会地位的影响有着不可忽视的作用。社会资本也称社会关系网络资源,是一个人所拥有的持久的人际关系网络,包括亲属网络、朋友圈子、校友网络等由熟人所组成的社会关系网,是一种实际的或潜在的资源。求职演变成父辈社会资源的角逐和较量,谁的关系最硬,那么谁就是大赢家。在好工作、好职业这些就业资源有限的情况下,不少父母辈利用职务之便,借助其影响力和社会关系网,为其子辈在激烈的就业竞争中获得机会进行运作,不少人把子辈安排在本系统本行业中,从而呈现出子辈与父辈职业的显性代际传承现象。也有父辈或为掩人耳目,或为获取更有利职业而通过社会关系网把子女安排在其他行业中,从而使自己的社会资源得以间接转化。

三　科学导入职业生涯规划

先赋因素或多或少地制约着个人职业选择和社会地位的获

得。就业过程中先赋因素的负面影响更需要正视。大学四年说长不长说短不短,能否把握时间抓住机会全靠自己。因此,制定大学生职业生涯规划是当务之急。大学生要树立正确的求职观和职业道德观。

(一) 正确认识自我,培养职业兴趣

大学生要在社会上寻找到自己合适的位置。首先就要正确认识自我。这是职业生涯规划的首要任务。一个有效的职业生涯设计必须是在充分而且正确认识自身条件与相关环境的基础上进行的。要审视自己、认识自己、全面了解自己,做好自我评估,包括自己的兴趣、特长、性格、学识、技能、智商、情商、思维方式等。即要弄清我想干什么、我能干什么、我应该干什么、在众多的职业面前我会选择什么等问题。

其次,认识自己的职业兴趣,培养兴趣专长。根据职业兴趣所在选择相匹配的职业。兴趣是人们积极地接触、认识和研究某种事物的心理倾向。一般来说,从事自己感兴趣的职业,不仅能保持长时间高效率而不觉得疲劳,也更容易取得成绩。大学生应及早根据自己的职业倾向来培养、发展相应的职业性格。

(二) 明确职业生涯目标和职业定位

在正确认识自我的基础上,初步确定自己的职业生涯目标,明确自己的职业定位。职业生涯目标在职业生涯规划中有很重要的地位。如果目标不确定,经常忽左忽右摇摆不定的话,则必然导致职业生涯之路曲折,出现很多的重合和交叉。典型的表现就是频繁跳槽、频繁更换工作,而各种工作之间缺乏紧密联系,使职业生涯始终在低层次徘徊。

职业定位就是要为职业目标与自己的潜能以及主客观条件谋求最佳匹配。良好的职业定位是以自己的最佳才能、最优性格、最大兴趣、最有利的环境等信息为依据的。职业定位过程中要考虑性格与职业的匹配、兴趣与职业的匹配、特长与职业的匹配、专业与职业的匹配等。职业定位应注意：第一，依据客观现实，考虑个人与社会、单位的关系。第二，比较鉴别，比较职业的条件、要求、性质与自身条件的匹配情况，选择条件更合适、更符合自己特长、更感兴趣、经过努力能很快胜任、有发展前途的职业。第三，扬长避短，设计个性化的职业生涯规划。知己知彼，分析各种职业的利弊、报酬和晋升机制，看主要方面，不要过分追求十全十美的职业，事实上也很少有十全十美的工作。

（三）学习储备知识，提升综合素质

大学生要做的最要紧的准备，就是学习知识、储备知识，除了自己的专业知识外，最好能学习一些对未来工作有用的知识。包括社会交流和沟通。无论你喜不喜欢，学习还是要放在第一位。大学里的课程相对轻松，自制力差的同学就会整天玩电脑、睡懒觉，因而荒废了学业。在这个拜金的时代，大学生要沉得住气，静得下心来，别只图短暂的利益，别被社会浮躁化。一些学生不务正业，忙着赚钱、急着打工、做小生意赚钱，这是舍本逐末、目光短浅之辈。不知不觉时间就全都给耽误了。不是说不应该参加社会实践，必要的社会实践也会增强能力。但不能本末倒置，忘了学习之本。没事不要迷恋于游戏，游戏很好玩，现实很残酷。沉迷于游戏只会让人学会堕落，迷失自我。大学里真正应该做的是学习知识、储备知识，增强才干和本领。

增强职业知识和技能。目前学校所学知识与社会实际需求存

在一定程度的脱节。这既反映了教育体制中课程设置滞后的问题,知识陈旧,偏理论轻实践;也反映了企业对实践技能人才的渴求。为此,从校方来说,除了进一步加快教育体制的市场化改革进程外,也要改革课程设置体系,邀请生产第一线的专家和技术能手开设各种咨询和讲座,尽可能弥补专业知识与职业知识之间的差距。学生应该积极参加各种社会实践,把所学的专业知识转化为能力。除专业知识外,还应该多学习一些未来有用的知识,包括社会交流与沟通。

(四) 未雨绸缪,尽早规划职业生涯

大学生职业生涯规划,就是在大学生明确自己兴趣、爱好的前提下,在认真分析个人性格特征的基础上,结合自己专业特长和知识结构,对将来从事工作所做的方向性的方案。大学生在走向社会前,将现实环境和长远规划相结合,给自己的职业生涯一个清晰的定位,是求职就业乃至将来职业升级的关键一环。职业生涯规划的意义在于寻找适合自身发展需要的职业,实现个体与职业的匹配,体现个体价值的最大化。大学生入学伊始就应该对自己的未来职业有所规划,把握好四年的大学生活。大学阶段是为未来工作、生活作准备的阶段。大学生职业生涯规划实际上是规划学业发展、个性和社会性发展的过程。及早规划,不仅激发其积极向上的学习热情,促进大学生合理安排四年的学生、生活,同时,也能够唤起他们的职业意识、择业观。

就业应建立在科学择业的基础上,而科学的择业得益于职业规划。大学生职业规划的现实意义具有潜在性和长期性,那种不顾自身条件随意或跟风的做法,从长期看是弊大于利。虽然眼前是谋到了一份职业,但是由于对工作对自己的认识不足,人岗匹配度低,随之而来的职业失望率也提高,加大了潜在失业的概率。对自己,对企业,对整个社会都会形成不稳定的因素。所以,大学生通过职业生涯规划正确认识自我和社会,进而慎重选择每一个岗位和职业,将自己的职业生涯导入到良性的轨道中,这不仅对自身有利,也对解决就业这一民生问题有利。

参考文献

1. 田华文,崔岩.论大学生就业中的"代际效应"[J].牡丹江师范学院学报,2010(2):124—125.
2. 王思斌.社会学教程[M].北京:北京大学出版社,2010:160.
3. 陆学艺主编.当代中国的社会流动[M].社会科学文献出版社,2004.
4. 王景琳.大学生就业取向的代际传承研究[J].东北师大学报(哲学社会科学版),2014,(6).
5. 王晓东.贫富差距的代际传承——对"穷二代"现象的透视与反思[J]甘肃社会科学,2011,(3).
6. 沈伟晔等.女大学生职业生涯规划的影响因素分析及对策研究[J].人力资源管理,2013,(7).

情景教学法在模拟面试实验中的应用研究

吴文艳

摘　要：为使人力资源管理专业学生进一步将招聘管理理论与一定的实践活动结合起来，进一步提高《招聘管理》课程的教学效果和学习兴趣，在情景教学法思路下，设置实验教学环节，实施模拟招聘面试实验。本文就模拟招聘面试实验的设计预想与组织管理，以及模拟招聘面试实验实施过程中的准备环节、实施环节、评估环节的流程设计思想与操作要点，进行了系统的阐述与探讨，并就模拟招聘面试实验教学效果进行了分析，认为基于情景教学法下的模拟招聘面试实验教学，能很大程度上挖掘学生的主动性和潜力，教学效果值得肯定。尽管当前模拟招聘面试实验教学还需要不断探索阶段，但相信这种教学方法在未来将会得到更多的肯定与开展，需要我们在不断完善的过程中构建一套完整的教学体系和模式，以应对未来教学发展的需要。

关键词：情景教学　招聘管理　模拟面试　实验教学　实施要点

The Application of Situational Teaching in Recruiting Interview Simulation of Experimental Teaching

Abstract：Recruiting Interview simulation as part of for Human

Resource Management course has been setup as part of experimental teaching by the situational teaching method. It's expected to bring students more interesting in learning process and effectiveness in the delivery of the course-"Recruiting Management" through integration of recruiting management theory delivery and practice simulations. Recruiting Interview simulation practice has been elaborated here from course preparation, implementation, evaluation sectors to final teaching effectiveness analysis. A positive conclusion has been established in favor of exploring the students potential and initiatives by offering the integrated experiment teaching course. Recruiting interview simulation teaching is just under developing, however, it is believed that this teaching methodology would be deployed positively and would be consummated by developing a systematic teaching model to accommodate the changing requirement.

Keywords: situational teaching; recruiting management; interview simulation; experimental teaching; implementation outline

情景教学法是指在教学过程中,教师有目的地引入或创设具有一定情绪色彩的、以形象为主体的生动具体的场景,以引起学生一定的态度体验,从而帮助学生理解教材,并使学生的心理机能能得到发展的教学方法。该方法由英国应用语言学家在 20 世纪 30 年代到 60 年代发展形成。基于人力资源管理本科的专业《招聘管理》课程的应用性与理论性兼具的特点,我们坚持在课程安排中尝试设置实验教学环节,希望通过实施模拟招聘面试实验等一些实践活动,将招聘管理理论与一定的实践活动结合起来,运用情景教学法,进一步提高教学效果,提升学生的学习兴趣。2003年至今已经连续在十多届学生中进行了三十多个场次的模拟招聘实验活动。每一次的实验课程下来,无论作为教学实验组织者的笔者,还是作为直接参与实验过程的专业学生而言,大家都感觉印象深刻、体验良多、意犹未尽。情境教学法的核心在于激发学生的情感,通过模拟招聘面试实验,我们深深感受到的则是:情景模拟下的实践操作比理论要复杂与有趣!

一 模拟招聘面试实验的设计预想与组织管理

1. 明确实验目的,掌握面试理论

实验的基础在于对相关理论的理解与把握,实验的目的在于更好地领会理论与发展理论。为此,我们将实验课程安排在整个招聘管理课程的末尾,通过前期的课堂学习,把招聘管理这一新兴学科所包含的各主要知识点的理论内容,借助中外相应的管理案例,逐一地讲授与讨论,帮助学生构建一个较为坚实的理论基础。课程内容可按照招聘管理概述、基于战略的招聘基础、人员招聘计划、人员招聘渠道、招聘成本与收益、招聘测试、招聘面试、招聘录用、招聘外包等章节依次展开,其中,基于面试测评法是各组织在实际招聘选拔中运用得最普遍、频率最高,而测评效度却不很高的一种方法,如何提高面试的有效性,就成了招聘管理中的一个重要内容,为此我们在整个课程十几章的内容中,让招聘面试占有了其中的两章,较为详细地讲解了面试的方法、面试的执行过程、面试的技巧、面试结果处理等内容,将招聘面试作为课程学习的重点之一,也为后续的实验活动打下基础,而如何提高面试的有效性,成了实验中自始至终的关注点。

2. 烘托足够的气氛、提升浓厚的兴趣

情境教学法就是要在教学过程中引起学生积极的、健康的情感

体验,直接提高学生对学习的积极性,使学习活动成为学生主动进行的、快乐的事情。兴趣是成功的重要保证。实验活动的各项准备工作很多,也比较繁琐,因此提高实验者的兴趣,应是其中一项非常重要的工作。组织动员工作可分几步进行:第一步,课程开始之初即交代于学生,我们将在学期末尾进行模拟面试的实验,我们会扮演考官的角色,我们将组成男女生互补的招聘团队,我们将前往校人才测评实验中心……于是,在期盼中,学生的兴趣由此激发起来;第二步,时间在距离实验活动的前一个月,各项模拟面试的准备工作开始启动起来,各种烘托气氛的行动也次第展开了,包括:踊跃的报名活动;设计招聘广告;设计面试提纲和面试评价量表;推举招聘小组组长等,甚至包括准备好模拟面试当天需要穿着的正式职业装等等。大家兴趣盎然、热情高涨,为开展实验作好了充分的准备。

3. 再现面试现场情景,学生既是导演又是演员

情景教学的主要特点是使学习活动成为学生主动进行的、快乐的事情。实验中应贯彻以学生为主导、教师作支持与辅导的工作原则,这一点是实现本实验目标的根本保证和基本思路。一旦学生掌握了基本的理论之后,实验过程中呈现出的丰富与复杂,须得学生在自我摸索与实践中细细体味,捉笔代刀式地不予放手,一定降低实验的效果和削弱学生的兴趣。因此,激发学生的兴趣在实验设计中应得到重视。为此,虚拟的招聘组织名称选择、虚拟的岗位及其工作分析、面试问题预设计与面试节奏控制、成员间的角色分配等等,一切由学生自主决定。教师在其中只是不露声色地给予一些专业的引导,提供一些必要的精神支持,帮助寻找与联系本校其他专业毕业生作为面试中的应聘者,叮嘱一些安全注意事项等辅助性、支持性的工作。

4. 组织面试团队,选好应聘人员

组织面试团队,主要指学生考官成员的选拔与组合。这里牵

涉到整个实验活动的组织形式。首先必须考虑一场面试中考官的人数以及人员的分工，才能确定如何组织面试团队。通常的面试，根据企业文化、职位与测评要素的不同，可以采用一对一面试形式，也可以采用多对一或一对多形式。由于我们条件有限，一个下午近三个多小时的实验活动，一般只能组织三场招聘面试。为了让更多的同学参与实验，满足大家的期望，我们只能采取多对一的方式，即一场面试中设置了多达 5 位的考官队伍，形成一个 5 人招聘小组。那么三场面试就有 15 位同学可以参与。每一个招聘团队中，一般注意形成一些互补模式，比如性别互补可采用两位男生加三位女生的做法，能力互补可注意成员间因领导能力、表达能力、创造能力等的不同，进行搭配和分工，甚至可考虑外地生和本地生的均衡搭配，使团队组合更合理有效。选好应聘人员，主要指一次实验中三场面试所需要的三位应聘者的选择问题。为了使三场面试产生比较的效果，促使实验结果的多样性和获得更多的思想启迪，三位应聘者人选问题就非常关键了。一般我们会考虑选择三位在性格、能力上明显不同的毕业生作为应聘者参与进来。正如由 2006 级春季班组织的那几场招聘面试，实验结束之后，有同学进行了精彩的点评与分析，其中，第一场面试，由于应聘者是一位各方面能力都不错，性格温和，善于配合的毕业生，面试顺利实施，同学们对实验效果的最后点评结论是："天时地利人和"；第二位应聘者能力不太突出，性格内向而拘谨，面试过程就变的有点艰难，最后点评结论是："落花有意，流水无情。"第三场的应聘者是一个学生干部，能力出众，能言善辩，面试过程中面试考官反显得有些被动失措，最后点评结论是："反客为主，主动出击。"三场面试结束后，如何针对不同的应聘者组织有效的提问，留给了实验者较大的思考与分析的空间。

5. 全程录像,全员参与

为了使面试实验有进一步分析研究的依据,我们借助本学院设施较为齐备的人才测评中心的面试实验室,规范化地完成每一场次的面试实验,并实施全程录像,且在以后制成光盘,积累后作为今后研究资料。实验过程中,参与面试的学生按计划准时进入面试室,教师进入主控室,所有其他同学,进入观摩室,通过大屏幕全程观摩认真倾听,实行全员参与。其中,除了教师需要仔细观摩与倾听面试全过程以外,还有必要事先确定2—4位责任心与能力都比较强的同学作为特约观察员,与教师一起承担实验中认真观察研究、实验后评估分析的任务。

二 模拟招聘面试实验的实施流程

1. 准备环节

给予各面试小组2周—1月左右的时间作准备是必要的。各项准备工作可谓头绪多工作量大,需要作好充分准备。主要包括:

- 确定虚拟的招聘企业组织与空缺岗位。
- 概括介绍虚拟企业组织的性质、经营状况、产品特点、企业规模以及企业文化。
- 针对空缺岗位进行翔实的职位分析。制定出相应的工作说明书与胜任素质模型。筛选讨论出胜任该职位所需要的关键能力要素。
- 根据关键能力要素,设计结构化的模拟面试提纲。
- 根据考核测评要素,设计面试评价量表。
- 各小组进行任务分工,并反复进行实战前的演练,不断总结经验,加深团队磨合。

• 建立与应聘者初步的电话或电邮联系。

实践中准备阶段需要注意的问题主要表现为:

(1) 关键能力要素确定过程中,需提醒实验者既要针对该职位职责与任务的要求,又要联系岗位所在的组织及其文化,实践招聘管理中 J‐P‐O 三者(岗位—人—组织)的匹配度理论。例如,当你在虚拟组织的文化介绍中,肯定其具有开拓与创新的企业文化,那么在确定岗位关键能力要素中,你可能需要将是否具备开拓精神或创新能力作为考察应聘者的关键要素之一了。另外,实践中发现,在关键能力要素的确定中,学生容易把评价要素的范围扩大化,针对一个岗位的评价要素可能会包含十多项内容,包括个性心理、主动性、团队意识、领导力、计划组织能力、决策能力、语言表达能力等等。因此,有必要提醒实验学生,依据匹配度理论和胜任素质模型,只能确立关键的几项能力要素及其权重加以评定,不能贪多求大,一个小时的面谈时间非常有限,以有限的时间获得高度有效的评价信息,是使面试成功的重要保证。

(2) 面试提纲的设计中,面试小组各成员,可依据几个方面的关键胜任能力的划分,采取分工合作的形式,每人负责自己特定范围内的资料收集和问话提纲设计,而后再进行汇总和整合。汇总过程中最大的问题,是如何将不同考官设计的问题整合起来,既要注意问题的数量也要考虑问题的质量,同时还要注意问题之间的衔接、过渡和互补。因为每个成员在自己的问题设计中有他一致的思路,但汇总到一起时就会发现,有些题目会重复,有些题目放在一起角度切换过大,会使应聘者感觉很突兀等等。

(3) 面试评价量的设计要规范与准确。面试评价量表设计中牵涉到考核测评要素及其权重的权衡与设定,是保证面试效度的重要环节,因此,需要实验者反复考量和修改,同时也要满足量表设计中格式与内容上的要求。实践中,教师可组织各小组分别设计,之后对各小组的评价量表进行比较分析,然后再请各小组重新设计,以尽可能达到高标准。下表即为一例。

编号:		姓名:	出生年月:			性别:	
面试评价要素	权重	具体指标	优秀 100%—90%	较好 90%—80%	一般 80%—70%	较差 70%—60%	很差 60%以下
外表礼仪	10	健康程度 5					
		文明礼貌 5					
知识经验	20	基础知识 5					
		实际经验 5					
		职业道德 5					
		专业知识 5					
关键胜任能力	50	沟通协调能力 12					
		口头表达能力 12					
		应变能力 10					
		影响力 8					
		解决问题能力 8					
性格方面	20	工作热情 6					
		自信心 6					
		开放性 4					
		亲和力 4					
小计							
综合评语	级别标准	95—100	90—95	80—90	70—80	60—70	60以下
主试评价意见		评委甲:					
		评委乙:					
录用决定							

另外,配合此表的应用,还可设计相关的胜任能力与面试问题的表格,以使评定结果更准确。样式可以见下表。

1. 影响力		
定义:行为上表现出对其他个体或团队有影响力,能够利用劝诱、说服、影响、感动和权威来达到既定目的。		
行为指标	等级(分值)	面试问题
能够有意识地采用某些方式对同事、同学、下属、客户及其他各方面施加影响;能够控制自身的言行以便积极地影响他人,有时会使用正式权力来影响他人	中等的(3)	简历中提到,你曾在学生会负责大学生活动中心的有关工作,请向我们介绍一下你完成这一工作的过程
正确地运用劝诱、说服、威信等方式来影响他人,使他们改变不同的观点;很少使用命令、惩罚等强硬的方式来影响他们,以达到工作目标	高等的(5)	请回忆一下,你曾经与寝室同学、学生会其他干部等发生过的、有重大的观点冲突的事例。然后向我们描述一下事件的结果
熟练地使用各种手段对下属、同事、客户和公众施加积极影响,达成既定目标;表现出很高的非正式影响力,能够对集团管理高层、重要客户等施加有效影响	卓越的(7)	你在担任学生会培训主管时,向大家建议请校外的一些成功人士但非完美人士来校作辅导讲座等,遇到了很多阻力。请介绍一下你的建议最终是如何被大家接受的
2. 结果导向		
……		

(4)实验前的模拟试验。一般在正式的模拟面试实验之前,各实验小组为了使各项实验工作准备得更充分,都会想办法找一些大学生充当临时应聘者,进行实验前的模拟试验。实验前的模拟试验应该说还是非常有必要的,可以使小组成员间的配合更加默契,可以使所设计的面试题更完善,可以避免这样一些现象:有的题目问下去却让人无话可说、不知所措,有的题目则在彼此的理解上出现歧义;小组中有的考官问个不停,有的考官则常常接不上

话;一个问题问完了下面没人接或不知如何接下去;两个考官所问问题角度切换过大等等。当然,每次模拟以后的不断总结与提高,是这部分工作环节的重点。

2. 实施环节

整场实验面试时间控制在50—60分钟之间。面试过程可分为五个阶段:建立融洽关系阶段、导入阶段、核心阶段、确认阶段、结束阶段。每个阶段的任务不同,所使用的问题类型也有侧重。因为缺乏面试经验,需要实验者按照五个阶段的划分,控制好时间、掌握好问话的重点,形成一场流畅而高效的面试实验。

(1) 建立融洽关系阶段

该阶段占整个面试时间的2%左右,虽短暂但重要,确定了其余面试部分的基调,所谓良好的开端是成功的一半。这一阶段的主要任务是考官要帮助应聘者放松心情,创造一个宽松、良好的谈话氛围,有助于应聘者在以后的面试中能够尽可能放开自我,双方展开有效沟通。

(2) 导入阶段

该阶段约占整个面试时间的8%。主要任务是帮助仍旧有些紧张的应聘者放松心情并给予他们对自我能力及情况的介绍与评价的机会。在此阶段提出的问题,一般应选择应聘者熟悉的话题,以开放式的、宽泛的问话方式,一方面可以缓解应聘者依然有点紧张的情绪,让他有较大的自由发挥空间;另一方面也为考官后面的提问作些准备。

(3) 核心阶段

该阶段是整个面试过程中最重要的阶段,占整个面试时间的80%左右,其中用于关键胜任力的考察时间为65%左右。在此阶段,应聘者将被要求讲述一些关于关键胜任能力的事例,考官将着重收集关于应聘者关键胜任能力的信息。因此,这一阶段使用的面试问题也主要是关于关键胜任能力的行为性问题,并配合使用其他问题,以便能够基于这些信息或事实做出客观的评价和判断,考官也是主要依据这一阶段的信息在面试结束后对应聘者做出录用与否的决定的。一般情况下,在此阶段,可以先用一个开放性的问题引出一个话题,随后用行为性的问题将该话题聚焦在一个关键的行为事件上,接着可能会不断地使用探究性问题进行追问。如果应聘者过去的经历中没有相关的实例,那么就可以使用一些假设性的问题。我们要求学生将行为性问题、开放性问题、探究性问题、封闭式问题等结合起来,着重收集应聘者关键胜任能力的信息。实验中,发现学生常会更多地设计一些情景假设性问题,而缺乏足够有效的行为性问题,而且缺乏针对某个关键问题进一步追问的能力,需要在面试前加以提醒与强调。

(4) 确认阶段

确认阶段占整个面试时间的5%左右,主要任务是进一步对核心阶段所获得的对应聘者关键胜任能力的判断的确认和核实。在此阶段一般不再引入任何新话题,可以将前面提及的内容请应聘者概括或再次深入地阐述。这一阶段所使用的问题以开放式为主,间或带一些封闭式和行为性问题。这些问题可能相对比较敏感、尖锐,因为许多应聘者都有丰富的求职面试经验,常规问题常常难以发现其深层次的心理特征,我们根据组织、工作/岗位的特点设计一些针对性的特色问题,既不能伤及应聘者的人格和隐私权,又能使应聘者不为人知的一面凸显出来。

(5) 结束阶段

结束阶段占整个面试时间的5%左右,主要任务是检查是否遗漏了关于那些关键胜任能力的问题,是考官加以追问的最后机会。当然,应聘者在此阶段也应抓住最后机会表现自己。在这个阶段,可以适当采用一些基于关键胜任能力的行为性问题或开放性问题。

当应聘者认为自己已经得到了充分、全面地展示了自己工作适应能力的机会、满意地离开你的面试室时,说明你已经获得了决定对方是否合适担任此职位所需的信息。

总之,根据结构化面试的要求,面试中所提的问题应该有一个比较清晰的脉络,考官需将问题分类归纳,避免重复提问、杂乱无章,让应聘者晕头转向。以上几个阶段的划分,并不是固定的模式,作为实验中的一种指导,运用过程中,实验者应根据实际情况灵活掌握,使面试过程既具有连续性又能显出阶段性,保证面试过程的完整流畅,达到实验目的。

3. 评估环节

紧张的分析评估工作也是整个招聘面试过程的重要阶段。现场面试结束后,各小组把当场做的面试记录经过各自的修订后整合到一起,集体整理出一份详细完整的记录材料,再以此为根据,按照原先设计好的评价量表和各评价维度的权重比例,给予应聘者以准确的评定。每个维度的评定结果以主要负责提问和记录的同学的评价为主,综合集体的商议和讨论的情况作出。

评估工作结束后,各小组需要提交一系列的文本材料作为实验报告,主要包括:职位分析说明书;招聘计划书;招聘广告;模拟面试提纲设计书;模拟面试评价记录;模拟面试评价量表;模拟面试总结报告。面试现场效果,加上各小组提交的材料,可作为本次面试实验成绩评定的依据。

评估环节中,还必须包括全班同学回到课堂后,再次观看实验过程录像之后召开的讨论总结会。总结会首先由各实验小组分派代表进行发言,总结每一小组在开展实验过程中前前后后的心得体会。其次,由二至四位特别观察员,根据他们现场的观察分析,进行点评。再次,由同学自由发言,共同分析讨论本次实验的经验教训。最后,由教师给予总结。

三 情景教学法下模拟面试实验教学效果分析

1. 情景模拟下的实验教学效果值得肯定

情境教学法使学生身临其境或如临其境,就是通过给学生展示鲜明具体的形象(包括直接和间接形象),一则使学生从形象的感知达到抽象的理性的顿悟,二则激发学生的学习情绪和学习兴趣,使学习活动成为学生主动的、自觉的活动。经过多年的教学实践,在招聘管理课程中实施"模拟招聘面试"实验教学方法,使学生将所学的理论运用到趣味盎然的"实战"中,是让学生先感受而后用语言表达,或边感受边促使内部语言的积极活动,学生对这种教学方式普遍持欢迎态度,参与热情很高。正如学生在实验总结报告中说到的:"说实话,这是一次滋味复杂的经历,对我们小组成员来说太难忘,期间的收获很大。在这个过程中,我们不断地将书本知识与实践相结合,甚至应该说是一种磨合:与应聘者的心态要磨合得越近越好,与面试进程中的任何一个细节磨合得越自然越好,将自己的问话提纲、评价量表与收集到的资料磨合得越深入越准确越好……感触最深的是我们小组内部在这过程中表现出来的团队精神。每一个成员的忘我和投入,每个人相互感染着的热情和毫不吝啬的给予和帮助,激烈争论后的彼此加油……这真是人生的一笔无形财富!"

2. 教学优缺点分析

优点主要有:通过理论联系实际的实验过程增强学习效果;提

高学生的动手能力、组织协调能力和团队合作能力；加强师生之间、同学之间的互动与交流；为本专业其他课程的实验教学提供借鉴。

缺点主要有：组织和策划比较复杂，不容易操作；管理不当或缺少理论指导可能会造成实验失败而产生不良影响；尚处于摸索阶段；需要一定的经费。

3. 未来的挑战和发展

情境教学中的特定情境,提供了调动人的原有认知结构的某些线索,经过思维的内部整合作用,产生顿悟或新的认知结构。情景教学法下的模拟招聘面试实验教学,能很大程度上挖掘学生的主动性和潜力,激发学习兴趣和理论理解上的深度和广度,教学效果值得肯定。但同时要求教学组织者即教师进一步提高教学能力,加强各方面的理论修养和多向度思维能力,探索与选择更合适的教学情景和实验模式,使模拟招聘面试实验教学在本课程教学中发挥更大的作用。尽管当前模拟招聘面试实验教学还处于探索阶段,但相信这种教学方法在未来将会得到更多的肯定与开展,需要我们在不断完善的过程中构建一套完整的教学体系和模式,以应对未来教学发展的需要。

参考文献

1. 何志工、李辉. 基于胜任素质的招聘与甄选[M]. 北京:中国劳动社会保障出版社. 2006,6.
2. 吴文艳. 组织招聘管理(第二版)[M]. 大连:东北财经大学出版社. 2014,2.
3. 吴志明. 员工招聘与选拔实务手[M]. 北京:机械工业出版社,2002.
4. [美]黛安娜·阿瑟. 员工招募、面试、甄选和岗前引导(第一版)[M]. 北京:

中国人民大学出版社,2003.
5. 廖泉文.招聘与录用[M].北京:中国人民大学出版社,2002.
6. 郑金洲编著.教学方法应用指导[M].上海:华东师范大学出版社,2006.

基于基层管理者胜任力的培训课程设计
——以养老机构为例

陈俊祎　顾丽亚

摘　要：养老机构基层管理者能力素养的高与低严重影响着我们这个逐渐老龄化国家的老年服务业的发展,随着我国养老服务体系的日渐完善,对养老机构服务人员,尤其是养老机构基层管理者能力素养的进一步了解、培养和提高已经到了刻不容缓的地步。在对上海市7个区48所养老机构的50名养老机构管理人员与服务人员进行问卷调查研究后,我们寻找出了养老机构基层管理者能力素养的具体分布和要求,搭建了养老机构基层管理者的胜任力模型,并提出相应的培训方案,旨在探索出养老机构基层管理者培养的新模式,努力提升养老机构基层管理者的能力和素养,使中国的养老服务向着专业化的方向发展。

关键词：养老机构　管理者　胜任力　培训

Training Class Design Based on the Lower Management Competency Model
——Take the Pension Institutions as the Example

Abstract: The high and low performance of the management of pension institutions is a serious impact on the development of the elderly service industry in our gradually aging country. With the gradual improvement of the pension service system in China, it is urgent to further understand, develop and improve the ability of service personnel, especially the management of pension institutions. A questionnaire survey was conducted on 50 service personnel and the managers of 48 pension institutions in 7 districts in Shanghai, looking for the specific distribution and requirements of the ability of the management of pension institutions, building up the competency model of the management of pension institutions, and putting forward the corresponding training plan. Trying to explore a new model of the management of pension institutions, and strive to improve the ability and quality of the management of pension institutions, in order to make China's pension services in the direction of professional development.

Keywords: pension institutions; management; competency; training

21世纪是全球人口老龄化的世纪。面对人口老龄化和社会经济的急剧发展变化,传统的养老方式和陈旧的老龄工作模式已经不能适应现代社会发展的需要。特别是随着我国家庭结构的改变,个人和家庭应对养老问题的能力越来越弱,人口老龄化和家庭养老功能弱化,使得社会化养老服务体系的建设和完善迫在眉睫。而社会化养老服务体系的良性运转,需要一定的人力资源做保证。我国在解决老年人的生活照料、构建社会化养老服务体系时,缺乏基本的人力资源基础。为此,必须开展老年服务人才的调查研究,搭建养老机构基层管理者的胜任力模型,并提出相应的培训方案,探索出养老机构基层管理者培养的新模式,努力提升养老机构基层管理者的能力和素养,使中国的养老服务向着专业化的方向发展。

一 研究背景、研究方法及研究对象

(一) 研究背景

第六次全国人口普查数据显示,60岁以上的老年人占总人口的13.26%。由于我国老年人口基数大,高龄化、空巢化、失能化严重,随着老龄化的到来,老年人由传统的家庭照料逐步转向社会化管理服务,这就急需大量高素质养老服务人才。了解养老服务专业人才知识结构、能力、素养、培训等情况,能为政府制定养老服务行业人才规划提供一个较为科学、全面、系统的依据。

(二) 研究方法

采用了文献研究、问卷调查、访谈和数理统计等方法。

(三) 研究对象

黄浦区、浦东新区、长宁区、闵行区、徐汇区、松江区、金山区7

个区县的 48 所养老机构,50 位养老机构管理人员与服务人员。

二 养老机构管理者能力素养调查统计分析

(一) 样本描述性统计

本次调研范围覆盖上海市各大区级养老院、福利院、相关街道社区敬老院、养老院、上海市大型三甲医院等相关机构,调研人群主要以院长、副院长、机构人事处及相关医务人员等为主。通过问卷走访及相关访谈,获得样本信息 60 份,有效样本数量 50 份,取得了一些较为客观可靠的数据和信息供分析。

问卷设计主要分为养老机构基层管理者基本要求和基层管理者胜任力两大部分,为设计建立养老行业人力资源培训体系提供了基础依据。

(二) 养老机构基层管理者基本要求统计

1. 工作经历重要性

表 1 工作经历重要性调查统计

选 项	人数	比率(%)
很重要	28	56.00
重 要	21	42.00
不太重要	1	2.00
不重要	0	0.00

在对于工作经历重要性的统计中,56%的调研对象认为养老机构及福利院的基层管理干部的相关工作经历非常重要,42%的调研对象认为重要,几乎占据样本总数的全部;仅 2%的调研对象认为不太重要。

2. 工作年限

表2 工作年限要求调查统计

选 项	人数	比率(%)
三个月	1	2.00
半 年	0	0.00
一年及以上	21	42.00
三年及以上	19	38.00
五年及以上	9	18.00

在对于工作年限要求的统计中,大部分相关机构的管理者喜欢选择拥有一年以上或者三年以上工作经验的基层管理干部,所占比率分别为42%和38%;也有18%的管理者希望基层管理者拥有五年及以上的资深经历。

3. 性别要求

表3 性别要求调查统计

选 项	人数	比率(%)
男 性	2	4.00
女 性	17	34.00
男女都可	31	62.00

在对于性别要求的统计中,大部分相关机构的管理者对于性别并无很大要求,有62%的管理者认为基层管理者的性别男女都可。

34%的调研对象认为女性更适合养老机构的相关基层管理岗位,认为女性在照顾老人方面更为耐心细致、具有同理心,能够更好地照顾老人。

4%的调研对象认为男性更适合养老机构的相关基层管理岗位,认为男性在体力和决策力上具有优势,能更好地参与协调养老机构的管理工作。

当然,经过调查访谈,我们发现,一些管理者会希望养老机构的男性女性占比符合一定的要求,既有男性工作人员,又有女性工作人员,这样可以更为高效地展开工作。

4. 学历重要性

表4 学历重要性调查统计

选项	人数	比率(%)
很重要	7	14.00
重要	35	70.00
不太重要	8	16.00
不重要	0	0.00

在对于学历要求的统计中,大部分相关机构的管理者认为学历重要,占到总体比率的70%;有14%的管理者认为基层管理者的学历很重要;16%的管理者认为基层管理者的学历不太重要。

5. 学历要求

表5 学历要求调查统计

选项	人数	比率(%)
中专以上	12	24.00
大专以上	21	42.00
大学以上	7	14.00
研究生以上	0	0.00

但在对于干部学历要求的统计中,大部分相关机构的管理者认为大专以上学历即可胜任该岗位的相关工作,占到总体比率的42%,更有24%的管理者认为基层管理者的学历达到中专以上即可,14%的管理者认为基层管理者的学历需要达到大学以上。

经过访谈得知,其实管理者希望养老机构的相关从业人员拥有良好的学历背景,但由于经济支撑的薄弱、相关体制的不完善,以及社会上的一些偏见和不理解,导致养老机构招人难,故该统计结果基于眼下养老机构环境,与理想状态相比有所偏低。

管理者更希望随着政府和社会对于养老行业的日益重视和扶持,会有越来越多的优秀人员加入到养老从业的大军中来。

6. 资格证书重要性

表6　资格证书重要性调查统计

选项	人数	比率(%)
很重要	6	12.00
重要	33	66.00
不太重要	11	22.00
不重要	0	0.00

在对于资格证书重要性的统计中,大部分机构的管理者认为相关证书很重要,占到总体比率的12%,有66%的管理者认为基层管理者的相关证书重要,22%的管理者认为基层管理者的学历不太重要。

绝大部分管理者认为相关证书体现了从业人员一定的专业性。

7. 证书类别

表7　证书类别重要性调查统计

选项	人数	比率(%)
代表外语水平的证书	0	0.00
计算机等级证书	0	0.00
专业岗位方面的技术等级证书	50	100.00

314 德业竞进 学以致用

在对于资格证书类别的统计中,所有的管理者都认为专业岗位方面的技术等级证书最为重要。

(三) 养老机构基层管理者胜任力统计

1. 基层管理者选拔核心素质

表8 核心素质重要性调查统计

选 项	人数	比率(%)	重要性加权排序
个人能力	44	88.00	1
所学专业	35	70.00	3
个人素质	49	98.00	2
社会实践经验	44	88.00	4

在基层管理者选拔的核心素质统计中,有98%的调研对象选择了个人素质这一选项,几乎占到了总体样本的总人数。

从重要性方面来讲,个人能力被视为最为重要的核心素质,紧随其后的核心素质为:个人素质、所学专业和社会实践经验。

在此选项中,还有调研对象反映,懂得医学常识的人员也非常重要。

2. 自身品质

表9 自身品质重要性调查统计

选 项	人数	比率(%)	重要性加权排序
出众的能力	31	62.00	4
良好的个性	33	66.00	3
真诚的态度	47	94.00	2
良好的品德	50	100.00	1
专业的知识	47	94.00	5

在自身品质的统计中,100%的调研对象都选择了良好的品德这一选项,占到了总体样本的总人数,成为最为普遍要求的人员品质。

从重要性方面来讲,拥有良好的品德无疑被视为最为重要的核心品质,紧随其后的核心品质为:真诚的态度、良好的个性和出众的能力。大部分的调研对象认为专业知识是可以培养的,相对其他核心品质而言培训就没那么重要。

3. 个性品格

表10　个性品格重要性调查统计

选　项	人数	比率(%)	重要性加权排序
开拓进取	24	48.00	2
创新意识	21	42.00	4
乐观开朗	24	48.00	3
真诚善良	41	82.00	1
宽容随和	31	62.00	5
善解人意	31	62.00	7
踏实稳重	40	80.00	6
可塑性强	14	28.00	10
合作意识	23	46.00	8
做事有恒心有毅力	33	66.00	9

在个性品格的统计中,82%的调研对象都选择了真诚善良这一选项,占到了总体样本的大多数人,成为最为普遍要求的个性品格。

从重要性方面来讲,拥有真诚善良无疑也被视为最为重要的核心品格,紧随其后的核心品格为:开拓进取、乐观开朗和创新意识。相对而言,可塑性、做事的恒心毅力以及合作意识位居较次。

4. 工作能力

表 11 工作能力重要性调查统计

选 项	人数	比率(%)	重要性加权排序
语言表达能力	31	62.00	2
应变能力	28	56.00	3
沟通能力	43	86.00	1
学习能力	19	38.00	9
领悟能力	16	32.00	5
创新能力	16	32.00	13
执行能力	25	50.00	8
适应能力	19	38.00	12
承受压力能力	19	38.00	7
团队合作能力	33	66.00	6
组织协调能力	37	74.00	4
计划能力	7	14.00	11
专业能力	19	38.00	10

在工作能力的统计中,86%的调研对象都选择了沟通能力这一选项,占到了总体样本的大多数人,成为最为普遍要求的工作能力。

从重要性方面来讲,拥有沟通能力也被视为最为重要的工作能力,紧随其后的核心能力为:语言表达能力、应变能力和组织协调能力。相对而言,创新能力、适应能力以及计划能力位居较次。

5. 工作态度

表 12 工作态度重要性调查统计

选 项	人数	比率(%)	重要性加权排序
主动意识	31	62.00	3
责任心	49	98.00	1
敬业精神	45	90.00	2
吃苦耐劳	41	82.00	4
乐于助人	40	80.00	5

在工作态度的统计中,98%的调研对象都选择了责任心这一选项,占到了总体样本的绝大多数人,成为最为普遍要求的工作态度。与此同时,工作中的敬业精神也十分重要地以90%的选择率位居第二。

从重要性方面来讲,拥有责任心同时也被视为最为重要的工作态度,紧随其后的核心态度为:敬业精神和主动意识。相对而言,吃苦耐劳以及乐于助人位居较次。

6. 品德

表13 品德重要性调查统计

选项	人数	比率(%)	重要性加权排序
忠诚	36	72.00	2
正直	41	82.00	1
自律意识	37	74.00	3
无私	32	64.00	5
尊重他人	45	90.00	4
尊重规则	24	48.00	6
其他	1	2.00	7

在关于品德的统计中,近90%的调研对象都选择了尊重他人这一选项,占到了总体样本的大多数人,成为最为普遍要求的必备品德。与此同时,工作中的正直也十分重要地以82%的选择率位居第二。

然而从重要性方面来讲,拥有正直的品德被视为是最重要的,紧随其后的核心品德为:忠诚和自律意识。相对而言无私以及尊重规则位居较次。

除此之外,有调研对象补充认为,公正也应该是极为重要的品德。

7. 专业知识

表 14 专业知识重要性调查统计

选　　项	人数	比率(%)	重要性加权排序
常见护理病知识	34	68.00	1
临床用药知识	15	30.00	5
康复护理知识	40	80.00	3
心理护理知识	40	80.00	7
饮食营养知识	34	68.00	8
老年护理知识	40	80.00	2
护理管理知识	30	60.00	4
管理知识	21	42.00	6
其　　他	1	2.00	9

在专业知识的统计中，近80%的调研对象都选择了康复护理知识、心理护理知识以及老年护理知识这三个选项，占到了总体样本的大多数人。成为普遍要求的未来老年行业的必备知识。

然而从重要性方面来讲，拥有常见护理病知识被视为是最重要的，紧随其后的专业知识为：老年护理知识和康复护理知识。相对而言，饮食营养知识以及心理护理知识位居较次。

（四）结论

通过针对养老行业基层管理者应具备的个人能力和素质的调查统计，结合访谈过程中管理者的亲述需求观点，进一步提炼出以下核心能力与素质。

表 15　养老行业基层干部核心能力与素质调查统计

素质族	排序	素质项目
职业态度	1	责任心
	2	敬业精神
	3	主动意识
职业品德	4	正直
	5	忠诚
	6	自律意识
职业个性	7	真诚善良
	8	开拓进取
	9	乐观开朗
	10	创新意识
职业能力	11	沟通能力
	12	语言表达能力
	13	应变能力
	14	组织协调能力
知识技能	15	常见病护理知识
职业能力	16	执行力

三　基于养老机构基层管理者胜任力研究的培训课程设计

胜任力这个概念最早由哈佛大学教授戴维·麦克利兰于1973年正式提出,是指在特定的组织和特定的文化里,在特定的岗位上,面对特定的任务时,能将表现优异者与表现平庸者区分开来的个人潜在的、深层次特征,它包括知识、技能、社会角色、自我概念、特质和动机,各个组成部分可以看成是一整个的冰山。在这个冰山模型中,知识和技能在冰山的顶部,比较容易发现和测量,是对胜任者基础素质的要求,属于基准性胜任力;水线下的特征,尽管它们难于被发现,但是却对表面的行为有很大的直接影响,可以统称为鉴别性胜任力。在人力资源管理范畴内,所研究的胜任力的概念是指在一个组织中绩效优异的员工所具备的能够胜任工作岗位要求的知识、技能、能力和特质,它能决定一个人能否胜任某项工作或很好地完成某项任务,还能预测一个人在复杂的工作环境及担当重任时的行为表现。

与传统培训注重知识、技能和过程方法的教学理念所不同,基于养老机构基层管理者胜任力研究的培训课程设计将创新以胜任力理论为基础,在知识技能传授的同时,更多关注基层管理者"鉴别性胜任力"的培养。以胜任力分布的内容为导向,在课程设置和教学模式上都将着重提升和完善管理者与高绩效相关的深层胜任特征,如个性、动机、行为习惯等,提高员工主观能动性和对外部环境更强的适应性,再辅以专业技能、案例培训等教学手段,致力于塑造一批高素质、复合型、岗位胜任度高和适应性强的基层管理者,逐步实现养老机构基层管理者的职业能力建设、高层次专业人才培养和管理人才综合素质提升,以不变的内在高胜任能力来适应充满变化和挑战的养老服务工作。

(一)教学方式

养老机构基层管理者的教学方式将以课程特征或课程阶段性需要为标杆,组合使用以下模式,着力于促使基层管理者理论知识和实务操作能力"双过硬"。

1. 传递——接受模式

该模式着眼点在于充分挖掘基层管理者的记忆力、推理能力与间接经验在掌握知识方面的作用,以传授理论知识、培养基本技能为目标。

2. 自学——辅导模式

该模式基于基层管理者自主学习或在事务操作过程中获得启发,然后根据基层管理者的具体情况由专业师资人员进行指导,承认学员在学习过程中自主探索的价值,从而培养学员独立思考和学习的能力。

3. 试验模式

该模式以模拟环境、假设性问题、指向化任务为基础,测试学员对各类理论知识、操作规范的掌握,以提升学员活学活用的能力。

4. 情境模式

该模式以真实事例(或问题)为情景,让学员在真实环境中去感受和体验,通过获取直接经验来学习知识和掌握技能,以提升学员的创新能力、解决问题能力、独立思考能力、合作能力和应变能力。

5. 交互模式

该模式以两人及以上观点阐述为基础,通过一定的讨论程序与规则来保证创造性讨论的有效性,通过相互沟通和讨论来寻求解决问题的方法或规范对某一问题的看法。

(二) 课程体系设计

根据养老机构基层管理者胜任力的分析和研究,对于基层管理者培训课程设计如下:

1. 横向分类分级,纵向专业专修

根据组织需求、岗位要求和个人发展期望,以养老机构基层管理者胜任力模型为导向,通过对不同层级、不同岗位人员的实地调研和需求访谈,从新进人员—护理主管—护理主任、知识—技能—素养—能力等多角度、多层次进行内容全面覆盖,逐步着力提升其职业素养和综合能力水平。

在知识、技能、素养、管理能力根基全面稳扎稳打的同时,注重纵向的深入挖掘,调研各个管理条线的工作内容、程序、要点等方面,根据不同管理条线设置不同的专业课程。

2. 课程体系设置

表 16　养老机构基层管理者培养课程体系设置

课程类别	课程主题	主要培训方式
新进人员			
知识类	入职培训	讲授
	常见病护理知识	讲授
技能类	人际沟通技巧、礼仪规范	讲授,情境模拟
素养类	忠诚、敬业	讲授,案例分析
护理主管			
知识类	常见病护理知识、老年护理知识	讲授
技能类	人际沟通技巧、礼仪规范、公文写作技巧	案例分析,情境模拟
素养类	忠诚、敬业、责任心和执行力	拓展训练,小组讨论
管理类	时间管理、组织行为学	讲授,情境模拟
护理主任			
知识类	常见病护理知识、老年护理知识、心理护理知识	工作坊,案例分析
技能类	人际沟通技巧、礼仪规范、公文写作技巧、心理疏导	案例分析,小组讨论
素养类	感恩、忠诚、敬业、责任心和执行力、高效工作会议	讲授,情境模拟
管理类	时间管理、组织行为学、高绩效团队建设	头脑风暴,管理游戏

在此仍需特别强调的是,在实际操作时,在规划与设计每项培训活动之前,需采取各种办法和技术进行专业的需求分析,即对组织及成员的目标、知识、技能等方面进行系统的鉴别与分析,以养老机构基层管理者胜任力模型为导向,从而确定培训必要性及培

训内容,这是现代培训活动的首要环节,是进行培训评估的基础,是使培训工作准确、及时和有效的重要保证。

3. 课程评估

为确保整体培训质量,养老机构将以课程为单位,建立课程的目标本位评价体系。

在每期课程培训结束后,组织培训师、院内党政行政人员、学员、第三方等相关人员将预定的教学目标同课程内容、培训方式、培训师表现、学员表现进行偏离度对比。通过对教学过程和学员成绩(或学员的学习成果)的判断和评价,适时制定课程改进方案。

同时,以该评价体系为基准,以教育观、质量观、人才观为纬度,引导课程体系动态调整和设置,确保培训课程体系更符合养老机构的客观需求和人才培养需要。

(三) 培训结果运用

将培训结果与绩效评估、薪资福利和行政晋级三方面挂钩,并随培训评估工作的深入,逐步完善培训结果的运用,赋予培训行为看得到、摸得到的结果导向,有效促进培训积极性的加强,形成良性循环,进一步凸显养老机构在基层管理者的培养、选拔、使用、流动、评价、激励等方面的促进作用。

1. 与绩效评估挂钩

将学员的培训结果与绩效评估相挂钩,在个人绩效评估中加入培训时数、能力提升效果、管辖员工参培比例等与个人及团队成长有关的评价要素,彰显学习型组织在自身学习方面的客观要求。

2. 与薪资福利挂钩

将学员的培训结果和在职行为表现与薪资相挂钩,对培训成绩和行为表现综合评分,并将评分分为若干等级,作为浮动薪资计算依据之一,强调以正激励为主的薪资获得。同时,将培训作为一项员工福利,养老机构可制定相关政策,对成绩和行为双优秀学员提供获得更多深造机会的福利,而对成绩和行为均不理想的学员进行批评教育,以期在最短的时间里获得改善。

3. 与行政职务晋级晋职挂钩

培训结果将记入个人档案,作为基层管理者晋级晋职的一项重要衡量标准和依据,发挥其选拔导向作用。

我国老龄化的快速增长期将于2015至2020年开始,加上显著的高龄化趋势,从现在开始培养、储备养老服务的专业人员,尤其是养老机构的基层管理人员已经到了刻不容缓的时刻。从长远看,政府必须加大资金投入,支持养老机构和社会培训机构加快养老服务人才的专业培养,为养老服务事业积蓄更多、更高层次的人力资源。然而,政府的支持在短期内依然有僧多粥少之嫌,而且专业管理人才的储备又是一个长期的过程,为应对目前各养老机构基层管理者紧缺的局面,短期内,各养老机构必须对现有从业人员进行培训,经过培训来弥补当前的人才缺口。正如《中国老龄事业发展"十五"计划纲要》要求,我们要加强社区老年管理与服务人员的培训,提高职业道德和业务素质,建立管理人员定期培训制度,服务人员培训率达到60%—80%,经过考核,持证上岗。只有养老机构基层管理者的素质提高了,才能带动一大批养老服务人员,才能提高养老机构的管理水平、服务质量,才能吸引更多老人入住,使养老机构效益上升,经营走上良性循环。

参考文献

1. 宋培林著.企业员工战略性培训与开发——基于胜任力提升的视角[M].厦门大学出版社.2011年11月.

2. 李黎. 转型期事业单位正职胜任力模型构建研究[M]. 河南人民出版社. 2011 年 7 月.

3. (美)阿尼森：ASTD 能力素质模型. 构建学习发展项目的基础[M]. 电子工业出版社. 2014 年 3 月.

4. 上海市人力资源和社会保障局. 关于上海市养老护理人员队伍建设(专项)规划(2015—2020 年)编制情况的汇报[M]. 2014 年 11 月.

5. 邹继征. 我国养老体系完善与养老产业发展研究[M]. 新星出版社. 2015 年 6 月.

6. 李传福. 养老机构经营管理实用手册[M]. 世界图书出版公司. 2015 年 1 月.

后　记

　　是一次过往的总结，也是一次新历程的展望。

　　之所以说是过往的总结，因为人力资源管理系从2003年招收第一届本科生开始，至今已有十二年时光，送走了九届毕业生，可以做一个小小的回顾总结了。作为基于一个新兴学科基础上的新专业，为了培养优质的受社会欢迎的毕业生、夯实学科教学体系和提高专业课程教学水平，全系同仁一直以来孜孜以求、不断探索，在专业理论研究和实践教学研究等方面都付出了艰苦的努力，也因此有了不少的收获。我们的毕业生受到用人单位的好评、我们的就业率和考研率也是成绩喜人，我们的专业课程体系和教学工作也进一步科学化和规范化。本论文集就是本专业老师们在多年探索实践的基础上，呈现出的思想结晶和成果展示。论文集内容丰富，既有对专业特色与课程体系设计研究、专业人才培养与素质提升研究，也有教学内容、方法创新与课程体系改革研究、教学队伍建设与师资优化研究，以及实验课程设计与应用、各课程实践教学设计与实施的研究等等。

　　为什么是一次新历程的展望？因为这些思考与研究，当然没有完全书写出我们的成果与收获，这些文章也还有诸多可以改进的地方,未来的专业发展道路还很长很长。任何一个学科被构建起来,尽管会有一段时间的合理性,但也容易形成一套固定的思路或框架。然而时代却是如此地快速变化着、人们的观念也在不断更新,新一代大学生的风格与思想又是那样地不同以往,需要我们与时俱进、不断努力创新。可以说,我们是背负着危机感却又快乐地前行着。藉此论文集的出版,我们做一次有限的汇报与总结,以获得读者专家的反馈与指正。

在此,我们感谢上海师范大学法政学院全体师生、学院领导对我系工作的大力支持!感谢我们系已经毕业以及尚在校的可爱的全体学生的配合与努力!感谢我系全体同仁的精诚合作!我们将一直携手同行!

法政学院　人力资源管理系

图书在版编目(CIP)数据

德业竞进 学以致用:人力资源管理专业课程建设创新研究/上海师范大学法政学院人力资源管理系主编.
—上海:上海三联书店,2016.
ISBN 978-7-5426-5458-8

Ⅰ.①德… Ⅱ.①上… Ⅲ.①人力资源管理—课程建设—高等学校 Ⅳ.①F241

中国版本图书馆 CIP 数据核字(2016)第 005227 号

德业竞进 学以致用
—— 人力资源管理专业课程建设创新研究

编　　者　上海师范大学法政学院人力资源管理系

责任编辑　钱震华
装帧设计　鲁继德

出版发行　上海三联书店
　　　　　(201199)中国上海市都市路 4855 号
　　　　　http://www.sjpc1932.com
　　　　　E-mail:shsanlian@yahoo.com.cn
印　　刷　上海昌鑫龙印务有限公司

版　　次　2015 年 12 月第 1 版
印　　次　2015 年 12 月第 1 次印刷
开　　本　640×960　1/16
字　　数　250 千字
印　　张　21
书　　号　ISBN 978-7-5426-5458-8/C·543
定　　价　48.00 元